LOVED
러브드

마르티나 라우쳉코 지음 / 옥지혜 옮김

제이펍

차례

PART I 프로덕트 마케팅의 핵심 역할

PART II 프로덕트 마케터로서의 역할 수행

IT 업계가 점차 성숙하면서 누구나 빠르고 쉽게 제품을 출시할 수 있게 되었습니다. 그래서 이제는 단순히 제품을 만드는 것이 능사가 아닌 시대가 되었습니다. 어쩌면 일정 수준 이상의 제품 완성도는 당연한 것이 되었고, 고객이 수많은 제품 중에서 하필 이 제품을 써야만 하는 이유를 만들고, 고객이 주로 활동하는 온오프라인 공간에서 끊임없이 눈에 띄어야만 제품이 성공할 수 있는 확률이 높아진다고 합니다. 맞는 말이긴 합니다만, 그래서 무엇을 해야 할지, 그리고 실행 과정 중에 착오를 최소화하기 위해서는 어떻게 해야 할지 말하는 사람은 드뭅니다.

이 책은 실리콘밸리에서 제품을 만들고 마케팅하는 과정을 직접 실행 및 지휘한 저자의 경험을 생생히 들을 수 있어, 고객이 정말로 쓰는 제품을 만들고 싶은 사람에게 좋은 길잡이가 될 것입니다. 그뿐만 아니라 프로덕트 마케터가 수행하는 핵심적인 역할을 짚고, 각 역할을 수행하는 데 필요한 프레임워크를 제안합니다. 각 프레임워크에 따라 저자가 작업했던 경험과 예시를 제공하여 빠르게 현장에서 적용할 수 있도록 안내합니다. 제품을 만드는 일을 하는 사람이라면 최종적인 목표는 더 많은 고객이 만족하며 사용할 수 있는 제품을 만드는 것이라고 생각합니다. '어떻게 제품을 만들고 왜 만들 것인가?'라는 질문에 대답하기 위한 과정으로 프로덕트 마케터가 아니더라도 이 책을 읽어보면 좋겠다고 생각했고, 이를 계기로 기쁜 마음으로 번역을 맡았습니다.

10년 이상을 서비스 기획자이자 프로덕트 매니저로 일하면서 어떻게 해야 나와 동료들이 만든 제품이 고객에게 가장 사랑받을 수 있을까를 고민해왔지만, 정작 현업에서는 만듦새에 정신이 팔리기 일쑤였습니다. 이 책과 함께하는 시간 동안 다시 한번 제품과 사용자에 대해서 생각하게 되었고, 결과적으로는 제가 일하는 방식에도 영향을 미쳤습니다. 저와 같은 고민을 하신 분이라면 고민의 실마리를 이 책에서 얻으실 수 있길 바랍니다.

번역이라는 새로운 도전을 할 수 있게 도와주신 장성두 대표님과 저의 모자란 점을 채워주시고 응원해주신 송영화 편집자님 그리고 그 외 제이펍 여러분께 감사드립니다. 과연 내가 할 수 있을지 고민할 때 등 떠밀어준 친구 김매이, 새로운 도전을 언제나 지지해주는 친구들과 동료 그리고 사랑과 응원으로 함께하는 가족에게 감사 인사를 전합니다.

옮긴이 **옥지혜**

김용현(Microsoft MVP)

저자는 마이크로소프트, 넷스케이프 및 라우드클라우드에서 성공적인 브랜딩과 마케팅 경험이 있으며, 임원 관점에서 중요하게 생각하는 포인트를 엿볼 수 있도록 이 책을 저술하였습니다. IT 분야의 발전 속도가 너무나 빨라 진부하거나 단순하다고 느껴질 수 있지만, 이 책에서 《인스파이어드》, 《임파워드》와 함께 경험을 기반으로 한 지식을 쉽게 얻을 수 있습니다.

김진영(야놀자)

이 책을 통해 프로덕트 마케팅을 기반으로 다양한 실제 마케팅 방법과 예시 그리고 그 효과를 살펴볼 수 있을 것으로 기대했습니다. 그런데 그 기대와는 다르게 프로덕트 마케팅의 핵심 역할 외에도 미처 알지 못했던 마케팅 주요 용어와 개념도 알 수 있었습니다. 처음 예상했던 것과는 달랐어도 충분히 가치 있는 학습이었습니다.

🦋 변성윤(카일스쿨)

《인스파이어드》,《임파워드》를 매우 인상 깊게 읽었습니다. 제품을 만드는 과정에서 제게 영향력을 준 책들이었는데, 이번에 나온 책《러브드》역시 인상 깊습니다. 프로덕트 마케팅을 어떻게 해야 할지에 대한 영감을 얻을 수 있었고, 책에서 제시한 모범 사례를 어떻게 활용할 수 있을지 생각할 수 있었는데, 특히 '안티 패턴'과 '이렇게 해보세요' 부분 덕분에 저의 액션을 만들 수 있어 좋았습니다. 애자일 마케팅 방법론이 궁금하다면 꼭 읽어보길 추천합니다!

🦋 이요셉(솔루티스)

프로덕트 마케터의 역할을 대변인, 전략가, 스토리텔러, 에반젤리스트, 이렇게 네 가지로 정리한 책입니다. 저자의 풍부한 경험과 예시를 통해, 정말 사랑받기 위한 IT 프로덕트를 만들어가는 여정과 단계별 전략을 배울 수 있습니다.

🦋 이승희(삼성SDS)

마케팅을 통해 어떻게 좋은 제품을 효과적으로 시장에 선보일 수 있는지에 대한 인사이트를 배울 수 있습니다. 익숙한 글로벌 기업들의 사례를 통해 좋고 나쁜 마케팅 예시가 와닿았습니다. 또한 업무에 적용할 수 있는 다양한 예시와 체크리스트가 제공되어 실무자에게 굉장히 유용한 책입니다.

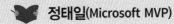 **정태일(Microsoft MVP)**

애플의 아이폰, 넷플릭스의 스트리밍 서비스 등 잘 알려진 기업의 사례를 흥미롭게 읽으며 프로덕트 마케팅의 중요성과 실천 방법을 배울 수 있었습니다. 프로덕트 마케터는 물론 회사에서 특정 제품 또는 서비스를 만드는 모든 영역의 사람들이 읽으면 많은 것을 얻을 수 있을 거라 생각합니다.

정현준

이 책의 서문에서 말하듯 가장 중요한 것은 '프로덕트 마켓 핏'이라고 설명합니다. 《인스파이어드》는 제품에 대한 책이었고 제품을 논했으니, 이제 시장에 대해 배울 차례입니다. 《인스파이어드》, 《임파워드》를 통해 제품을 잘 만들고, 《러브드》를 통해 시장에 제품을 선보이는 방법을 배워보세요.

추천서문(마티 케이건)

나의 저서 《인스파이어드, 개정증보판》(제이펍, 2018)에서 나는 제품을 둘러싼 모든 개념 중에서 가장 중요한 것이 프로덕트 마켓 핏$_{product market fit}$이라고 언급했다. 더욱이 스타트업의 경우에는 제품을 위한 시장 진입 전략을 포함하여 프로덕트 마켓 핏에 도달하는 것이 무척 중요하다. 프로덕트 마켓 핏에 도달한 것에 대한 보상은 성장이며, 성장은 이에 따른 과제를 다시금 제시한다. 회사가 성장함에 따라 우리는 시장의 추가적인 요구 사항을 충족하기 위해 제품을 만들고, 새로운 제품을 만드는 작업도 시작한다. IT 기업이라면 프로덕트 마켓 핏과 제품의 성장을 목표로 삼는다.

《인스파이어드》에서는 가치 있고, 쓸 만하고, 구현할 수 있으며, 지속 가능한 제품을 만들기 위해 사용하는 기술을 설명했다. 또한 이를 위해 프로덕트 매니징, 프로덕트 디자인과 엔지니어링 간의 뛰어난 협업이 왜 필요한지, 그리고 어떻게 이를 이끌어낼 수 있는지를 다루었다.

성공 공식만으로는 충분하지 않다. 우리는 모두 다음과 같은 이유로 제품이 실패하고 마는 수많은 사례를 보았다.

- 제품이 실제 고객의 니즈$_{needs}$를 충족시키지 못함
- 또는 이러한 니즈를 가진 고객 수가 적음

- 또는 고객은 존재하지만 이런 제품이 있는지 아는 고객이 충분하지 않음
- 또는 고객이 당신을 찾아내더라도, 당신의 제품이 어떻게 자신의 니즈에 부합하는지 이해하지 못함

이렇게 절망적인 상황을 피하려면, 마켓 핏이라는 표현 자체에 함축되어 있듯이 프로덕트 마켓 핏에는 또 다른 축이 있는데, 그것이 바로 **시장**이다. 성공하는 제품은 주로 **특정 시장**에 대한 강력한 접근법을 제시한다. 프로덕트 마켓 핏을 달성하고 제품을 시장에 출시하고자 한다면 이때 프로덕트 매니저의 파트너는 **프로덕트 마케터**다.

프로덕트 매니저는 주로 제품에 초점을 맞추는 반면, 프로덕트 마케터는 시장 진입 전략을 포함한 시장 그 자체에 초점을 맞춘다. 제품에 집중하는 것과 시장에 집중하는 것은 서로 동떨어진 활동이 아니라는 사실을 깨달아야 한다. 이들은 동시에 진행되며, 깊게 연관되어 있다. 프로덕트 매니저/프로덕트 마케터의 협업 관계는 제품이 올바른 방향으로 나아가기 위해 중요한 요소다.

나는 프로덕트 매니저가 프로덕트 마케터와 협력하여 프로덕트 마켓 핏을 함께 다룰 수 있어야 한다고 항상 강조했다. 프로덕트 마켓 핏을 달성하며 성장하는 데 제품의 초점을 맞추면 프로덕트와 프로덕트 마케팅의 협업이 곧 성장의 열쇠가 된다. 프로덕트 마케팅은 수년 전부터 그 역할을 해왔지만, IT 제품 또는 서비스는 혁신의 속도가 무척 빠르며 경쟁 환경이 매우 복잡한 탓에 그 어느 때보다 어렵고 중요한 역할을 맡고 있다.

강력한 기술력을 갖춘 제품 회사에서 프로덕트 마케터는 제품의 궁극적인 성공을 이끌어내기 위해 근본적인 질문에 답할 수 있도록 돕는다.

- 잠재고객에게 다가갈 수 있는 최선의 방법은 무엇인가?
- 잠재고객에게 우리의 제품을 언제, 어떻게 알릴 것인가?
- 시장에서 어떻게 포지셔닝하여 제품에 대한 고객의 인상을 결정할 것인가?
- 제품의 가치를 어떤 형태로 전달하여 고객의 잠재적인 니즈와 일치시킬 것인가?
- 고객이 제품을 어떻게 평가하게 할 것인가?
- 어떤 고객이 어떻게 구매하도록 할 것인가?
- 고객이 제품의 팬이 된다면 어떻게 주변에 입소문을 내게 할 것인가?

경험이 많은 제품 관리자들은 마켓 핏에 도달하는 것이 성공적인 제품에 대한 콘셉트를 잡는 것만큼 어렵다고 할 것이다. 사실 우리는 지금까지의 수많은 책과 기사를 통해 알 수 있듯이, 사업을 성공시키기 위해서는 제품에 초점을 맞춰야 한다고 믿어왔다.

이는 우리가 가진 편견에 불과하다. 프로덕트 마케팅이 전무해도 성공한 제품은 있지만, 고객이 원하지 않는 제품은 뛰어난 프로덕트 마케팅이 뒤따라도 결국 성공할 수 없다. 점점 더 경쟁이 치열해지는 현실에서 성공하려면 강력한 제품과 그만큼 탁월한 프로덕트 마케팅이 모두 필요하다.

그래서 이 새로운 책을 소개하게 되어 기쁘다.

마르티나는 프로덕트 마케팅뿐만 아니라 프로덕트 매니징 및 기업 마케팅을 다루었고, 마이크로소프트Microsoft와 넷스케이프 커뮤니케이션Netscape Communication 등 최고의 IT 회사에서 수년간 근무한 놀라운 경력을 가지고 있다. 나는 그녀가 이 책을 쓰기에 단연코 적합한 사람이라고 믿는다.

마르티나는 업계에서 가장 뛰어난 기술 및 마케팅 리더들과 함께 일하며, 이들을 코칭하고 있다. 오랜 SVPG 파트너, 벤처캐피털리스트, UC 버클리 강사로서, 수백 개의 회사와 수많은 프로덕트 마케터에게 프로덕트 마케팅의 중요한 주제에 대해 조언하고 교육해왔다.

초기 단계의 스타트업에서는 프로덕트 매니저가 프로덕트 마케팅 역할까지 담당해야 하는 경우가 있다. 어쩌면 마케팅 조직의 다른 사람들이 그 역할을 담당해야 할 수도 있다. 제품이든 마케팅이든, 프로덕트 마케팅에 대한 이해가 확고하다면 제품이 성공할 확률이 훨씬 높아진다. 실리콘밸리 프로덕트 그룹의 책 시리즈는 유수의 IT 기업의 성공 사례를 공유하는 것이 목표이며, 이는 오랫동안 이뤄지지 못했던 업계 수요를 해소하는 중요한 작업이다. 우리는 이것이 시작에 불과하다고 생각한다. 앞으로도 제품팀과 프로덕트 마케팅이 더욱 효과적이고 성공적으로 협업할 수 있도록 활용할 만한 성공 사례와 기법을 더 많이 공유하는 활동을 전개할 것이다.

마티 케이건 Marty Cagan

감사의 글

나는 이 책을 쓰는 것이 겁났다. 읽어봄 직한 글을 쓰는 것 자체가 어렵기 때문에 그 과정 또한 쉽지 않을 것이라고 생각했다. 독자, 관객, 청자와 함께 가치를 만들어내는 모든 창작자에게 경의를 표한다. 나에게 글을 쓸 영감을 준 말콤 글래드웰의 마스터클래스에 특별히 감사를 표한다. 내가 읽었던 모든 책을 쓴 저자, 보았던 모든 영화의 감독 그리고 음악으로 나에게 영감을 준 작곡가 모두에게 감사한 마음을 보낸다. 여러분의 작업이 나의 작업을 완성할 수 있게 도왔다.

내 인생의 사랑이자 모든 것에 있어서 파트너인 Chris Jones, Anya와 Taryn은 나에게 정말로 큰 힘이 되어주었다. 내가 의자에 딱 붙어서 글을 써야 할 때 인내하고 이해해준 것에 감사한다. 아무리 표현해도 나의 감사함과 사랑을 표현하기에는 모자랄 것이다. 그리고 내 가족 Birthe, Duane, Pam, Lance, Susan 그리고 어머니와 고인이 되신 아버지 덕분에 지금의 내가 있다.

이 책을 통해 건네는 모든 조언은 뛰어난 회사에서 탁월한 동료와 함께 일하면서 거친 놀라운 경험에서 배운 것이다. 이름을 대자면 너무나 많겠지만, 나의 과정에 함께했던 당신과 함께한 행복한 경험도, 힘들었던 경험도 모두 감사하다. 마이크로소프트, 넷스케이프, 라우드클라우드에서 일했던 경력 초반에 많은 것을 배웠고, 그때 당시 함께 일했던 동료들 (Sarah Leary, Michael과 Kathleen Hebert, Blue/Peter Pate, Jeff Vierling, Eric Levine, Lynn Carpenter Schumann, Eric Bann, Eric Hahn, Bob Lisbonne, Ben Horowitz, Marc Andreessen, Jerrell Jimerson, Brian Grey, Tim Howes, Mike Homer [RIP]) 덕분에 지금과 같은 전문가가 될 수 있었으며, 여러분 모두 나에게 강렬한 인상을 남겼다.

포켓 팀(Nate Weiner, Nikki Will, Matt Koidin, Jonathan Bruck), 여러분의 여정에 내가 함께할 수 있어서 감사했다.

이 책이 읽어볼 만한 가치가 있었다면 아이디어가 견고해지도록 나를 등떠밀어준, 작지만 강력한 평론가 그룹 덕분이다. 구체적이고 솔직하며 든든한 피드백을 주었고, 시간을 들여 살펴봐주었다. Gabi Bufrem, Scott Guidoboni, Kenaz Kwa, Tony Liu, Tatyana Mamut, Kevin McNamara, Jay Miller(특히 두 배로!), Jim Morris, Rachel Quon 그리고 Matt Stammers에게 말로 다 할 수 없을 만큼 감사를 전한다. 이 책은 여러분의 의견과 관심 덕분에 훨씬 좋은 책이 되었다.

나는 이 책을 쓰는 과정을 거치면서 더 나은 작가가 되어야 한다는 것을 깨달았는데, Leslie Hobbs를 코치로 둘 수 있어서 영광이었다. 그녀는 내가 첫 장을 쓸 때부터 함께했고, 모든 원고를 18개월 동안 검토하고 편집해주었다. 그녀는 필요할 때 나를 격려해주었고, 그 덕분에 이것을 해낼 수 있다고 믿을 수 있었다. 레슬리, 정말로 고마워.

Lauren Hart는 이 책을 디자인했고, 명료함을 한 단계 끌어올리는 데 기여한 뛰어난 파트너였다.

이 책은 코스타노아 벤처스 덕분에 쓸 수 있었다. 코스타노아의 스타트업과 협업하면서 내 프레임워크를 검증할 수 있었고, 제품 시장 진입 전략을 시도해보았으며, 내가 가르치는 모든 것을 더 향상시키는 데 도움을 받았다. 여러분의 여정에 나를 합류하게 해준 것에 감사를 표한다. Greg Sands에게 코스타노아에서 나와 이 책을 위한 자리를 마련해준 것에 감사를 전한다. 그리고 나의 운영팀 파트너인 Michelle McHargue, Jim Wilson, Betty Watkins, Taylor Bernal, Katy Wiley 그리고 Rachel Quon에게 이 책을 완성할 수 있는 공간을 만들어준 점에 감사한다. 투자팀(Amy Cheetam, John Cowgill, Tony Liu, McCenzie Parks 그리고 Mark Selcow)도 나의 전문 분야에 대한 믿음을 보여주어 고맙다. Nancy Katz, 원고 편집에 도움을 주어 특별히 감사함을 표한다. Pamela Magie, Chonlana Jarawiwat, and Mike Albang는 코스타노아를 일하기 좋은 곳으로 만들어주었다.

이 책이 나올 수 있었던 것은 SVPG(실리콘밸리 프로덕트 그룹)와 마티 케이건 덕분이다. 당신은 나에게 영감을 주고(《인스파이어드》) 북돋아주며 (《임파워드》), 직접 본보기가 되어주었다. 그리고 당신은 내가 세계적인 수준의 파트너와 함께할 수 있는 이유이기도 하다. 나는 내 자신이 그 중 한 사람이라는 사실에 헤아릴 수 없을 정도로 운이 좋다고 여긴다. 당신의 모든 도움과 협력에 깊은 감사를 느낀다. Lea Hickman, Chris Jones, Chris Yoidos, Jon Moore, Marty, 친절한 조언과 초안에 대한 심층적이고 날카로운 피드백, 그리고 책을 쓰는 내내 끊이지 않았던 격려에 감사함을 느낀다. 여러분은 모든 방법으로 나에게 도전했고, 덕분에 나와 책은 더 발전할 수 있었다.

빌 게이츠로부터의 동기부여

블루_{Blue}가 내 사무실로 들어왔을 때, 나쁜 일이 벌어질 것임을 예감할 수 있었다. 워드_{Microsoft Word} 사업부 매니저가 내 사무실에 마지막으로 왔던 때는 잠깐 들러 어떤 사람인지 궁금해하는 정도였기 때문이다. 그는 주저하지 않고 방문의 목적을 말했다.

"빌 게이츠_{Bill Gates}로부터 방금 이메일을 받았습니다. '맥 OS를 위한 워드 _{Word for Mac}가 마이크로소프트의 주가를 끌어내리고 있으니 고쳐라'라고 하시더군요. 그래서 우리가 도대체 뭘 하고 있는지 물어보러 왔어요."

나는 맥 OS 워드의 젊은 프로덕트 매니저였다. 이런 중요한 제품을 맡아 담당한 것은 처음이었다. 몇 달 전, 윈도우 OS를 위한 워드_{Word for Windows}의 최신 버전이 출시되면서 몇 년 동안 진행하던 맥 OS 버전에 대한 전략은 수포로 돌아갔다. 이때까지 윈도우와 맥 버전은 코드, 기능, 릴리스 주기가 달랐다. 새로운 워드는 윈도우와 맥, 두 가지 OS에 대한 대응을 하나의 코드로 했으며, 이는 처음으로 두 OS를 지원하는 워드가 동일한 기능으로 동시에 출시될 수 있다는 뜻이었다.

그러나 맥 OS 버전의 출시는 늦었다. 아니, 매우 늦었다. 매일 윈도우 OS 버전과 비교되며 실패한 듯 여겨졌다. 우리는 새로운 기능이 성공할 수 있다고 판단하여 서둘러 제품을 완성했다.

맥 OS 사용자들은 이 제품을 무척 싫어했다. 맥 OS 버전은 너무 느려서 사용자의 눈에는 쓸모없는 제품처럼 느껴졌다. 게다가 이 제품은 맥에 특화된 기능을 놓쳤다. 그 당시 워드와 엑셀Microsoft Excel은 맥에서 가장 중요한 생산성 제품이었다. 애플은 사면초가에 빠져 있었다. 맥을 사용하는 커뮤니티에서는 워드가 잘 작동하지 않는 것은 애플의 종말을 알리는 징조라고까지 생각했다.

주요 매체에서는 마이크로소프트에 대해 독설을 퍼부었다. 내가 우리의 결정을 변호하기 위해 게시글을 올렸을 때, 그들은 나에게 증오의 말을 퍼부었다. 나는 눈물로 하루를 마무리하곤 했는데, '나도 사람이라는 걸 사람들이 모르나?' 싶은 생각이 들 정도였다.

이 상황에서 빌 게이츠의 말대로 '고칠' 수 있는 유일한 방법은 성능을 개선하고, 맥 OS 사용자가 가장 중요하게 생각하는 기능부터 개선하는 것이었다. 우리는 대대적으로 업데이트를 진행하면서 할인 쿠폰과 함께 맥 OS 버전을 사용하는 모든 사용자에게 사과 편지를 보냈다.

그것은 정말이지 굴욕적인 경험이었다. 하지만 나에게 중요한 교훈을 주었다. 바로 시장이 전략을 결정한다는 것이다. 그리고 마이크로소프트처럼 뛰어난 전략을 구사하는 회사가 제품을 시장에 출시할 때에도 상황이 항상 좋게만 흘러가지 않는다는 것 역시 배웠다.

끝을 염두에 두고 시작하다

항상 모든 것을 성공시켰다고 할 수는 없지만, 마이크로소프트는 많은 것을 성공시켰다. 그곳에서 일하는 것은 소프트웨어를 공부하는 대학에 가는 것이나 마찬가지였다. 수많은 제품이 서로 다른 시장에서 성공하고 실패하는 모습을 지켜볼 수 있었기 때문이다. 그 어떠한 상황에서도 마이크로소프트는 목표, 전략, 전술을 합의된 방식에 따라 수행했으며, 항상 목표를 생각하고 시작했다. 그곳에서 경력을 시작한 것은 나에게 큰 영향을 미쳤다.

아주 사소한 결정마저도 마이크로소프트의 전략적 목표에 따라 진행한다. 내가 처음 마이크로소프트에서 일하게 되었을 당시에, 회사는 지금이야 어디에서나 볼 수 있는 마이크로소프트 오피스의 첫 통합 버전 출시를 준비하고 있었다. 모든 제품 관련 자료에서 예전 이름인 '데스크톱용 생산성 애플리케이션'을 삭제하고 '통합 오피스 제품군_{suite}'을 사용했다. 그것은 주력 제품의 접근 방식을 바꾸는 동시에 표준을 세우는 제품으로서 오피스의 위상을 다시금 강조하는 과정이었다.

나는 우수한 제품과 그만큼 뛰어난 시장 전략이 결합하여 체계적인 접근 방식을 발판삼아 가장 큰 경쟁자를 압도하는 것을 지켜보았다. 워드프로세서인 워드퍼펙트_{WordPerfect}와 스프레드시트인 로터스 1-2-3_{Lotus 1-2-3}은 불과 몇 년 전만 해도 동종 제품군에서 최고의 경쟁사로, 손에 닿을 수조차 없어 보였다. 이들은 더 큰 비전을 마케팅하는 것이 아니라 제품을 만드는 것 자체에 집중했기 때문에 실패는 당연한 수순이었다.

IT 업계에서 일부의 사람만이 비교적 새로운 개념인 월드 와이드 웹_{World}

Wide Web을 다룰 때에 나는 오피스Microsoft Office팀의 프로덕트 매니저였다. 시장과 업계의 판도를 바꾸는 회사는 마이크로소프트가 아니었다. 상용 인터넷 브라우저를 구축한 넷스케이프였다. 이 회사는 매우 위협적이었기 때문에, 빌 게이츠는 전사 이메일을 보내 지금은 넷스케이프를 제외한 다른 경쟁업체는 전혀 중요하지 않다고 말했다.

그 이메일은 내가 넷스케이프에서 프로덕트 매니저로 일하기로 수락한 직후에 온 것이었다. 당연하게도 나는 즉시 짐을 싸서 마이크로소프트 캠퍼스를 떠나라는 요청을 받았다.

시사주간지 《타임》의 표지를 장식한 맨발의 남자

부모님은 내가 왜 그 대단한 마이크로소프트를 떠나서 도금한 왕좌에 맨발로 앉아 《타임》의 표지 사진에서 포즈를 취하는 창업자 마크 앤드리슨Marc Andreessen이 이끄는 회사에 입사하는지 이해하지 못했다.

나는 여느 마이크로소프트 직원과 똑같이 전략적인 적대감을 기대하며 넷스케이프에 발을 디뎠다. 하지만 이 회사는 이미 몇 수 앞서서 게임을 하고 있었다. 마이크로소프트가 명령하고 강압적으로 통제하는 스타일의 아빠였다면, 넷스케이프는 자유방임주의에다가 줄담배를 피우는 삼촌과 같은 인상이었다. 신제품이나 새로운 프로그램이 하룻밤 사이에 만들어져서 보도자료로 발표되었다. 제품팀은 그 이후에 발표된 것을 실현하기 위해 앞다투어 움직였다. 공식적인 배포 과정도, 그 무엇도, 표준적인 방법은 없었다. 나에게 그것은 완전히 문화 충격이었다.

하지만 나는 선구적인 제품팀이 어떻게 운영되는지 처음으로 경험했다.

나는 선도적인 프로덕트 매니징팀과 프로덕트 마케팅팀 사이를 왔다 갔다 했다. 이 과정에서 실험과 혁신에 열려 있는 다양한 엔지니어들과 함께 일했다.

기존의 시장 진출 전략은 무시되었고, 인터넷을 통해 사용자에게 직접 배포되었다. 이러한 배포 절차는 매우 새로운 개념이었다. '제품'은 폐쇄적이지 않고 공개적이었으며, 베타 버전(그 당시로서는 완전히 새로운 아이디어)이라는 개념이 있었다. 출시 규모는 사용자가 만족할 수 있는 최소의 기능으로 더 많은 사용자 팬덤을 일으키는 수준이면 충분했다.

넷스케이프는 전략의 가치에 대해 내가 아는 것을 넘어서서 자유롭게 시장을 탐색하는 제품이 예측할 수 없는 속도로 혁신을 불러일으킬 수 있다는 것을 알려주었다. 이는 무척 역동적인 방식으로, 더 나아가 혁신적 아이디어가 어떻게 새로운 스타트업을 탄생시킬 수 있는지도 지켜볼 수 있었다.

시장이 성공을 결정한다

벤 호로비츠Ben Horowitz가 마크 앤드리슨, 팀 호위스Tim Howes, 이인식과 함께 라우드클라우드Loudcloud(이후 회사명을 옵스웨어Opsware로 변경함)라는 새로운 스타트업을 공동으로 설립할 즈음에, 그는 이미 넷스케이프에서 가장 존경받는 경영자였다. 넷스케이프는 세계 최초로 인터넷을 인프라이자 서비스로 제공한 회사로, 전 세계가 이것이 무엇인지 이해하기도 전에 이미 활발히 영업을 하고 있었다.

1999년 즈음에는 2021년까지 인터넷상의 데이터 처리량의 95%가 클라우드 트래픽에 사용될 것이라는 말은 완전히 새로운 아이디어였다.* 비전은 있었지만, 당시 인터넷 인프라에 필요한 서비스와 아키텍처는 소프트웨어를 아무리 자동화해도 너무 비쌌다.

나는 당시 마케팅팀을 이끄는 동시에 호로비츠의 비서실장을 하면서 회사와 매출 창출의 한계에 대해 깨달았다. 실패처럼 느껴지는 고통에 직면하면서 나의 직업적 한계를 배웠다. 또한 적절한 시장 요소가 모두 갖춰지지 않으면, 최선의 마음가짐과 비전이나 계획만으로는 성공할 수 없다는 사실도 알게 되었다.

이 책을 사용하는 방법

라우드클라우드를 떠난 뒤에 나는 프로덕트 마케팅에 대해 조언하기 시작했다. 구글Google이나 아틀라시안Atlassian 같은 회사에서 워크숍을 진행했고, UC 버클리 대학에서 공학을 연구하는 대학원생을 대상으로 마케팅과 프로덕트 매니징 수업을 만들었다. 코스타노아 벤처스Costanoa Ventures에서 초기 단계 스타트업과 프로덕트 마케팅을 위한 작업을 수행했고, 스타트업이 인수되고 IPOinitial public offering하는 것을 지켜봤다. 수백 개의 회사에서 실제로 프로덕트 마케팅을 하는 모습을 관찰했다.

그 모든 것을 통해 중요한 한 가지를 배웠는데, 바로 대부분의 기업이 프로덕트 마케팅을 하는 방식과 최고의 기업이 하는 방식은 매우 대조적이라는 점이다. 이는 대부분 프로덕트 마케팅에 대한 오해 때문이다.

---

* https://newsroom.cisco.com/press-release-content?type=webcontent&articleId=1908858

이 오해를 떨쳐내는 것이 IT 제품을 마케팅하는 데 필요한 가장 기본적인 작업이다.

마케팅이 목표로 하는 것은 더 큰 파이프라인, 더 사랑받는 브랜드를 만드는 것이다. 단순히 마케팅을 더 많이 하는 것이 아니라, 더 나은 프로덕트 마케팅을 하는 것이다.

이 책은 IT 제품에 대한 마케팅을 이야기할 때, 프로덕트 마케팅이 어떻게 토대를 형성하고, 이를 통해 다른 마케팅 영역에 어떤 영향을 미치는지 이해함으로써 IT 제품 마케팅에 대한 사고를 완전히 전환하는 계기가 될 것이다.

결국 프로덕트 마케팅을 원하는 대로 수행하려면 뛰어난 사람들이 필요하겠지만, 뛰어난 프로덕트 마케팅은 기본적인 능력과 사고방식을 갖추면 누구나 해낼 수 있다. 그래서 직무와 직책에 상관없이 제품을 만들거나 마케팅을 하는 사람을 위해 이 책을 썼다.

파트 1에서는 프로덕트 마케팅의 기본 원리를 적용하여 마구잡이로 코딩하던 미국 중서부 뜨내기가 실리콘밸리 아이콘을 어떻게 이길 수 있었는지 살펴볼 것이다. 각 실행 과업을 자세히 설명하고 이해하기 쉽게 구성하였다.

파트 2에서는 사람과 업무 절차를 살펴본다. 이상적인 프로덕트 마케터의 자질과 그들이 어떻게 다른 직무의 동료와 협력하는지 알게 될 것이다. 또한 업무 성과를 내기 위해 실천할 수 있는 중요한 과업에 대해서도 다룰 것이다. 이를테면 마켓 핏을 발견하는 방식이 그 예다.

파트 3과 파트 4는 매우 중요하지만 정작 실천하기 어려운 전략과 포지셔닝에 대해 자세히 설명한다. 여기에서 소개하는 업무 도구는 다양한 규모의 회사에서 사용할 수 있고 지속적으로 더 나은 전략과 포지셔닝을 위한 접근법을 제시한다.

파트 5에서는 프로덕트 마케팅의 리더십과 조직적 과제, 즉 다양한 조직의 단계와 비즈니스 변곡점에서 프로덕트 마케팅팀을 이끌고, 고용하고, 교육하고, 목표를 조정하는 방법에 초점을 맞춘다.

내가 쓰는 모든 글에는 한 가지 큰 가정이 있다. 뛰어난 제품이 없다면 절대로 시장 진입 전략이 성공할 수 없다는 것이다. 아직 그 단계에 도달하지 않았다면 마티 케이건의 《인스파이어드》를 먼저 읽기를 추천한다. 이 책은 사용자가 사랑하는 제품을 만드는 법에 초점을 맞춘다. 당신이 만든 제품이 시장에서 사랑받을 준비가 되었다면, 이 책을 읽어보길 바란다.

마케팅의 목표는 더 사랑받는 브랜드를 만드는 것이다.

What you want most from marketing—a loved brand.

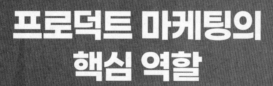

프로덕트 마케팅의
핵심 역할

다윗이 골리앗을 이기는 순간
왜 프로덕트 마케팅이 중요한가?

마르코 아먼트Marco Arment는 실리콘밸리의 성공 방정식에 딱 들어맞는 사람이다. 그는 수많은 제품을 구현해본 능숙한 개발자였고, 텀블러Tumblr의 선임 개발자이자 최고기술책임자chief technology officer, CTO였다. 텀블러는 짧은 콘텐츠를 게시할 수 있는 마이크로블로그 서비스로 현금 10억 달러에 야후에 인수되었다. 그의 블로그는 한 달에 50만 회 이상의 조회수를 기록했으며, 그는 팟캐스트가 대대적으로 유행하기 전부터 이미 인기 좋은 팟캐스트를 운영하고 있었다.

텀블러 다음으로 아먼트가 출시한 서비스인 인스타페이퍼Instapaper에 테크 전문 매체들이 매혹된 것은 어쩌면 당연했다. 이들은 나중에 읽을 웹페이지를 저장해주는 이 앱에 대해서 끊임없이 이야기했고, 마치 그런 기능을 제공하는 앱은 세상에 인스타페이퍼뿐인 듯했다.

그 무렵, 독학으로 프로그래밍을 배워 닥치는 대로 코딩하던 중서부 출신의 네이트 와이너Nate Weiner도 같은 문제에 초점을 맞췄다. 당시 사람들은 SNS 피드나 웹 페이지에서 콘텐츠를 보고 저장해두었다가 나중에 다시 읽기를 원했다. 와이너는 그렇게 할 수 있도록 리드잇레이터Read It Later를 만들었다.

그는 여자 친구에게서 제품 디자인에 대한 도움을 받고 쌍둥이 형제로부터 코딩을 도움받아 이 앱을 출시했다. 리드잇레이터는 350만 명이 사용하는 서비스가 되었고, 수백만 건의 호평을 받았다. 사용자 수는 인스타페이퍼의 거의 3배에 달한다. 그런데도 언론은 뛰어난 생산성 앱을 꼽을 때 여전히 인스타페이퍼만 언급했다.

애플은 월드 와이드 개발자 콘퍼런스World Wide Developer Conference에서 '읽기 목록Reading List'이라고 불리는 기능을 발표했다. 이는 와이너가 만든 앱을 재조명하는 동시에 트위터에서 열풍을 일으켰는데, 어떤 사람들은 인스타페이퍼에 대한 리드잇레이터의 압승이라고도 평했다.

인스타페이퍼는 계속하여 서비스를 운영했고, 때때로 새로운 기능을 추가했다. 아먼트는 제품을 만든 지 3년 만에 베타웍스Betaworks에 인스타페이퍼를 팔았다. 제품은 곧 성장을 멈췄고, 결국 서로 떠넘기느라 급급한 골칫덩이가 되고 말았다.

같은 시기에 리드잇레이터는 포켓Pocket으로 다시 브랜딩했고, 주요 앱 상app award을 모조리 휩쓸었으며 수백 개의 앱과 연동되었다. 수많은 투자처를 확보했으며, 흔히 성공의 기준이라고 부를 만한 기록은 모두 갈아치웠다. 파이어폭스 브라우저를 만든 모질라Mozilla가 포켓을 인수했을 때, 포켓의 사용자는 2천만 명에 달했다.

어떻게 와이너와 그의 작은 팀이 골리앗과 같은 아먼트와 인스타페이퍼의 명성을 누르고 성공했을까?

이는 '프로덕트 마케터Product Marketer'라는 직함은 없었지만, 제품을 만들 때 '프로덕트 마케팅' 중심의 사고방식으로 전환하기 위해 모두 함께 노력했기 때문이다. 다음은 이 팀이 했던 일의 일부다.

사용자 행태 변화에 대한 데이터를 공유

포켓 팀은 모바일 기기의 사용이 급증함에 따라 콘텐츠를 저장하는 행위 또한 늘어난다는 사실을 언론에 꾸준히 노출했다. 예를 들어 가장 많이 저장된 비디오 콘텐츠 길이의 중앙값이 30분이라는 등의 사실을 공식 블로그뿐만 아니라 다양한 매체에서 홍보했다. 이를 통해 포켓 팀은 제품을 만들 뿐만 아니라 사용자와 마켓 중심의 관점에 대해 홍보할 수 있었다.

제품의 목적을 광범위한 트렌드와 연결

포켓 팀은 웹에서 제품을 통해 자신들이 이룬 것을 유사한 다른 서비스와 비교했다. 드롭박스Dropbox가 파일 공유에 대한 개념을, 넷플릭스Netflix가 TV를 바꾼 것처럼 말이다. 그들은 자신들을 '언제, 어디서나'라는 거대 담론과 연결지어 포지셔닝했고, '우리는 인터넷 콘텐츠 분야에서 그런 변화를 일으키는 사람들'이라고 말했다. 또한 모든 앱에 대해 '나중에 저장Save-for-later' 기능을 연동할 수 있는 API를 개발하여 배포했고 이는 업계 표준이 되었다.

리드잇레이터에서 포켓으로 다시 브랜딩

이는 글로벌 사용자가 단순히 나중에 읽을 콘텐츠를 저장하는 것 이상으로 포켓을 인식하게끔 만들기 위한 전략적인 결정이었다. 4.0 버전을 출시할 때 제품 이름을 변경한 것은 이 제품과 다른 제품을 차별화하는 지점을 전면에 내세우고 이 제품이 더 뛰어나다고 선언하는 것과 같다. 이를테면 비디오와 이미지를 저장할 수 있는 기능처럼 말이다.

3.99달러가 아니라 무료로 서비스를 이용

미처 가치를 경험하기도 전에 사람들에게 비용을 지불하라고 요구하기는 어렵다. 설립자는 블로그를 통해 앱을 완전히 무료화한다고 발표했다. 그는 이제 회사가 벤처 투자를 받는 스타트업이 되었다고 설명했다. 이는 와이너와 포켓 사용자 간의 신뢰 관계를 공고히 하는 데 도움이 되었다.

'왜' 이 제품을 사용해야 하는지 공유하고 인플루언서에게 사전 액세스를 제공

새로운 버전을 출시하기 전에 포켓 팀은 가장 영향력이 큰 에반젤리스트인 언론, 전문가, 헤비 유저 등에게 새로운 기능이 왜 중요한지 알렸다. 이를 통해 각 기능을 효과적으로 홍보할 수 있었다.

제품을 만드는 다른 사람들과 마찬가지로, 초창기 와이너의 접근은 더 많은 기능을 추가하고 더 좋은 제품이 되어 인스타페이퍼를 넘어서는 것이었다. 제품 향상은 매우 중요하지만(포켓은 브랜딩을 다시 진행하면서 대대적인 디자인 변경도 함께 진행했다), 시장에서 다시 브랜딩하는 작업이 어떤 의미가 있는지 알리지 않았다면, 포켓도 이미 앱으로 넘쳐나는 세상에 또 다른 흔한 앱에 지나지 않았을 것이다. 그랬다면 인스타페이퍼의 뒤를 잇는 제품 정도로 만족하고 그것만으로도 충분한 성과라고 여겼을지도 모른다.

포켓의 이야기는 또 다른 사업 영역의 이야기들과 유사하다. 경쟁사는 항상 규모가 크거나 더 잘 알려져 있다. 제품팀은 자신이 만드는 제품에 대해 전 세계 누구도 들어본 적이 없다는 사실을 걱정하고, 잠재고객이 자신이 만든 제품과 그 속에 담긴 중요성을 이해하지 못할까 봐 염려한다. 이 제품이 더 낫다는 것을 증명하기 위해서 더 많이 배포해야 한다는 생각은 아주 자연스럽다. 하지만 제품팀이 뛰어난 제품을 만들기 위해 노력을 기울이는 만큼, 시장과 사용자에게도 그만큼의 노력과 집중을 쏟아야 궁극적으로 파급력을 낼 수 있다. 구체적으로는 제품에 적합한 시장은 어디인지, 이에 접근하기 위한 최고의 방법은 무엇인지, 그리고 이 제품의 신뢰도를 위해 누가, 무엇을 말해야 하는지를 확인해야 한다. 이것이 바로 프로덕트 마케팅의 일이다.

프로덕트 마케팅이란?

프로덕트 마케팅의 목적은 사업 목표에 따라 전략적으로 설계한 일련의 마케팅 활동을 수행하고, 제품에 대한 시장의 인식을 설계하여 최종적으로는 사용자가 제품을 선택하도록 하는 것이다.

이는 선택 사항이 아니다. 포켓 팀이 해낸 것과 같이 시장에서 제품을 포지셔닝하고 명확한 목적을 가지고 행동하지 않으면 경쟁 업체와 시장 역학은 갈수록 불리하게 작용한다.

프로덕트 마케팅은 시장을 향한 모든 과업에 전략적 의도와 통찰력을 불어넣는다. 또한 제품과 시장의 접점에서 벌어지는 마케팅과 영업의 계획을 만들어내고, 목표를 달성하려는 모든 팀 구성원의 의사결정에 토대를 마련한다. 개별적인 지표 달성부터 해당 도메인을 대표하는 서비스가 되기까지, 전반적인 절차에서 프로덕트 마케팅은 꼭 필요한 작업이다. 포켓이 한 작업의 목록은 제품을 구체적으로 언급하지 않을 때도 자신의 제품이 왜 유의미한지 암시한다.

프로덕트 마케팅은 또한 사용자가 이 제품을 선택하도록 제품팀과 협력하여 더 나은 의사결정을 내리는 것도 포함한다. 이는 기능의 우선순위를 관리하는 것부터 경쟁사를 압도하는 콘텐츠 작성에 이르기까지 다양한 범위를 아우른다. 포켓은 가장 많이 저장된 비디오 콘텐츠가 무엇인지 블로그에 게시글을 올리곤 했다. 이러한 글은 인스타페이퍼에는 없는 기능인 비디오 저장을 자연스럽게 강조하여 군이 구체적인 제품을 언급하지 않고도 해당 도메인의 뛰어난 제품에는 어떤 기능이 추가적으로 제공되는지 설명하는 셈이었다.

프로덕트 마케팅은 매우 전략적이고 철저히 계산되어 있다. 흔히 오해하는 것과 달리, 이는 단순히 광고 소재를 만들거나, 많이 판매할 수 있도록 판촉 행위를 하거나, 제품 출시 일정을 관리하는 것이 아니다. 안타깝게도, 이와 같은 역할이 곧 프로덕트 마케팅으로 여겨지고 직무로 굳어지는 경우도 많다. 이런 업무는 각각 일의 단위일 뿐, 이 자체가 일의 목적을 정하지는 않는다.

이 책을 쓰며 기대하는 점이 있다면, 프로덕트 마케팅 본연의 목적에 초점을 맞추는 것이다. 즉, 제품 주변에서 벌어지는 모든 활동을 적극적으로, 의도적으로 활용하여 시장을 대상으로 펼치는 전략이 사업 목표를 달성할 수 있게끔 돕는 것이다.

그러므로 이는 '일을 제대로 한다'는 것이 무엇을 의미하는지 명확히 하는 데서 시작한다. 프로덕트 마케팅의 기초로 돌아가 이를 점검해보자. 프로덕트 마케팅의 핵심 역할 네 가지부터 시작한다.

- **핵심 역할 1, 대변인:** 고객과 시장에 대한 통찰력을 연결한다.
- **핵심 역할 2, 전략가:** 제품이 시장으로 진입하도록 지휘한다.
- **핵심 역할 3, 스토리텔러:** 세상이 제품을 어떻게 바라보게 할지 설계한다.
- **핵심 역할 4, 에반젤리스트:** 다른 사람이 이야기를 할 수 있도록 이끈다.

이 책의 파트 1에서는 각 핵심 역할을 구체적으로 설명하고 어떻게 더 잘할 수 있을지 제안한다.

지금 프로덕트 마케팅이 중요한 이유

나는 의도적으로 **프로덕트 마케팅**이라는 일을 **프로덕트 마케터**라는 직업과 구분하여 설명하고 있다. 와이너와 포켓 팀이 보여주듯이, 유능한 동료가 맡으면 제대로 프로덕트 마케팅을 할 수 있다. 와이너와 포켓 팀은 학습 능력이 뛰어나고 프로덕트 마케팅 기초를 이해하고 제품과 조직에 적용하려는 의지가 강했다.

모든 회사에 이렇게 프로덕트 마케팅을 자발적으로 수행하려는 사람이 있는 것은 아니지만, 완벽하게 구성된 팀이 아니라도 프로덕트 마케팅을 수행할 수 있다. 뛰어난 조직에는 언제나 뛰어난 프로덕트 마케터가 자신의 역할을 해내면서 성과가 개선된다. 지금 당장 팀에 프로덕트 마케터가 없기 때문에 그 일을 할 수 없다는 변명은 성립하지 않는다. 탁월한 프로덕트 마케팅은 현재 업계에서 어느 때보다 절실하며 중요하기 때문이다.

최신 개발 툴(오픈소스, 클라우드를 포함하는 모든 것)과 개발 방법론은 시장에 유통되는 제품이 그저 증가하는 것이 아니라 기하급수적으로 증가하고 있다는 것을 의미한다. 일례로 마케팅과 관련된 기술을 다루는 마테크marketing technology 업계에는 첫해에 150개의 회사가 있었는데, 9년 후에는 8,000개 이상의 회사가 경쟁하는 시장이 되었다. 애플의 앱스토어App Store는 500개의 앱으로 서비스를 시작했고, 현재는 500만 개 이상의 앱을 제공한다. API 생태계, 웹3.0과 같은 제품 주도 성장도 있다. 검색 엔진과 거대 IT 기업은 사용자가 제품에 대한 정보를 알아볼 때 가장 먼저 만나는 관문이다. 소셜미디어는 사용자의 관점에만 영향을 미치는 것이 아니라 전 세계 언론인의 100배는 족히 넘는 수백만 명의 인플루언서의 무대이기도 하다.

수많은 제품은 똑같은 주장을, 유사한 기능을 통해 전달한다. 그래서 제품의 가격은 가치를 판단하는 데 유용한 기준이 아니다. 가령 유사한 제품이지만 명확하지 않은 이유로 인해 가격이 차이날 수 있다. 신뢰할 수 있는 관계와 입소문이 의사결정에 그 어느 때보다도 강력한 영향력을 미친다. 심지어 주요 엔터프라이즈 소프트웨어에도 말이다. 당신의 잠재고객이 이런 상황에서 효과적인 의사결정을 내리기가 얼마나 어려운지 상상해보라.

한 제품이 두각을 나타내고 성공하기 위해서는 전체 시장 전략이 세심하게 설계되어야 하고 명확하게 시장 포지셔닝을 할 수 있어야 한다. 그것이 프로덕트 마케팅이다.

프로덕트 마케팅이어야 하는 이유

통념적인 마케팅과 마케팅의 하위 개념이지만 명확히 구분되는 프로덕트 마케팅의 차이점에 대해 많은 사람들이 혼란스러워한다.

사용자 여정은 결코 일방향이거나 선형적이지 않다. 사용자는 문제를 경험하고 정보 탐색을 마쳤을 즈음에 구매하거나 구매 절차로 진입한다.

사용자가 제품을 탐색하는 과정에서 적절한 메시지를 올바른 시점에 제공하여 제품을 선택하도록 하는 것이 마케팅의 근간이다. 제품을 판매하고 잠재고객을 발굴하여 고객으로 전환시키는 것은 영업의 근간이다.

오늘날의 마케팅팀은 고객에게 메시지를 내보내고, 캠페인을 운영하고, 각자가 담당하는 분야에서 프로그램을 관리하고 수행하는 전문가 집단이다. 예를 들어 수요 창출, 디지털/웹 검색 최적화, 광고, 소셜미디어, 콘텐츠, 인플루언서, 커뮤니티, 애널리스트 관리, 마케팅 운영, 대외 홍보, 마케팅 커뮤니케이션, 브랜딩, 행사와 같이 마케팅의 분야는 무척 다양하다. 마케팅에 활용할 수 있는 방대한 수단을 이 책의 말미 부록에서 상세히 정의하고 설명했다. 조직이 클수록 마케팅은 더욱 복잡하고 켜켜이 다양한 층위를 가진다.

마케팅 전문가는 자신의 일을 잘해내기 위해 프로덕트 마케터에게 의존하곤 한다. 프로덕트 마케터는 제품의 어떤 측면에 집중할지, 타깃팅할 대상, 타깃 사용자가 관심을 가질 이유, 그리고 어떤 채널이 가장 중요한지 정의한다. 이들은 제품팀과 마케팅팀의 가교 역할을 하며 각 활동이 성과를 거둘 수 있도록 돕는다.

이 책의 파트 2에서는 프로덕트 마케팅과 제품 구현, 마케팅 및 영업이 어떻게 상호 작용하는지 자세히 설명하고 이런 협력의 성공 사례를 살펴본다. 파트 1에서는 앞서 언급한 프로덕트 마케팅의 핵심 역할 네 가지를 더 자세히 설명하겠다.

이 책에서 설명하는 전반을 실천할 수 있다면 시장 진입 전략의 목적을 명확하게 할 수 있을 것이다. 그리고 그것은 결과적으로 평범한 기업과 전 세계적으로 성공을 거둔 기업을 가른다. 따라서 프로덕트 마케팅을 의사결정의 근간으로 채택하는 투자가 선행되어야 할 것이며, 이 책은 그것을 어떻게 하는지 여러분에게 보여주는 것이 목적이다.

CHAPTER

02

프로덕트 마케팅의 기초

워드에서 맞춤법이 틀릴 때마다 나타나는 빨갛고 구불구불한 밑줄을 알고 있을 것이다.

이 기능은 '모든 제품은 윈도우의 다음 운영체제 배포 시점에 맞추어 새로운 버전을 출시해야 한다'는 경영진의 기조에 따른 첫 버전에 등장했다. 그 기조에 따라 당시 기능을 구현할 수 있는 시간이 절반으로 단축되었다. 이전 버전에 비해 절반 정도의 기능만 배포할 수 있었다는 말이다.

때는 바야흐로 기능이 많으면 많을수록 좋은 시기였다. 제품 박스에 덕지덕지 붙은 스티커의 갯수가 그 제품의 가치와 동일시되었고, 스티커 하나하나는 박스 안의 제품에 얼마나 많은 기능이 있는지 설명했다.

누구도 그렇게까지 경쟁적인 환경에서 일한 적이 없었다. 시간이 없었기 때문에 우리가 작업할 수 있는 기능이 절반밖에 되지 않았을 뿐더러, 계획 중이었던 대부분의 기능은 큰 변화를 불러오기에 역부족이었다. 이미 제품에 포함된 기능에 덧붙일 만한 그럴싸한 개선 사항뿐이었다. 프로덕트 매니저와 프로덕트 마케팅팀은 사소한 개선 사항으로 사용자가 엄청나게 다양한 기능을 배포했다고 느끼게끔 하기 위해서 고군분투했다.

협업 세션에서 한 프로덕트 마케터가 수백 명의 사용자의 모든 키 입력 값을 분석한 데이터를 분석한 결과를 공유했다. 그는 배포에까지 이르는 기능이 두 가지로 나뉜다고 설명했다.

1. 사용자가 항상 사용하는 기능(예: 텍스트 서식 지정)
2. 사용자가 자주 사용하지는 않지만 그 기능을 쓰는 사용자라면 무척 많이 사용하는 기능(예: 글머리 기호 목록)

우리가 이 버전에서 작업했던 기능이 결국 대다수의 사용자가 실제로 제품을 어떻게 사용하는지를 바탕으로 고민한 결과와 일치한다는 것을 깨달았다. 그제야 데이터 기반의 기능 기획 및 개발이 왜 중요한지 이야기할 수 있었다.

그 당시에는 주요 언론 및 비평가와의 미팅이 무척 중요했는데, 하나의 리뷰가 어쩌면 수년이 걸릴지도 모를 다음 배포까지 따라다닐 수 있기 때문이다. 그래서 제품의 첫 인상과 이에 따라붙는 이야기는 장기적인 관점에서 무척 중요했다.

대개 이러한 프레젠테이션은 세련된 파워포인트 슬라이드로 진행되었다. 하지만 우리는 예상치 못한 새로운 접근 방식을 통해 새로운 제품 버전을 발표하기로 결정했다. 우리는 슬라이드를 만들지 않았고, 제품을 만든 사연을 더 잘 담을 수 있게 그림으로 표현했다. 그리고 그 뒤를 이어 곧바로 제품을 시연하기로 했다. 그림 2.1은 우리가 그린 것이다.

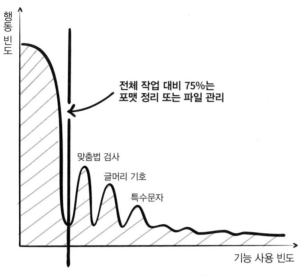

행동 빈도

전체 작업 대비 75%는
포맷 정리 또는 파일 관리

맞춤법 검사

글머리 기호

특수문자

기능 사용 빈도

그림 2.1 화이트보드 재현

이 그림과 함께 발표한 내용은 다음과 같다.

워드에서 수행하는 모든 작업의 75%는 포맷 정리, 파일 관리 및 인쇄와 같은 기본적인 카테고리로 분류할 수 있다. 우리는 모든 사용자가 새로운 버전의 효용을 느낄 수 있도록 이러한 기능에 집중했다. 하지만 기능이 얼마나 많이 쓰이는지 들여다보니, 오히려 많은 사람들이 사용하지는 않지만 일단 사용해본 사람은 무척 많이 사용하는 기능이 있었다. 그러한 기능은 가치가 있다는 사실이 증명되었고, 되려 쉽게 발견하거나 알아채기 어렵다는 것을 알았다. 이 버전은 이처럼 숨겨진 기능을 더 쉽게 사용할 수 있도록 편리하게 제공하고, 사용자들은 작업 방식을 변경하지 않고도 그 기능의 가치를 충분히 경험할 수 있도록 했다.

그것은 바로 맞춤법 검사였다. 이 기능은 백그라운드에서 실행되었고, 사람들이 입력하는 동시에 잘못 입력한 단어에 밑줄을 그었다. 사람들은 '맞춤법 검사' 버튼을 누를 필요가 없었다. 《월 스트리트 저널》의 월트 모스버그는 당시 가장 뛰어난 워드프로세서 평론가로 둘도 없는 명성을 얻은 사람이었다. 그가 하이라이터(형광펜) 기능이 왜 있는지 물었을 때, 우리는 연구 결과를 보여주었을 뿐 아니라 베타 사용자가 이 기능을 얼마나 사용했는지, 그것에 열광하는 내용의 이메일을 보여주었다.

마침내 그의 리뷰가 나왔을 때, 우리도 놀랐다.

'이번 주 킬럼에 오신 것을 환영합니다.' 아니, 물론 이번 주 칼럼을 말한 것인데, 워드프로세싱을 하는 소프트웨어가 오타를 확인하고 이를 즉시 빨간색 밑줄을 그어 알려주었다. 버전 7.0으로도 알려진 새로운 워드는 마이크로소프트가 앞서 언급한 스펠잇spell-It과 같이 글을 작성하는 절차를 자동화하고 향상시킬 수 있는, 사소하지만 영리한 수많은 개선 작업에 집중했다. 이와 함께 자동교정autocorrect 기능을 제공한다. 글머리 기호로 우리가 자주 사용하는 하이픈(-)이나 애스터리스크(*)를 글머리 기호로 바꾸어 들여쓰기가 된 목록으로 알아서 바꿔주기도 한다. (중략) 또한 노란색 형광펜과 같은 효과를 모방하는 기능이 있다. (중략) 이런 새로운 기능을 모두 종합하면, 이미 뛰어난 워드프로세서를 더욱 뛰어난 도구로 발전시킬 수 있을 것이다. 워드는 지금까지도, 그리고 앞으로도 최고의 글쓰기 도구다.*

---

* Walter Mossberg, "Personal technology: Word for Windows 95 Helps Sloppy Writers Polish Their Prose", Wall Street Journal, October 5, 1995.

제품의 기능에 접근할 때, 실사용자의 서비스 이용 행태를 바탕으로 '왜' 제품을 사용하는지에 집중한 것(말하자면 덜 전통적인 방식으로 접근한 것)이 먹혀들었다. 이 버전은 이제껏 출시된 워드 버전 중에서 가장 많은 리뷰를 받고 가장 성공적인 버전으로 평가받았다.

프로덕트 마케팅팀은 프로덕트팀과 협력하여 압도적인 포지셔닝을 차지하고 시장에 접근하겠다는 목표에만 집중했다. 제품 출시를 조율하고 현장에서 이 제품을 영업하기 위해 필요한 도구를 갖추었고, 사용자 인터뷰를 준비하고 가격 결정에도 영향을 미쳤다. 또한 제품 사후 평가도 가능하도록 만들고, 고객 응대를 위한 교육을 진행하고 이를 위해 필요한 업무 환경도 갖추었다. 그리고 프로덕트 마케팅 이외의 마케팅과도 협업하고 광고팀과의 조율을 통해 최고의 캠페인을 만들었다.

위에 기술한 내용은 모두 마케팅의 수단이지만 그 자체가 목적이 아니라는 것을 기억해야 한다. 전략적인 마케팅 활동을 통해 제품에 대한 시장의 인식을 원하는 방향으로 유도하고 결과적으로 시장이 제품을 선택하게 하는 것이 마케팅의 목적이다.

워드의 프로덕트 마케팅팀이 해낸 작업은 제품을 시장에 출시하는 것과 동종 서비스 카테고리에 대한 표준으로 발돋움하는 것이 어떻게 다른지 보여주었다. 그들은 모든 마케팅 활동을 네 가지 콘셉트를 바탕으로 전개하였다. 그들은 고객, 제품, 시장을 연결하는 **대변인**ambassador으로 시장에서의 제품을 어떻게 포지셔닝할지 **스토리텔링**storytelling을 했다. 이와 같은 활동은 고객이 시장 진입 전략에 따라 제품에 대해 **입소문**evangelization을 내게 했다. 주체 간의 상호작용은 모두 명확한 **전략**strategy에서 파생되는데, 이런 전략이 바로 새로운 시스템을 구축하는 가장 핵심적인 것이다.

각각의 핵심적인 콘셉트에 대해 살펴보고 각각을 수행하기 위해 어떤 활동을 해야 하는지 살펴보자.

핵심 역할 1 — 대변인:
고객과 시장에 대한 통찰을 연결하자

프로덕트 마케터가 하는 모든 일은 고객과 시장에 대한 통찰력을 기초로 한다. 이것이 첫 번째 핵심 역할이 되는 이유다. 프로덕트 마케팅은 시장에 안착하는 방법에 대한 지식의 총체다. 이는 제품이 고객의 어떤 문제를 해결하는지, 그리고 누가 타깃 고객인지 아는 것만이 아니라, 모든 상황에서 고객과 시장에 대한 통찰력을 제공하는 것이다.

이 전략을 구체적인 업무로 설명하자면, 고객을 군집 단위로 세분화하고, 고객이 새로운 것을 찾아나서게 만든 좌절감과 문제를 이해하고, 잠재고객이 제품을 이용하는 고객이 되는 여정의 단계를 구체적으로 정의하는 것까지를 포함한다. 또한 열광적이고 충성스러운 팬을 만들고 더 많은 사람들에게 영향을 미치거나 그런 가능성을 가진 인플루언서를 끌어들이는 과정도 해당된다. 이는 기존 고객뿐만 아니라 잠재고객도 제품과 접점을 가지게 만드는 활동이다.

프로덕트 마케팅팀이 제품의 대변인이 되려면 고객이 제품을 왜 유용하다고 생각하는지 이해할 수 있어야 한다. 프로덕트팀은 이미 고객이 제품을 사용하거나 구매하는 명확한 이유를 이해해야 한다. 프로덕트 마케팅은 구매자 관점에서의 상황, 다른 경쟁사가 의사결정에 어떻게 영향을 미치는지, 그리고 제품이 시장에서 어떻게 포지셔닝할지 방향성을 제시한다.

프로덕트팀, 전략팀 그리고 전담 리서처와 공유하는 이 지식의 총집합은 정성적이면서도 정량적인 측면이 있다. 잠재고객이 어떻게 생각하고 행동하는지 이해하고 시장 진입 전략에 적용하는 과정이기 때문이다.

핵심 역할 2 — 전략가: 제품의 시장 진입 전략을 지휘하자

시장에 대해 전개하는 모든 활동을 어떻게 하면 유효하게 만들 수 있을까? 명확한 시장 진입 전략을 세우고 모든 부분이 비즈니스 목표에 연결되어 있으면 된다. 말하자면 전략은 A를 B로 움직이는 전술을 아우르는 상위 정책이다. 뛰어난 시장 진입 전략은 각 사업 활동에 대해 **왜**와 **언제**를 명확하게 밝히는 한편, **무엇을, 어떻게** 할지에 대해 부가적으로 설명하기도 한다.

프로덕트 마케팅은 고객이 제품을 원하는 이유와 제품을 탐색하는 경로에 대한 가설을 토대로 계획을 세운다. 고객이 새로운 제품을 탐색할 때 네트워킹 행사에서 만난 지인에게 의지할까? 또는 온라인으로 검색하거나 직접 새로운 기술을 체험해보는 편을 선호하는가?

프로덕트 매니징이 제품 발견product discovery 과정을 통해 가치 있고 쓸 만하고 구현할 수 있으며 지속 가능한 제품을 만들듯이, 프로덕트 마케팅도 이와 같은 절차가 있다. 의미 있는 시장 진입 전략은 실제 시장에서 시행착오를 겪으며 알아낼 수 있다. 예를 들어 고객이 제품을 체험하도록 유도하는 것이 직접 영업을 뛰어서 판촉하는 것보다 성공적일지 알 수 없다는 말이다. 둘 중 하나를 선택하고 결과를 확인하는 과정 자체가 값비싼 투자이지만, 시장 진입 전략 모델 자체가 방대해지면서 어떤 전략이 당장 가장 큰 효과를 가져올지는 실험을 거치지 않으면 알 수 없다.

이는 견고한 시장 진입 전략을 거듭 반복하여 수정한 결과로 얻을 수 있다는 말이다. 각 활동의 목적은 명확해야 하고, 신중하게 실행에 옮겨야한다. 이를 통해 학습한 내용은 제품의 시장 진입 전략을 발전시키는 데활용할 수 있다. 물론 몇몇 활동은 원하는 만큼 효과를 보지 못한다. 제품의 시장 진입 전략은 실험과 실패를 감내할 수 있을 만큼 그 자체로회복 탄력성이 있어야 한다.

그렇기 때문에 전략을 세우고 전략에 따라 사업 활동을 전개할 때는 전략적인 사고뿐만 아니라 배우려는 마음가짐이 중요하다.

핵심 역할 3 — 스토리텔러: 고객이 제품을 인식하는 방식을 설계하자

제품에 대한 모든 사항이 직접적인 회사 통제하에 있는 것은 아니다. 그러나 고객이 제품에 대해 어떻게 생각하게 할지 사고의 방향을 설정하는 것은 회사가 조절할 수 있다. 포지셔닝이란 고객의 생각 지도에서 제품이 차지하는 위치다. 이는 제품의 가치를 받아들이는 맥락이 된다. 마케팅팀과 영업팀은 제품의 포지셔닝positioning을 유지하거나 강화하기 위해포지셔닝을 뒷받침하는 주요 메시지key message를 지속적으로 고객에게 전하고 홍보한다. 더 광범위한 수준에서 제품에 대한 내러티브는 모든 것을 하나로 모으고 묶는다.

포지셔닝은 장기적으로 바라봐야 하지만, 그와 달리 고객을 대상으로 하는 메시지는 단기적으로 접근할 수도 있다. 하지만 두 가지 모두 실제로 효과를 거두는 것을 확인하기까지 끈기가 있어야 하고, 효과를 보이는 한 방향으로 끊임없이 나아가는 동안 참을성을 필요로 한다.

모든 마케팅 활동이 포지셔닝을 강화할 수는 있지만, 포지셔닝에 접근할 때는 제품과 동종 카테고리에서 달성하려는 목표를 명확하게 하는 것이 가장 중요하다. 대고객 메시지에 접근할 때는 타깃 고객층에게 구매 동기를 유발할 수 있는 메시지를 개발하기 위해 무수히 반복해야 하며, 고객이 더 많은 정보를 바탕으로 결정을 내릴 수 있도록 도울 수 있어야 한다.

지나치게 의도가 뻔한 홍보나 권위적인 말하기는 피하되, 정말로 도움을 줄 수 있어야 한다. 그러므로 모든 정보를 매번 전달하는 것이 아니라 절제할 줄도 알아야 하며, 타깃 고객층이 가장 의미 있게 생각하는 것이 무엇인지 이해할 수 있어야 한다.

뇌는 직관적인 사실과 이야기를 다르게 받아들인다. 이는 포지셔닝과 대고객 메시지가 이야기를 기반으로 해야 하는 이유다. 따라서 프로덕트 마케터는 모든 경험을 하나의 총체로 만들 수 있도록 스토리텔링을 잘해야 한다.

핵심 역할 4 — 에반젤리스트: 다른 사람이 제품에 대해 말하게 하자

이야기의 또 다른 장점은 다른 사람이 따라 하기가 편하다는 점이다. 오늘날의 초경쟁 환경에서는 사람들이 관심을 가지고 이야기하지 않는 제품은 판매하기가 어렵다.

에반젤리즘_{evangelism}은 오직 진심일 때만 통한다. 이를 가능하게 하기 위해 필요한 작업으로는 현장 영업팀에 올바른 메시지와 도구를 제공하여 단순히 물건을 파는 장사꾼이 아닌 제품의 진정한 팬처럼 들리게 하는 것이다.

또한 에반젤리즘은 주요 고객, 분석가, 전문가, 언론, 블로거, 소셜 인플루언서와 온라인 게시판과 같이 시장에서 기업의 지위를 확보해주는 가치 있는 인플루언서를 찾아야 한다. 그리고 이들에게 이야기와 증거를 제공하여 제품의 편이 되도록 해야 한다. 드넓은 디지털 제품 세계에서는 리뷰, 언론 보도, 분석가 리포트, 커뮤니티 또는 소셜/엔지니어 커뮤니케이션 플랫폼 그리고 모든 오프라인 행사에서 에반젤리즘을 확인할수 있다.

사업은 유기적으로 성장해야 비로소 건전하다고 할 수 있다. 시장에서의 점유율을 비용 효율적으로 확대할 수 있는 유일한 방법이기도 하다.

이어지는 3~6장에서 각 핵심 역할에 대해 사례를 들어 상세히 소개할 것이다. 현업에 적용한다면 어떤 모습일지, 그 절차를 조금 더 쉽게 만들어주는 기법도 기술하겠다.

CHAPTER
03

대변인
고객과 시장에 대한 통찰을 연결하자

줄리 헤런딘Julie Herendeen이 드롭박스의 글로벌 마케팅 부사장이었을 때, 그녀의 팀은 고객을 잘 알고 있다고 생각했다. 수천만 명의 사용자와 그들이 제공하는 모든 데이터를 통해 그녀의 팀은 고객이 중소기업과 그렇지 않은 기업의 두 범주로 나뉜다고 생각했다. 그중 후자는 대기업에 가까운 요구 사항을 원한다고 여겼으며 그에 맞는 마케팅을 펼쳤다고 확신했다.

헤런딘은 프로덕트 마케터뿐만 아니라 팀 전체가 건물 밖으로 나가 고객을 방문하는 것이 중요하다고 생각했다. 고객 과제jobs to be done, JTBD* 프레임워크와 유사하게, 그녀는 고객이 무엇을 성취하려 하는지, 그러한 선택을 하게 만드는 동기가 무엇인지에 팀이 집중하도록 했다.

헤런딘이 팀을 현장으로 내보내면 곧 "정말 놀라워요. 정말 많이 배우고 있습니다", "이 모든 것을 데이터로는 확인할 수 없었어요"와 같은 전화를 받곤 했다. 그들이 사무실로 돌아와 배운 점을 나누기 시작하자, 왜 사용자들이 드롭박스를 사용하는지를 파악하면서 놓친 사실을 곧 깨달았다.

---

* 　[옮긴이] JTBD 프레임워크는 고객이 처리하려는 구체적인 '작업'을 정의하고 제품을 활용해서 이를 해낼 수 있도록 돕는 접근 방법론이다.

중소기업이라고 해도 규모가 큰 작업은 매끄러운 협업이 필요했다. 이를 테면 상업적인 목적으로 촬영하여 고객에게 전달해야 하는 비디오 결과 물이 매일 생겨나는 경우처럼 말이다. 그리고 드롭박스는 이러한 작업을 할 수 있는 방법을 제공했다.

또한 사용자를 방문하면서 어떤 상황에서 가장 만족감을 느끼는지도 알 수 있었다. 그들은 그 누구와 일하든 그들이 원하는 방식대로 일할 수 있는 자유를 중요하게 여겼다. 이렇게 숨은 통찰을 알아차리면서, 헤 런딘과 팀은 마케팅을 어떻게 해야 할지 방향성을 잡을 수 있었다. 그들 은 메시징과 마케팅 채널을 바꾸었고 새로운 광고 캠페인을 만들었다.

헤런딘과 그녀의 팀의 경험으로 알 수 있듯, 사용자와 시장에 대한 통찰 력을 연결해서 들여다보는 것이 프로덕트 마케팅의 가장 중요한 지침이 되어야 한다.

대부분의 팀은 오늘날 사용자와 고객이 섬세하게 연결되어 있고 켜켜이 계층화되어 있다는 사실을 과소평가하며, 이에 충분한 시간을 할애하지 않는다.

시장 감지

시장과 시장을 오가는 고객은 결코 단순하지 않다. 하지만 '중소기업'과 같은 식으로 일반화된다. 효과적인 시장 진입 전략을 위해서는 고객이 무엇을 하려는지 이해해야 할 뿐만 아니라 전체적인 고객 여정*과 제품

---

* [옮긴이] 고객 여정(customer journey)은 고객이 제품이나 브랜드를 발견하는 시점부터 전환으로 이어지거나 도중에 이탈하는 모든 과정을 일컫는다.

검토 사항을 이해할 필요가 있다. 이를테면 그들이 이미 사용하고 있는 제품이나 비교할 제품과 같은 점 말이다. 다음은 프로덕트 마케팅을 수행할 때 고객과 시장의 현실에 집중하기 위해 가장 기본적인 지침이다.

- 가능한 한 매주 **고객과 직접 대면하는 시간을 가져라.**

- 고객 또는 잠재고객에게 물어볼 **서술형 질문을 준비하라.**

- 이를 통해 얻은 **통찰력을 제품과 시장 진입 전략에 반영**하고 팀과 함께 논의하라.

- **가장 중요한 통찰은 글로 작성**하여, 그것을 쉽게 공유하고 사용할 수 있도록 하라.

동종 업계 내에 기업체가 수천 개가 넘을 만큼 시장이 전반적으로 과열되어 있다. 그러므로 정확하게 고객 또는 그들의 여정을 정의하는 것은 무척 어렵다. 고객이 실제로 무엇을 하고 사용하고 가치롭게 여기는지 알고 싶다면 시장에 대한 가설을 현실에 적용하여 테스트해봐야 한다.

이는 고객 개발 과정을 통해 여실히 드러난다. 이를 프로덕트 마켓 핏에서 시장의 측면이라고 생각하자. 제품 구상이 진행됨에 따라 이는 반드시 미리 조사해야 한다. 마켓 핏은 오로지 마케팅 관점에서만 보는 것이 아니다. 제품팀의 모든 구성원(프로덕트 매니저, 디자이너, 리서처), 그리고 시장 진입 전략을 세우는 조직(마케팅, 영업)이 모두 함께 일할 수 있으며, 무엇을 배웠는지 나누어야 한다.

하지만 고객이 줄 수 있는 모든 아이디어가 중요하지는 않을뿐더러 시장의 비밀을 알려주는 것도 아니다. 프로덕트 마케팅은 시장 진입 전략을 최적화하고 제품팀이 업무를 더 잘 해낼 수 있도록 어떠한 내용이 중요한지 가려내는 책임을 가진다. 어떤 의견이 팀이 무엇을 해야 할지 결정하거나 타협하는 데 무게를 실어준다면 그것은 제품에 반영해야 한다. 하지만 영향을 미칠 수 없다면 그 의견은 제쳐두어야 한다. 뛰어난 프로덕트 마케터는 팀이 가장 중요한 것에 집중할 수 있도록 돕는다.

프로덕트 마케팅은 시장을 감지하는 질문에 대답하기 위해 노력하고, 이성적, 감정적 요소를 포함한 고객의 여정 전체를 이해할 수 있어야 한다.

- 고객은 무엇을 하려고 하는가?
- 고객은 이 문제를 인지하고 중요한 문제라고 생각하는가?
- 고객이 이 문제를 해결하도록 동기부여하는 것은 무엇인가?
- 고객이 행동을 취하게끔 하는 것은 무엇인가?
- 이 제품에서 고객에게 가장 가치 있는 것은 무엇인가?
- 누가 이 제품을 가장 가치 있게 생각하고 구매할 가능성이 높은가?
- 이 제품과의 접점을 가지는 여정의 시작은 무엇인가?
- 고객은 이 제품을 어떻게 발견할 수 있고, 어떻게 호감을 더 많이 쌓을 수 있는가?
- 고객이 제품을 탐색하는 과정에 장애물이 없으려면 어떤 조치를 취해야 하는가?
- 잠재고객을 고객으로 만들려면 그들은 무엇을 보거나 들어야 하는가?
- 어떻게 고객을 만족시켜서 다른 사람과 이 제품에 대해 이야기하도록 할 것인가?

이런 질문에 대한 대답은 제품을 시장에 출시할 때 챙겨야 하는 하나하나를 알려주지만, 각 질문에 대한 대답이 처음부터 명확하거나 완전한 경우는 거의 없다. 제품과 마찬가지로, 프로덕트 마켓 핏에 대해 시장을 학습하는 과정은 역동적이다. 합리적인 가설에서 시작하여 웹사이트, 이메일, 영업을 위한 대면 커뮤니케이션 등 시장의 모든 것을 활용하여 각 질문에 대한 답변을 도출하자. 이를 통해 알아낸 사실을 제품에 적용하자.

11장에서는 고객에 대한 통찰력을 끌어낼 수 있는 구체적인 기술을 상세히 다룰 것이다. 이를테면 사용자 인터뷰, 영업 통화 내역에 대한 모니터링 또는 지속적으로 발전하고 있는 마케팅 툴, 영업 개시와 제품 분석 등이 그것이다.

제3의 시선

시장은 직접적인 관찰을 통해 모든 것을 알 수는 없다. 당연히 그를 둘러싼 생태계의 영향을 받기 때문이다.

이를 파악하기 위해서는 타사의 데이터, 연구, 보고서, 기사, 웹사이트, 리뷰, 언론 및 소셜미디어를 주기적으로 확인하고 통찰력을 얻는 능력을 개발해야 한다. 제3의 시선에서 작성된 콘텐츠는 경쟁적인 상황을 전체적으로 아우르는 인식을 드러낼 수 있으며, 대중적인 접근은 어떠한지 살펴보기에도 좋다.

구글 트렌드Google Trends는 시계열로 각기 다른 두 단어의 묶음을 비교할 수 있어서 경향성을 파악하는 데 도움을 준다. 타깃 고객층이 관심 있는 주제를 찾아내고 싶다면 특정 주제에 대해 사용자가 가장 많이 읽는 콘텐츠를 확인해도 좋다.

만약 당신이 규모가 큰 기업의 구성원이라면 고객 인사이트, 고객 리서치 또는 데이터 분석을 전담하는 팀과 협업할 수 있다. 그들은 시장과 고객에 대한 통찰력을 얻는 과정을 훨씬 단축시켜줄 수 있으니 충분히 활용하자.

프로덕트 마케터의 역할은 고객과 직접 소통을 통해 얻은 피드백과 다양한 경로를 통해 얻은 정보를 결합하여 내부 커뮤니케이션에 영향을 미치는 것이다. 이에 따라 마케팅의 방향성을 설정한다.

포켓이 리드잇레이터 서비스를 시작했을 때, 고객의 수와 지원하는 플랫폼의 수 모두 다른 기업보다 많았는데 여전히 그 업종의 선두 주자로 여겨지지 않았던 것을 기억하는가? 그들에게 프로덕트 마케팅 과제는 서비스와 관련된 큰 생태계의 인식을 그들의 현실에 맞게 바꾸고, 더 많은 사람들이 사용하도록 하는 것이었다. 이는 고객에게 제품의 가치를 납득시키는 것과는 매우 다른 작업이다. 고객 및 시장 통찰력을 바탕으로 시장에 존재하는 문제를 해결하기 위해 업무를 수행하는 것이 프로덕트 마케팅의 본질이다.

경쟁자

경쟁적인 시장 상황은 무시할 수 없는 요소다. 경쟁사가 변화하는 시장 환경에 미칠 수 있는 영향력은 놀랍다. 다음과 같은 실례를 확인하자.

- 제품에 변화가 없는 경쟁사가 판매 업무 프로세스를 조정한 후 정면 승부를 통해 더 많은 거래를 성사시키기 시작했다.

- 새로 제품을 내놓지도 않았는데 경쟁사가 자신의 관점을 아주 잘, 자주 표현하는 경우, 잠재고객이 직면한 문제의 해결책을 이것에서 찾아내면 이 경쟁사의 관점이 모든 검색 결과의 상단을 차지했다. 그들은 제품을 출시하기 전부터 이미 시장의 선두 주자로 인식되었다.

- 인접한 분야의 한 회사가 그 업종의 선두 주자는 갖추지 못한 특징을 홍보하며 언론에 보도했다. 이는 선두 주자의 영업팀과 회사가 공개석상에서 이에 대해 대응하게 만들었고, 그 업체가 실제로는 선두 주자인데도 엎치락뒤치락하는 양상을 띠었다.

각 예시에서 회사의 제품은 바뀌지 않았다. 하지만 시장의 실정은 많이 바뀌었다. 물론 모든 행동이 경쟁의 영향을 받을 필요는 없지만, 어떻게 고객의 인식을 바꾸는지는 무시할 수 없다.

그렇다고 해도 경쟁 상황에 지나치게 예민하게 반응할 필요는 없다. 고객이나 시장이 가장 필요로 하는 것에 집중하기보다 경쟁사의 관계 등에 지나치게 반응하면 방향성을 잃을 수 있기 때문이다. 그렇기에 프로덕트 마케팅의 대응이 제품 그 자체보다 훨씬 더 역동적이고, 마땅히 그래야 하는 것이다.

도전적인 상황에는 도전으로 맞서라. 할 수 있다면 경쟁자를 능가하라. 하지만 체스 게임에 빗대자면 경쟁자보다 한발 앞서 생각해야지, 반응하기만 해서는 안 된다.

프로덕트 마케팅은 회사가 가장 중요한 것에 집중하고 대응할 가치가 있는 것에 대한 판단력을 발휘할 수 있도록 도와준다.

통찰의 전파

프로덕트 마케팅은 모든 고객과 시장에 대한 통찰을 전파하는 것이므로 사내 커뮤니케이션의 모든 적재적소에 포함되어야 한다. 제품 기능의 구현을 빠르게 하거나 경쟁사의 접근을 사전에 방지하기 위해 기술 블로그 포스팅을 작성하도록 제안할 수 있다. 프로덕트 마케팅은 제품이든 마케팅이든 영업이든 적절한 반응을 지시하는 역할을 한다.

고객에 대한 통찰력은 고객의 요구 사항으로 여겨지기도 한다. 그러나 이 둘은 엄연히 별개다. 프로덕트 마케터가 고객이나 시장에 대한 통찰을 제품팀에 공유할 때, 고객이나 시장에 대해 얻은 통찰이 무엇인지 살펴보는 것이 중요하다. 즉, 팀이 곧바로 적용할 기술적인 관점의 의견이 아니라 시장 현실을 파악하고 더욱 현명한 결정을 내릴 수 있는 배경으로 활용하는 것이다. 어떠한 통찰이 제품의 우선순위에 영향을 미칠지는 결과적으로 프로덕트 매니저가 결정한다.

또한 고객에 대한 통찰력은 다양한 기법을 통해 구체화된다. 가령 고객 과제jobs to be done, JTBD, 제품팀에서 자주 활용하는 스토리story, 디자인 또는 제품팀에서 자주 활용하는 페르소나persona, 영업팀에서 자주 활용하는 이상적인 고객 프로필ideal customer profile, ICP, 마케팅에서 자주 활용하는 고객 세분화customer segmentation와 같은 것이 있다.

예를 들어 고객이 JTBD 관점에서 해결하려고 하는 문제와 ICP가 겹칠 수 있다. 그러나 ICP는 고객이 이미 사용하고 있는 기능, 조직의 규모, 예산 가용성과 내부 결정권자의 존재 여부 등 고객이 제품과 어울리는지, 구매 전환율을 파악하기 위해 사용한다. 이 중 어느 것도 JTBD

관점에서는 나타나지 않는다.

고객 또는 시장에서 얻은 통찰력을 널리 전파할 책임이 있는 프로덕트 마케터는 고객과 시장이 이 제품을 선택하는 가장 중요한 요소를 알리고 문서화하여 팀이 업무 성과를 더 뛰어나게 달성할 수 있도록 돕는다.

고객 또는 시장 통찰력은 마케팅을 빠르게 성장시킬 수 있는 힘이 있다. 고객의 일상, 뉴스, 트렌드 등 적절한 순간을 포착하면 무엇이든 추진력이 된다.

그러므로 고객과 시장에 대한 이해가 프로덕트 마케팅의 첫 번째 핵심 역할이 된다. 이는 제품과 시장 진입 전략의 토대가 되기 때문이다.

CHAPTER 04

전략가
제품의 시장 진입 전략을 지휘하자

핵심 역할

포켓 4.0의 출시는 작은 회사를 완전히 다른 수준에 올려놓았다. 이제는 많은 VC_{venture capital} 투자를 유치한 스타트업의 CEO가 된 와이너는 포켓 4.0을 성공시키고자 문제를 해결하고자 화이트보드 앞에 서 있었다. 와이너는 벽면 한쪽을 가득 채운 화이트보드에 마커로 삐걱거리는 소리를 내며 5.0의 주요 기능을 쓰고 있었다. CTO는 화이트보드를 쳐다보며 "우리는 이 문제를 어떻게 해결할 수 있을까요?"라고 물었다.

한 사람이 기업의 리더를 지명하고 회사의 미래를 그리는 B2B_{business-to-business} 회사와는 달리, 소비자 중심의 앱인 포켓과 같은 제품을 만드는 회사의 운명은 고객에게 달려 있다. 앱은 잠시 반짝했다가 이내 기억에서 지워지기도 한다. 팀은 사람들의 관심을 유지하고 계속 키울 방법을 생각해내야 한다. 그리고 고객의 관심을 받기 위해 도사리고 있는 수백 수천의 다른 경쟁자와 경쟁하기 위해 그럴싸한 것을 떠올려야 한다.

창이 있는 유일한 회의실에 사람이 가득했고, 와이너는 화이트보드에 포켓의 향후 마케팅 전략을 적었다. 충성고객층 확대하기, 카테고리를 정의하고 선도하기, 파트너십을 활용해서 성장하기. 각 아이디어를 판단

기준으로 삼아 생각해볼 때, 4.0처럼 제품을 온라인으로 출시하는 것만으로는 모자라다는 생각이 들었다. 그것은 카테고리를 선도하는 것도 아니었고, 잠재적인 파트너들에게 포켓의 위상을 드높이는 것도 아니기 때문이다. 포켓 팀은 왜 인터넷 콘텐츠를 나중에 보는 기능이 모바일 기반의 라이프 스타일로 번져나갔는지, 이것이 어떻게 콘텐츠 제작자를 위한 건강한 토대가 되었는지에 대한 이야기를 들려줄 자리가 필요했다.

이에 대한 해결책은 팀에서는 포켓 매터스Pocket Matters라고 부르는 아이디어에서 나왔다. 언론, 파트너, 10명의 포켓 고객이 참가하여 샌프란시스코 와인바에서 열린 5.0 론칭 행사에서, 와이너는 분량이 많은 콘텐츠는 사람들이 저장하고 다시 볼 수 있을 때 열렬한 지지층을 얻는다는 내용과 함께 5.0의 주요 기능을 소개했다. 포켓 팀은 디지털 미디어 키트를 준비하여 발표한 내용 전반을 요약하여 배포했다. 파트너, 고객, 언론은 이벤트를 기점으로 한데 뭉쳤다.

행사가 진행된 지 몇 시간 만에 포켓 팀의 제품은 언론의 주목을 받았고, 다운로드 수가 증가했으며, 파트너들의 토론으로 한껏 분위기가 달아올랐다. 행사가 끝난 후 1개월도 되지 않아서 와이너는《타임》의 '세상을 뒤흔드는 30세 미만 사람 30명30 People Under 30 Changing the World' 중 한 명으로 소개되었다.

행사는 전반적인 전략의 실천에 도움을 주었다는 사실 말고도, 카테고리를 정의하고 선도하는 데 그 목적이 있었다. 이렇게 명확한 관점이 현명한 시장 진입 전략을 세우고 더 뛰어난 성과를 가져왔다. 그렇기에 세심하게 제품의 시장 진입 전략을 지시하는 전략가가 프로덕트 마케팅의 두 번째 핵심 역할에 해당한다.

주요 용어

이 책 전반에 걸쳐, 나는 시장 진입 전략과 관련된 개념을 언급한다. 실제로는 이런 표현은 명확하게 뜻을 구분하여 쓰이지 않을 수도 있다. 하지만 이 책을 쓰기 시작한 목적에 따라 내가 각 용어를 쓸 때마다 어떤 의미를 전달하려 하는지, 어떤 관계가 있는지 설명할 것이다. 그리고 실제로 용례를 살펴봄으로써 더 정확하게 의미를 전달하려 한다.

- **GTM 엔진**go-to-market engine: 일명 마케팅과 영업의 GTM 전략이다. 이는 제품을 시장에 출시하기까지 마케팅과 영업의 모든 절차의 총합과 같으며, 제품을 선택하고 그 제품을 성공으로 이끄는 절차에 대한 것이다. 마케팅과 영업은 모든 개별 제품의 시장 진입 전략과는 별개이므로 '시장 진입'이라는 용어가 특정한 제품을 다뤄야 하는 것은 아니다. 이 책에서는 이를 GTM 엔진(필자가 지칭하는 용어)이라고 지칭한다. 이는 기능과 조직 모두에 쓰이며, 통상 시장 진입GTM이라고 불리는 것과 혼선을 피하기 위한 말이다.

- **마케팅 전략**marketing strategy: 일명 GTM 전략이다. 이는 GTM 엔진 내의 요소들, 이를테면 브랜드, 기업 커뮤니케이션, 수요 창출 또는 프로모션 프로그램 등의 상호작용을 관장한다. 전반적으로 마케팅팀이 이 역할을 수행한다. 개별 제품 수준에서 접근할 때 마케팅 전략은 프로덕트 마케터에 의해 주도되며, 이는 제품의 시장 진입 전략과 함께 동작한다. 예를 들어 특정 활동과 그 실행 방법 또는 날짜를 제

품의 활동, 실행 방법 또는 날짜와 조율하는 것이다. 단일 제품을 다루는 대부분의 회사에서는 전체적인 마케팅 전략과 제품에 대한 마케팅 전략은 큰 맥락에서 같으며 대체로 동일한 전략이다.

- **제품 시장 진입 전략**product go-to-market, PGTM: 만약 다른 SVPGSilicon Valley Product Group 작업에 익숙하다면, 시장 진입은 특정 제품에 국한된다. 하지만 이 책은 하나의 회사가 시장에 진입하는 과정을 전체적으로 조망하기 때문에 이와 구분하여 '제품 시장 진입 전략'이라는 표현을 쓰고자 한다. 책에서 '제품 시장 진입 전략'이라는 표현을 쓴다면 특정 제품이 시장에 출시되는 과정에 대해 이야기하는 것이다.

- **유통 전략**distribution strategy: GTM 전략, GTM 모델, 비즈니스 모델, 적용 모델이라고도 한다. 이것은 가장 혼동하기 쉬운 용어다. 이는 시장 진입 모델 중 제품을 고객에게 가닿도록 하기 위해 선택된 방법이다. 제품의 시장 진입 전략에는 하나 이상의 시장 진입 모델이 포함될 수 있다. 회사는 그 성숙도가 높아짐에 따라 다양한 시장 진입 모델을 선택할 수 있다. 그 예는 다음과 같다.

  - **아웃바운드 영업**direct sales: 영업 인력이 유통의 원천이 된다. B2B 업체 중 제품이 복잡하고 가격이 비싼 경우에 많이 활용한다.

  - **인바운드 영업**inside sales: 고객이 직접 판매 퍼널funnel*에 진입하여 유선상 또는 온라인 기반의 영업 사원이 최종적으로 계약을 체결한다. 고객이 스스로 서비스에 접근할 수 있고 가격이 상대적으로 낮거나 신규 고객의 비중이 높은 제품에 해당한다.

---

* 옮긴이 퍼널이란 깔때기를 의미하는 표현으로, 최종적인 전환에 이르기까지의 각 단계를 정의하고 단계마다의 이탈을 측정하는 방법론이다.

- **채널 파트너**: 소프트웨어 벤더independent software vendor, ISV, 부가가치 리셀러value-added resellers, VAR, SI 업체, 컨설팅 회사, 주요 지역 유통사, 통신사 또는 기타 기술 회사를 활용하여 유통한다. 복잡도가 무척 높은 제품이나 하드웨어가 제품에 포함될 때 많이 사용하는 방법이다.
- **고객에게 직접 전달**: 고객이 스스로 제품을 구매하는 경우로 이따금 앱스토어나 오프라인 판매점과 같은 곳에서 직접 구매하거나 온라인으로 직접 다운로드를 받는 식이다.
- **무료 평가판 체험**: 고객이 제품을 무료로 사용하면서 제품을 인지하는 방법이다. 고객은 특정 기능을 사용하고 싶거나 무료 평가판 사용 기간이 종료되고 나면 비용을 지불해야 한다. 어떤 경우에는 제품을 이용하기 위해 결제해야 한다는 메시지를 받지 않는다. 제품을 무료로 행복하게 사용했던 사용자가 에반젤리스트가 되어 유료 고객을 끌어들인다.
- **제품 주도 성장**: 신규 고객의 획득 또는 기존 고객의 전환은 제품 자체의 힘으로도 가능하다. 이는 다른 시장 진입 모델과 함께 쓰이곤 한다.

나는 위에서 다룬 방식을 GTM 모델이라고 부를 것이다. 프로덕트 마케터는 제품을 시장에 출시하기 위한 계획을 수립할 때 이미 회사에서 사용하고 있는 GTM 모델을 활용하여 제품의 유통과 채택을 이끌어낸다.

- **채널 전략**: 일명 파트너 전략, 마케팅 믹스marketing mix라고도 한다. 유통 전략의 한 종류로 GTM 모델에 대한 항목을 참조하자. 마케팅에서

채널 전략은 홍보, 행사, 소셜미디어 또는 콘텐츠와 같은 다양한 마케팅 채널에 걸친 마케팅 믹스를 의미한다. 이 책의 목적에 따라 **채널 파트너 또는 마케팅 채널 믹스** 중 하나로 부르겠다.

- **제품 전략**: 비즈니스 목표와 제품에 대한 비전을 연결하여 각각의 제품팀이 수행하는 작업에 반영한다. 프로덕트 마케팅 관점에서 제품 전략의 핵심 요소는 제품 출시 계획, 특히 언제, 어떤 활동을 전개할지 시장 진입 전략을 이끈다.

- **비즈니스 목표 또는 목적**: 이는 정해진 기간 동안 기업이 추구하는 구체적이고 측정 가능한 성과다. 프로덕트 마케팅에서 제품의 시장 진입과 관련한 마케팅 전략은 비즈니스 목표와 밀접한 관계를 가진다.

바라건대 위의 설명으로 내가 사용하는 개념과 용어가 명확히 전해졌기를 바란다.

제품의 시장 진입에서 마케팅 전략의 역할

프로덕트 마케터가 고객과 시장에 대한 통찰력 없이 자신의 과업을 수행할 수 없듯이, 모든 마케팅 활동에서 가장 우선시해야 할 논의는 '왜' 이 활동을 해야 하는가다. 이는 제품의 시장 진입을 계획하는 과정에서 확인되는데, 마케팅 전략이 대시장 활동의 전반적인 토대를 설명하기 때문이다.

전략을 설정하는 것은 각각의 활동이 전략에 어긋나지 않도록 가드레일을 세우는 것과 같다. 이는 모든 활동이 비즈니스 목표와 맞아떨어지게끔 한다. 팀이 생각해낸 아이디어가 전략에 부합하는지 아닌지 판가름하고 비즈니스를 성장시키지 않는 불필요한 마케팅 활동을 제거할 수 있도록 돕는다.

전략이 '왜'에 대한 답을 준다면 그다음 중요한 것은 '언제'다. 이는 마케팅 활동이나 기술이 제품의 단계, 현재 고객의 상황 그리고 시장 역학에 따라 성공 여부가 갈리는데, 앞서 말한 요소는 모두 시간에 따라 바뀌기 때문이다. 이를테면 타깃 시장이 학생이라면 대부분의 출시는 학생이 학교로 돌아가는 시점에 이루어진다.

제품 시장 진입에서 '왜'와 '언제'가 '무엇을' '어떻게' 할 것인가를 가치 있게 만든다. 나는 수많은 회사가 무엇을 해야 할지, 그것을 어떻게 해야 할지 정해서 시장 진입의 여정을 시작하는 것을 보았다. 그러므로 충분히 시간을 들여 전략적으로 왜 해야 하는지에 대한 이유부터 생각해야 한다.

마케팅 활동은 기업의 지원과 현 단계라는 현실에 기초할 필요가 있다. 포켓의 예시에서 그들은 기업적 성숙도에 맞추어 행사 규모를 운영했다. 10명의 고객과 파트너를 초대하여 그들이 친밀하게 대화를 나눌 수 있게 했는데, 이것은 포켓의 생태계를 언론에 노출할 때 작은 팀이었던 포켓이 가장 잘해낼 수 있는 규모였다.

다음은 마케팅 전략을 고안하는 데 도움을 줄 수 있는 질문이다. 이 질문의 목적은 모든 마케팅 활동을 가이드하는 것이다. 어떤 전술이 가장 적합한지는 이 대답에 달렸다.

- 제3자의 검증이 제품의 신뢰도에 중요한가?
- 어떤 종류의 고객을 유치하려 하며, 얼마나 빠르게 그것을 실행하려 하는가?
- 유치하려는 고객층은 업무 또는 개인적인 시간을 어떤 공간에서 보내는가?
- 그 공간을 대상으로 제품에 대해 학습시킬 것인가?
- 제품의 장점이 무엇인가?
- 사업 영역에서 현재 트렌드는 무엇이고 그 속에서 기회를 발견할 수 있는가?
- 타깃 고객층에 이미 관계를 형성한 기업이 있는가?
- 타깃 고객층이 새로운 제품이나 기술을 채택할 때 선호하는 방법이 있는가?

프로덕트 마케터는 제품 상황과 시장 진입 전략에 맞추어 전략의 상세한 부분을 조정하는 역할을 담당한다. 예를 들어 '헬스케어 카테고리에 대한 고객 인지도 재고'나 '데브옵스_{DevOps} 카테고리에 필요한 제품군을 정의하라'는 문제가 있다면, 전략과 전술 모두 파트너십, 채널, 브랜딩, 가격 또는 커뮤니티와 같이 다양한 마케팅 주체를 포함할 수 있다. 특히 제품의 시장 진입 전략은 필연적으로 다음과 같은 주제의 조합으로 설명할 수 있다.

- 매출 또는 비즈니스 목표를 달성할 수 있도록 성장 지원
- 특정 고객층으로의 전환 유도
- 인지도 창출 및 개선 또는 브랜드 구축

- 해당 사업 영역, 생태계 또는 플랫폼을 여타와 구분하거나 재정의하고 선도
- 유효한 고객 검증, 충성도의 재고 또는 입소문의 실마리 제공
- 새로운 고객층, 파트너 또는 프로그램을 찾아내고 개발

제품의 시장 진입 전략에 대해 시간을 들여 전략적 관점으로 파고드는 것이 업무 속도를 늦추거나 마케팅의 역동성을 저해하는 것이라고 생각하는 사람도 있다. 그러나 바르게 수행한다면 되려 더 빠르게 업무를 진행하도록 도움을 준다.

파트 3에서는 한 회사의 전략이 또 다른 회사의 전략에 영향을 주는 몇 가지 예를 들 것이다. 이는 모두 각 기업의 단계와 목표에 달려 있다. 또한 모든 중요한 시장 요소를 쉬운 프레임워크로 결합하여 제품과 시장 진입 전략을 담당하는 팀이 쉽게 계획할 수 있도록 하는 경량 제품 시장 진입 캔버스(19장 참조)를 소개한다.

회사 성숙도가 제품 출시 시기를 어떻게 앞당기는가?

하나의 제품을 가진 스타트업의 경우, 시장을 대상으로 하는 모든 활동이 시장 진입 전략의 구성 요소가 된다. 어떤 고객이 우량한지, 어떠한 제품을 만들지, 그리고 시장에 이를 출시하는 가장 현명한 방법이 무엇인지와 같은 시장 역학 전반을 실험하면서 배운다.

이것이 초기 단계 기업체의 경우에 제품 시장 진입 전략이 곧 시장 진입 전략과 같은 이유다. 프로덕트 마케팅이 스타트업에서 무척 중요한 이유

이기도 하며, 마케팅 포지션을 채용할 때 프로덕트 마케터를 가장 먼저 채용하도록 권하는 이유이기도 하다.

성숙한 기업에서는 시장 진입의 세부 전략이 체계적이며 복잡하다. 이와 같은 경우 고객이 제품을 채택하도록 외부에서 강조하는 것만큼, 내부에서 절차를 조율하는 것도 중요하다. 제품의 시장 진입 전략이 초기 단계 스타트업에서는 비슷해 보일 수 있지만, 실제로는 마케팅과 영업의 GTM 엔진에 따라 업무가 진행된다. 각자 자신의 전략과 계획이 있기 때문에 프로덕트 마케팅에서 이를 통일감 있게 운영하는 것이 어려울 수 있다. 파트 2와 파트 5에서는 조직적인 차원에서의 도전 과제에 대해 살펴볼 것이다.

조직 성숙도의 관점에서 당신의 회사가 어느 정도이든 간에, 프로덕트 마케터는 비즈니스 목표를 달성할 수 있도록 수립된 제품 시장 진입 전략과 연결된 마케팅 전략을 세울 수 있어야 한다.

이 과정을 겪고 나면 세상이 당신의 제품에 대해 어떻게 생각하는지 설명하는 내러티브가 필요해질 것이다. 이때부터 포지셔닝과 메시징을 다루어야 한다.

스토리텔러
고객이 제품을 인식하는 방식을 설계하자

워드팀이 고객이 실제로 워드프로세서를 쓰는 방법에 초점을 맞추어 기능 개선 사항에 대해 이야기했던 예를 떠올려보자. 또 포켓이 콘텐츠를 나중에 보기 위해 저장하는 행위가 모바일 기기 중심으로 고객이 바뀌는 과정의 일부라고 표현한 것도 말이다. 이 두 가지 모두 큰 내러티브에서의 포지셔닝에 대한 예시가 된다.

시장에서 어떻게 포지셔닝을 할지 공들이지 않는다면 아무리 뛰어난 제품을 만든다고 해도 성공하기에는 역부족이다.

당신이 만드는 제품에 대해 세상이 알고 있고 그 가치에 공감한다고 생각하는 실수를 저지르지 마라. 당신은 그 가치를 체계화하여 전달해야 한다. 아니면 시장의 다른 경쟁사가 그렇게 할 것이다.

즉, 제품의 포지셔닝은 생각보다 훨씬 어렵다. 그것은 단순히 데이터, 이야기, 주장 또는 포지셔닝에 대한 당신의 의견이 아니라, 시간이 흐름에 따라 제품을 시장에 선보이기 위해 해온 행동의 집합적인 결과다.

포지셔닝과 메시징은 모두 중요하지만 서로 혼동되곤 한다. 이 둘의 차이점은 다음과 같다.

- **포지셔닝**은 현재 제품이 고객의 인식에서 자리 잡고 있는 위치다. 당신이 무엇을 할지, 다른 제품과 무엇이 다른지 고객이 설명할 때의 기준이 된다.

- **메시징**은 당신의 포지셔닝을 지키고 공고히 하기 위해 이야기하는 골자다. 당신의 제품을 믿음직하게 표현하여 사람들이 더 알고 싶게 만드는 것이다.

포지셔닝은 장기전인 반면, 메시징은 단기전이다. 이 둘을 구분하기 어려운 이유는 포지셔닝을 정의하는 문장 때문이다. '포지셔닝 스테이트먼트positioning statement'라고 검색하면 쉽게 찾을 수 있는데, 아마 그 결과는 다음의 변형과 파생일 것이다.

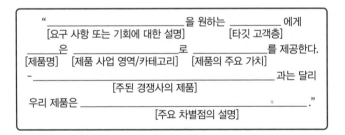

이 공식은 포지셔닝의 기본이다. 각 팀은 이 양식을 모든 제품과 관련한 콘텐츠 전반에 적용했다. 그들은 포지셔닝을 한다면 꼭 만들어야 하는 이 문장을 완성했다는 이유만으로 포지셔닝을 했다고 믿는다.

그러나 지나치게 단순한 접근은 고객에게 도움이 되지 않거나 혼란스럽기까지 하다. 그렇기 때문에 고객이 제품에 대해 어떻게 생각하는지 구조화하고 관리하는 것이 프로덕트 마케팅의 세 번째 핵심 역할이며 프로덕트 마케팅에서 가장 중요한 일 중 하나다.

공식을 결과물이 아니라 시작점으로 사용하라

포지셔닝은 제품에 대해 말하고 싶은 이야기를 정하고 이를 뒷받침할 증거를 확보하면서 시작된다. 이 과정이 가시적으로 가장 잘 드러나는 것이 메시징 작업이다.

위에서 다룬 포지셔닝 공식은 팀이 타깃 고객, 제품의 고유한 가치와 그것을 믿어야 하는 이유를 진지하게 생각해볼 만한 기회를 준다. 단지 업무적으로 해야 한다는 이유로 메시징 작업을 하면 팀은 이 메시지에 설득되지 않을 것이다. 이러한 공식은 뻔하고 빽빽한 데다가 전문 용어로 이루어지기 일쑤라서, 고객이 굳이 이런 문장을 해석하는 데 공들일 필요가 없다.

나아가 이 포지셔닝 공식은 팀이 하고 싶은 말을 하는 데 초점을 맞춘다. 실제로 중요한 것은 고객에게 이 내용이 어떻게 들릴 것인지인데도 말이다. 얼마나 구체적인 표현을 쓰고 싶은지, 기술적이거나 비즈니스적인 가치를 담아서 작성할지 여부에 대해서는 오롯이 타깃 고객층이 결정하며, 제품이 얼마나 알려져 있는지에 따라 좌우된다.

비즈니스 분석 영역에서 비등하게 경쟁 중인 뛰어난 두 회사를 살펴보겠다. 두 회사 모두 동일한 타깃 고객층을 대상으로 같은 서비스 가치를 제공했다. 4년이나 빠르게 시작한 한 회사는 그럭저럭 해내고 있으며, 다른 회사는 창립 7년 만에 26억 달러에 구글에 인수되었다.

어느 포지셔닝 공식이 둘 중 어떤 회사의 것이었는지 알겠는가?

> "[A사]는 데이터 기반 온라인 비즈니스를 운영하는 데 가장 적합한 도구입니다. 데이터 기반 의사결정은 더 나은 결과로 이어집니다."

> "[B사]는 비즈니스 인텔리전스를 재발명합니다. 우리의 최신 데이터 검색 플랫폼은 데이터에 현저히 다르게 접근하는 방식을 채택했습니다. 이 제품은 데이터베이스 내부에서 작동하기 때문에 보유하고 있는 모든 데이터를 조회할 수 있습니다."

A사는 '데이터 기반 의사결정은 더 나은 결과로 이어진다'는, 모든 사람이 동의하는 메시지를 포지셔닝 공식으로 정했다. 이 메시지는 데이터 분석가가 이 제품에 관심을 기울여야 하는 이유를 보여주지 않는다. 이 메시지는 마이크로소프트 엑셀에 관한 설명일 수 있다.

메시지 자체는 간단하지만, 대부분의 조직 구성원보다 분석 업무에 관심이 많은 데이터 분석가에게 어떻게 더 좋은 결과를 얻을 수 있는지 설명하지 않는다. 이는 데이터 분석가가 흥미를 느낄 만한 설명이 아니다.

반면에 B사는 더 길고 구체적으로 메시지를 작성했고, 이는 타깃 고객층에게 더 와닿는다. 그들은 구체적으로 무엇이 다른지에 대해 명확하게 말한다('우리의 최신 데이터 검색 플랫폼은 데이터에 현저히 다르게 접근하는 방식을 채택했습니다'). 그리고 어떻게 그것을 할 수 있었으며('이 제품은 데이터베이스 내부에서 작동하기 때문에') 결과적으로 어떤 효과를 얻을 수 있는지 설명한다('보유하고 있는 모든 데이터를 조회할 수 있습니다').

기술적인 관점에서 이것이 무엇을 의미하는지 몰라도, 이들의 주장이 독특하다는 것을 알 수 있다. 포지셔닝 공식의 요소는 담고 있지만, 공식대로는 다루지 않는다. 대신 그들은 구체적인 예시를 들어 데이터 분석가가 무엇을 다르게 할 수 있는지 전한다. 이것은 분석가가 이 제품을 더 알고 싶은지 결정하는 데 도움을 준다.

B사의 메시지는 타깃 고객층에게는 모든 측면에서 더 유의미한 메시지다. 이는 룩커Looker라는 회사의 메시지로, 이 회사는 뛰어난 제품을 만들었고 고객은 제품을 사랑했으며 멋진 메시지도 뒤따랐다. 반면 A사는 RJ메트릭스RJMetrics로, 그들의 메시징과 결과는 그럭저럭이었다.

최근 많은 팀이 메시징을 테스트하지만 더 뛰어난 결과를 보장하려면 그것만으로는 부족하다. 어떤 테마를 가지고 변형하며 테스트하기보다는 전체적인 가능성과 시장 지형을 파악하기가 어렵기 때문이다. 테스팅은 다양한 접근 사이의 절충 방안을 찾기 위해 진행하는 동시에 내외부를 구분하는 정체성을 쌓아가는 과정이다.

확실히 말하자면 메시징은 제품을 개선하는 과정이 아니다. 하지만 제아무리 좋은 제품이라도 좋은 메시지 없이는 시장에서 성공할 수 없다. 성공은 공식에 의해 정해지는 것이 아니라 타깃 고객의 어떤 요구에 부합할지 고민하는 과정에서 결정된다. 프로덕트 마케터는 자신의 일을 해내기 위해 이를 잘 알아야 한다.

더 나은 프로세스

좋은 메시지는 여러 팀에 의해 연마되고 다듬어진다. 결코 한 팀이 한번에 걸작을 만들어내지 않는다. 메시징은 실제로 고객을 만나기 전에 다양한 플랫폼(웹, 인앱, 이메일, 광고 및 영업 커뮤니케이션)에서 테스트를 거쳐 여러 번 수정된다.

나는 특정 공식을 옹호하지는 않지만, CAST 양식을 사용하면 타깃 고객층이 듣고 싶어 하는 내용을 모두 파악했는지 점검할 수 있다. CAST의 내용은 다음과 같다.

1. **명확성**clear: 당신이 무슨 일을 하는지 명확하게 전달되었는가? 이에 대해 궁금해할 이유가 있는가? 부연 설명이 명확함을 해치지는 않는가?

2. **진정성**authentic: 이 언어가 타깃 고객의 언어인 동시에 의미 있는가? 그들이 익숙한 표현으로 작성되었는가?

3. **명료성**simple: 이 제품이 무엇이 뛰어나고 다른지 알 수 있는가? 고객들이 무엇이 더 나은지 알 수 있는가?

4. **검증**tested: 이를 직접적으로 경험할 고객을 대상으로 검증되었는가? 그리고 반복하여 검증을 수행했는가?

메시지에 대한 테스트와 수정의 과정에서 제품, 영업, 마케팅이 모두 한마음으로 노력했다는 이유로 개선되었을 것이라고 생각하고 문서로만 진행하는 경우가 있다. 이는 시작일 뿐이다. 메시지는 웹 페이지나 이메일에 반영되어 있을 때 고객이 더 나은 의견을 제시할 확률이 높아지며, 불필요하거나 혼란을 줄 수 있는 표현도 쉽게 확인할 수 있다.

기억해두자. 단순하고 설득력 있는 문구와 불만스러운 홍보성 문구는 다르다. 룩커의 메시지 중 '이 제품은 데이터베이스 내부에서 작동하기 때문에 보유하고 있는 모든 데이터를 조회할 수 있습니다'라는 부분이 '이것은 협업 기반 플랫폼이므로 찾아내지 못할 정보가 없습니다'라고 표현되었다면, 기존의 메시지가 유행하는 단어는 없어도 데이터 분석가에게는 더욱 명확하다.

메시지에 대해서는 파트 4에서 더 많은 예시를 통해 자세히 살펴보겠다.

지나치게 정확한 경향

IT 제품의 프로덕트 마케팅에서 어려운 점 중 하나는 **적절한 시점에 적당히 기술적인 전문성을 드러낼 것인지, 혹은 언제나 기술적으로 정확하고도 명확한 정보를 전달할 것인지** 결정하는 것이다.

인프라 또는 소프트웨어 엔지니어를 타깃으로 하는 IT 제품인 경우, 더욱 어려운 결정이다. 이때 핵심 역할 1(대변인)에서 짚었던 내용을 다시금 떠올리면 좋겠다. "당신의 타깃 시장이 가장 원하는 것이 무엇인가?"

메시징은 제품이 기술 면에서 선도적이라는 믿음이 갈 만큼 구체적이어야 한다. 하지만 제품에 대한 소개부터 기술적인 내용에 대해 모두 상세히 말할 필요는 없다. 메시지의 역할은 연결점을 마련하는 것이다. 다시 말해 메시징은 텍스트뿐만 아니라 제품 체험, 영상 또는 고객 인터뷰 등을 통해 뒷받침될 때 더 큰 효과를 낸다.

메시징이 모든 어려운 절차를 단박에 이겨낼 것이라고 기대하지 말자.

검색 엔진 최적화

검색 엔진 최적화_{search engine optimization, SEO}는 고객이 검색 엔진을 통해 제품을 발견할 확률을 높이기 위해 수행하는 수많은 작업을 일컫는 말이다. 앱스 토어, 오픈마켓 또는 인터넷 콘텐츠를 포함하여 검색 기능을 제공하는 모 든 곳에 적용된다. 이는 독립된 전문 분야로 나날이 발전하고 있다.

구매 결정의 최대 70%가 온라인에서 이루어지기 때문에, 당신과 경쟁사 가 사용하는 키워드 간의 상관관계는 포지셔닝과 메시징을 결정할 때 감안해야 하는 내용이다.

SEO는 콘텐츠, 광고 구매, 이메일 제목 모두를 포함한 디지털 전략에 영향을 준다. 키워드 입찰을 통해 고객이 당신의 제품과 연관시킬 수 있 는 개념을 골라내야 한다.

고객이 제품을 어떻게 사용하는지 관찰하는 검색 여정 검증_{journey test}에서 도 고객이 어떻게 제품을 생각하는지, 어떤 표현을 사용하고, 어떤 경쟁 사가 있는지를 쉽고 빠르게 알 수 있다.

다시 본론으로 돌아오면, SEO는 아주 중요한 시작점이 된다. 이는 단번 에 결과물을 낼 수 있는 기법이 아니다. 메시징에 어떤 단어를 사용할지 제안하는 것에 가깝다. 무조건 클릭을 많이 받는 단어를 쓰고 싶은 유 혹을 뿌리쳐야 한다. 결과적으로 장기적인 포지셔닝과 충돌할 수 있기 때문이다.

프로덕트 마케터는 프로덕트 포지셔닝에 대해 명확한 시야를 유지하고, 그에 영향을 미치는 다양한 변수를 고려하며, 언제나 뛰어난 판단력을 발휘해야 한다.

포지셔닝 = 나의 행동 + 타인의 행동

메시징은 당연히 포지셔닝의 결과 중 하나이지만, 제품의 시장 진입 전략상의 모든 활동은 포지셔닝을 한 방향으로 강화하는 것이어야 한다.

기업이 판매 과정에서 신기술을 시장에 도입할 경우, 제품의 강점이 평가 기준이 되도록 유도해야 한다. 제품 데모라면 기능이 제공되는 방식이 포지셔닝을 강화해야 한다. 보도자료로 낼 만한 가치가 있는지 결정할 때, 포지셔닝 관점에서 유효한 기능인지 생각하자. 매우 체계적인 분석 리뷰에서도 포지셔닝은 강력한 힘을 낼 수 있는데, 고객이 특정한 방식으로 문제를 해결하거나 반복적인 테스트를 통해 주장을 뒷받침할 수도 있다.

이것은 당신이 통제할 수 있는 포지셔닝의 역할이다.

하지만 고객이 제품을 인식하는 방식에 큰 영향을 미치는 힘은 기업의 통제 밖에서 일어나는 의사결정의 70%에 이른다. 이런 측면을 다크 퍼널dark funnel 또는 다크 소셜dark social이라고 부르는데, 고객 참여, 구매 절차 또는 제품의 선택 여부를 결정하는 콘텐츠 또는 관점의 공유가 그것이다. 이를 눈으로 살펴보거나 계속 트래킹하는 것이 불가능에 가깝다.

가격 비교 사이트, 상품평, 별점, 소셜미디어 게시물, 공유, 온라인 게시판 또는 다른 사람의 콘텐츠, 심지어 해당 기업체 직원의 추천 등은 검색하면 알 수 있다. 이들은 집합적으로 디지털 족적을 남기고, 제품의 포지셔닝과 브랜드의 명성에 조용하지만 무척 큰 영향력을 발휘한다. 공식 마케팅 채널에서 아무리 다른 이야기를 하더라도 이 요소의 결합이 결국 현실적으로 제품의 포지셔닝을 결정할 수도 있다.

장기적인 관점에서

메시징은 제품이 어떻게 인식되는지 결정짓기 때문에 상세히 살펴보았다. 이는 제품 포지셔닝의 출발점이다.

그러나 포지셔닝은 모든 마케팅 활동이 축적되면서 시간이 지남에 따라 천천히 이루어지는 것이다. 그러므로 지속성과 일관성이 핵심이다. 어떠한 메시징보다 포지셔닝이 훨씬 더 오랫동안 시장을 마주하게 될 것이다. 한편 포지셔닝을 바꾸는 것은 매우 어려우므로 처음부터 심혈을 기울여 수행하길 권한다.

의도했건 의도하지 않았건, 에반젤리스트들은 이 모든 일을 대단히 쉽게도, 혹은 어렵게도 만들 수 있다. 그들은 시장 진입을 위한 노력을 최소화하는 데 활용할 수 있는 좋은 자원이다. 따라서 프로덕트 마케팅 네 번째 핵심 역할에 해당하는 에반젤리스트에 대해 살펴보자.

CHAPTER
06

에반젤리스트
다른 사람이 제품에 대해 이야기하게 하자

퀴즈렛Quizlet은 전 세계적으로 매일 쓰이는 제품으로, 의대 진학을 위해 공부하거나 미용사 시험을 통과하기 위해, 식료품의 제품 코드를 외우기 위해 사용한다. 미국에서는 고등학생 2명 중 1명이 학업 성취도를 올리기 위해 활용한다.

하지만 이 제품은 초기 10년 동안 마케팅에 비용을 한 푼도 쓰지 않았다. 트위터에서 #퀴즈렛#quizlet 또는 #고마워퀴즈렛#thanksquizlet을 검색하면 그 이유를 알 수 있다. 전 세계의 선생님들은 학생들이 퀴즈렛 라이브 Quizlet Live 게임을 하면서 즐거워하는 모습을 담은 사진과 영상을 게시한다. 졸업생들은 '고마워, 퀴즈렛'이라고 적힌 종이와 함께 학사모를 쓰고 졸업장을 들고 있다. 그 누구도 그들에게 이렇게 해달라고 부탁한 적이 없다. 그러나 그들은 진심으로 제품이 제공한 가치에 고마움을 느끼고 전 세계 사람들에게 공유하고 싶어 했다.

이는 소셜미디어와 메시징 플랫폼에서 큰 파급효과를 불러오는 최고의 자연 유입 에반젤리즘이다. 동시에 이는 제품이 어떻게 새로운 고객에 의해 발견되고 받아들여지는지 보여주는 것이기도 하다. 바로 다른 사람의 이야기를 통해서다.

입소문, 그러니까 에반젤리즘은 전혀 새로운 개념이 아니다. 그러나 다양한 매체가 발달하면서 입소문이 도달하는 범위가 더욱 확대되며 중요성이 높아졌다. 이 매체의 영향력은 각 기업의 공식 마케팅 채널이 미치는 영향력보다 훨씬 앞선다.

이 책의 목적을 생각해볼 때, 여기에서 에반젤리즘은 타인을 통해 체계적인 영향력을 행사하는 총체를 지칭한다. 이는 전통적인 시장 진입 경로인 영업, 언론, 투자자 또는 분석가뿐 아니라 GTM 엔진의 전문가도 포함한다. 이들은 고유의 분야가 있으며, 소셜미디어 마케터, 콘텐츠 마케터, 홍보, 테크니컬 에반젤리스트, 커뮤니티 매니저, 현장 마케팅 지휘자, 이벤트 주최자, 파트너 마케터, 대고객 전문가, 영업 관리자 모두를 포함한다.

프로덕트 마케터의 네 번째 핵심 역할은 가장 중요한 매체를 확인하고 제품을 시장에 성공적으로 안착시키고 확대하기 위해 이를 결합하여 적용하는 것이다.

다른 사용자를 깨우기

일부 에반젤리스트는 다른 사람들보다 중요하다. 예를 들어 당신이 고객과 직접 접촉하는 영업 인력을 가진 기업에 소속되었다고 하자. 이들이 프로덕트 마케팅의 최우선순위일 것이다. 하지만 막대한 영향력을 가진 리서치 회사의 분석가나 앱스토어 에디터 또는 톱티어 출판사의 편집자와 같은 사람과 시너지를 내야만 성공할 수 있다.

핵심은 제품의 시장 진입을 위해 누가 당신의 편이 되어야 하는지, 어떻게 그들이 당신 편에 서게 할 것인지, 어떻게 해서 당신을 위해 이야기하게 할지 알아내는 것이다.

워드가 당대 최고의 워드프로세서로 평가되었을 당시, 제품이 출시되기 전에 에반젤리즘을 불러일으키게 하는 프로덕트 마케팅의 사전 작업이 여럿 있었다. 다음은 그중 일부다.

- 제품이 리뷰어에게 전달될 때마다 상세한 평가 가이드를 함께 제공했다. 이는 영업 사원에게 제공되는 안내서와 비슷한 내용이었다.
- 가장 영향력 있는 전문가를 직접 만나고 그들의 질문에 실시간으로 대응했다.
- 영업 프레젠테이션과 심층적인 데모 교육을 진행했다.
- 제품팀과 협업하여 베타 프로그램을 운영하고, 이때 미리 제품을 체험한 고객의 감상을 메일 또는 광고에 포함하여 메시징으로 사용했다.

워드는 일방적으로 리더십을 강요하지 않았다. 오히려 전문가, 리뷰어, 파트너와 고객이 그들에게 리더십을 부여했다. 적절한 주요 인플루언서가 이를 실현하게 하려면 꾸준한 노력이 필요했다.

근래에 들어 제품 출시가 더욱 잦아지고 다양한 GTM 모델이 등장하면서 에반젤리즘은 더욱 확장되었다. 예를 들어 슬랙Slack의 초기 에반젤리스트들은 슬랙 워크스페이스에 자신의 팀 동료가 합류하게 했고, 이는 곧 팀의 생산성 증가로 이어졌다. 제품 주도 성장이 그로스팀growth team과 제품팀에서 이루어지는가 하면, 프로덕트 마케팅은 반드시 에반젤리스트가 협업한다는 전제를 바탕으로 GTM 모델을 효과적으로 운영할 수 있다.

현장에서 영업 사원이 에반젤리스트가 된다면 만반의 준비를 하고 제품에 대해 이야기를 들려줄 수 있고 이를 매끄럽게 담아낼 도구가 있다는 말이지만, 너무 강하게 구매를 강요하는 듯한 인상을 주어서는 안 된다. 영업하려는 대상인 기업체 내부에 제품 옹호자가 생긴다면 그들에게 내부 승인을 얻는 절차에 도움이 되는 도구를 제공해야 한다. 나는 이미 '영업용 발표 자료'를 가지고 이 비싼 제품을 구매해야 하는 이유에 대해 상위 조직장을 설득하는 제품 옹호자들을 보았다. 다시 말해 영업 사원이 판매를 전부 하지는 않는다는 의미다.

근래의 고객 여정에서 공식 마케팅 채널에 대한 편견이 있다. 많은 사람들이 자신이 말을 해야 하는 상황에 다른 사람은 어떻게 생각하는지 검색하곤 한다. 이때 고객 리뷰, 블로그, 소셜미디어, 밋업 또는 이와 유사한 디지털 기반의 솔직한 대화를 선호하므로, 이러한 플랫폼은 당신을 대신하여 이야기해줄 것으로 생각하라.

커뮤니티는 제품에 대한 선호를 퍼트리는 흔한 방식 중 하나다. 고객으로 구성된 모임을 직접 만들거나, 제품을 대변하는 어드바이저 네트워크를 운영하는 방식도 가능하며, 이미 존재하는 고객의 커뮤니티에 참여하거나, 심지어는 제3의 조직에 참여하여 커뮤니티에 진입할 수 있다. 어떠한 커뮤니티든 그에 속한 사람들이 진솔한 대화를 나누면서 실제로 유의미한 도움을 주고받아야 한다.

효과적인 에반젤리즘은 최고의 마케팅 채널을 찾는 것이 아니라, 고객이 당신의 제품과 사랑에 빠지고 이를 충분히 알릴 수 있도록 정보를 제공하는 방식에 달렸다. 영업 담당자는 제품에 대한 가장 최신의 정보를 어디에서 찾아야 하는가? 사람들이 기업의 공식 홈페이지에 실린 영상을 더 많이 공유할까, 혹은 유튜브에 게시된 동영상을 더 많이 공유할까?

프로덕트 마케터로서 영향력의 지형을 파악할 때는 우선 제품의 시장 진입 전략을 이해하는 것이 가장 중요하다.

에반젤리즘과 광고의 비교

제품을 전달하는 콘텐츠를 만드는 것은 모든 팀이 능숙하게 해낸다. 그러나 그 콘텐츠를 설득력 있게, 신뢰할 수 있게, 뛰어나게 만드는 것은 어려운 일이다.

이는 제품에 과도하게 집중하는 프로덕트 마케팅에서 자주 볼 수 있는 현상이다. 이렇게 작성된 콘텐츠는 기본적으로 직관적이지 않으며, 좋은 콘텐츠를 만들기 위해서는 때로는 사람들이 정말로 관심 가질 만한 것에서 시작해야 한다. 표 6.1은 전통적인 프로덕트 마케팅과 에반젤리즘에 집중한 접근의 차이점을 보여준다.

예를 들어 프로덕트 마케터가 잠재고객과의 첫 대화에서 어떤 말을 해야 할지 영업 담당자용 대본을 만든다고 가정하자. 대부분의 프로덕트 마케터는 본능적으로 절차를 통해 합의된 공식적인 메시징과 그들이 강조하고 싶어 하는 기능에 집중한다. 그 대신 기존 고객이 제품을 사용하면서 어떤 일을 겪었는지 이야기하면서 더 큰 문제에 접근하자.

표 6.1 **대표적인 제품 중심 기법과 에반젤리즘 중심 기법의 비교**

제품 광고	에반젤리즘 중심
주요 고객 문제와 개선점을 중심으로 사례 연구*	관심을 끄는 고객 이야기(동영상, 고객이 만든 콘텐츠, 소셜 기반 사진)
화면별 기능을 살펴보는 제품 데모	고객의 상상 속 하루를 만들어 데모
회사, 제품, 시장 구조 및 주요 기능에 대해 설명하는 영업 자료	세상이 어떻게 바뀌었고, 당신의 제품이 왜 의미가 있는지 설명하고, 고객이 어떻게 그러한 가치에 공감하게 되었는지 소개하는 발표자

이와 같은 방식이 좋은 것은 더 믿음직스러울 뿐만 아니라 이러한 방식에서 청자가 배울 것이 있기 때문이다. 사람들은 일방적인 강의를 듣거나 설득당하기보다는 직접 참여하면서 배우는 편을 선호한다.

에반젤리즘을 극대화하기 위한 마케팅 채널을 탐색할 때 프로덕트 마케터가 모든 선택지를 알고 최선의 선택을 하기에는 판도가 무척 복잡해졌다. 따라서 집단 지성을 발휘하여 전체 GTM 엔진을 활용할 수 있도록 해야 한다.

제품의 시장 진입 전략에 맞도록 에반젤리즘 도구를 최적화

에반젤리즘을 활성화하는 것은 누가, 어떤 맥락에서 이야기하는지에 따라 다르다. 프로덕트 마케터는 이를 염두에 두고 활동을 지시해야 한다. 다음은 프로덕트 마케팅 주도의 에반젤리즘 활동의 예다.

- 영업 부서는 공식적인 대화에 참여하고, 때마다 적절한 도구를 활용하고 합당한 절차를 따를 수 있도록 명확한 가이드라인이 있어야 한다. 이는 잠재고객을 곧바로 고객으로 전환시키지는 않더라도 팬으

---

* 사례 연구는 고유의 기능을 가진다. 연구만으로는 고객의 이야기를 전달하기 어렵다.

로 만드는 과정이기 때문이다.

- 기존 제품에서 새로운 제품으로 큰 변화를 주려는 잠재고객은 비슷한 경험을 한 사람들로 구성된 커뮤니티에서 이야기하면서 이 변화가 어떤 모습일지 상상해볼 수 있다. 이들은 솔직하게 물어볼 수 있고 지원받을 수 있는 커뮤니티를 기대한다.

- 기존 고객 중 일부는 자신이 이 제품을 통해 하는 일을 인정받고 싶어 할 수 있다. 다른 잠재고객과 행사나 식사 자리와 같은 편안한 공간에서 이야기를 나누게 하면 그들을 에반젤리스트로 포섭할 수 있다.

- 분석가와 같은 주요 전문가 또는 인플루언서들은 리포트 등의 매체를 통해 목소리를 낸다. 제품의 시장 진입 전략은 이와 같은 시점을 제품의 타임라인에 반영해야 한다.

사람들은 언제나 기술과 관련된 구매 의사를 결정할 때 도움을 구한다. 당신의 제품을 검색했을 때 공식 홈페이지 말고는 정보를 얻을 수 없다면 그 빈틈을 경쟁자가 노릴 것이다.

에반젤리즘은 팀 스포츠다

에반젤리즘은 프로덕트 마케터의 작업 중에서 제품팀 그리고 시장 진입 전략을 담당하는 모든 팀과의 협업을 가장 필요로 한다. 대부분이 프로덕트 마케터 본인이 아닌 다른 동료에 의해 실행에 옮겨진다. 프로덕트 마케팅은 제품의 편에 서서 기폭제이자 관리자의 역할을 하는 것이다.

가장 중요하게는 프로덕트 마케터가 핵심 역할 3(대변인, 전략가, 스토리텔러)까지 배운 점을 바탕으로 핵심 역할 4(에반젤리스트)를 세운다는 점이다.

물론 이 네 가지는 제품이 시장에서 채택되는 과정에서 모두 중요하다.

지금까지 다룬 부분이 크고 어렵고 중요하게 느껴진다면 제대로 이해한 것이다. 프로덕트 마케팅은 프로덕트 매니징 그리고 다른 마케팅과 구분되는 고유한 특성과 역할을 가지기 때문이다.

이 책의 다음 장에서는 구체적인 스킬, 실례 그리고 기법을 살펴봄으로써 뛰어난 프로덕트 마케터로 도약할 수 있는 방법을 찾자. 또한 가장 중요한 파트너인 제품, 마케팅 영업 담당자와 협업하는 방식에 대해 설명하겠다.

뛰어난 프로덕트 마케팅은
기본적인 능력과 사고방식을 갖추면 누구나 해낼 수 있다.

Strong product marketing can actually be done
by whomever has the capability and mindset.

II

프로덕트 마케터로서의
역할 수행

뛰어난 프로덕트 마케터의 능력

잭$_{Zack}$이 한 명을 제외하고 모든 영업 사원을 해고했을 때, 제품 데모가 준비되어 있었고 무료로 PoC$_{proof\,of\,concept}$를 나누었으며 가격 협상도 각오한 상태였다. 하지만 판매 수치는 도통 오르지 않았고 그는 이유를 알 수 없었다.

잭은 스타트엑스$_{StartX}$(실제 회사이고 명칭은 변경됨)의 CEO로, 박사과정 중에 새로운 기술을 개발하여 주요 기술 대회에서 우승하고 《포춘》 50에 등재된 명망 있는 회사의 정보보호최고책임자$_{chief\,information\,security\,officer,\,CISO}$의 추천도 받았다. 이런 지지와 함께 잭과 그의 팀이 가진 훌륭한 경력 덕분에 기업체를 시작할 만큼 많은 VC 펀딩을 받았다.

이 단계의 기업이 흔히 그렇듯이 잭은 영업, 제품, 마케팅, 인사까지 대부분의 일을 결정하고 있었다. 하지만 안타깝게도 그는 이런 일을 한 번도 해본 적이 없었다. 그는 제품을 팔고 싶다면 영업할 수 있는 영업맨을 채용해야 한다고 생각했다.

하지만 계획대로 진행되지 않았다. 영업 담당자들은 이미 알고 있던 사람과 약속을 잡았고, 존재하지 않는 마케팅팀에 더 많은 잠재고객층을 알려달라고 했다. 잭은 모든 피칭에 따라다녀야 했는데, 이는 영업팀이 제품에 대해 잘 알지 못했기 때문이다. 그는 마침내 제품을 파는 것을 멈추고 고객에게 묻기 시작했다. "당신이 가진 문제 중 제일 골칫거리가 무엇인가요?"

이를 통해 그는 자신이 만든 제품이 해결한 문제는 정작 각 기업의 임원이 느끼는 우선순위에서 다섯 번째는커녕 열 번째에도 들지 못한다는 것을 알았다.

잭의 팀은 제품에 대한 만족도와 가치를 잘못 판단했다는 것을 깨달았다. 그리고 새로운 방향으로 전환하기로 했고, 이는 경영진이 가진 우선순위 목록에서 상위에 오른 문제를 해결하는 방식으로 진행되었다.

불과 몇 달간의 엔지니어링으로 그들은 기업체의 상위 3개 문제에 대한 해결 방안을 내놓았고, 그중 한 가지는 업계에서 이미 10년도 더 된 고질적인 문제였다. 혁신적인 개선 사항은 제쳐놓더라도 사용성을 개선하는 것만으로도 매우 새롭게 느껴졌다.

잭은 영업 담당자들과 '여기 이 제품은 여러분이 원하는 모든 것을 할 수 있습니다'라는 식의 데모를 다시금 준비했다. 그럼에도 불구하고 계약서에 도장을 찍는 일은 여전히 어려웠다. 이즈음 창립 1년이 지난 시점이었고, 잭은 뭔가 다르게 해야 한다는 것을 깨달았다.

그는 마침내 프로덕트 마케팅 책임자인 조시를 채용했다.

그녀는 영업팀의 발목을 잡는 것이 무엇인지 밝혀냈다. 그것은 기능이 아닌 제품의 가치를 전달하는 명확하고 반복 가능한 메시지가 없다는 사실이었다. 그리고 영업팀은 롤로덱스*에만 의존할 것이 아니라, 정말로 구매할 확률이 높은 고객의 관점을 이해할 필요가 있었다. 그녀는 또한 제품이 이미 존재하는 도메인에서의 포지셔닝을 정해서 사람들이 스타트엑스에 무엇을 기대할 수 있을지 인지적 위치를 잡아야 한다고 생각했다.

몇 달 만에 그녀가 수행한 프로덕트 마케팅은 다음과 같다.

- 그녀는 기존의 사업 영역에서 무엇이 부족했는지 설명하고, 그들이 찾아낸 틈새시장의 필요성을 소개했다. 이 문서를 보고 대형 애널리스트 회사에서 큰 관심을 가졌고, 더 깊은 대화를 나누길 원했다.

- 그녀는 모든 신제품 자료를 하나로 만들어 영업 발표와 웹사이트에서의 메시징 간의 일관성을 만들어냈다. 그리고 고객들 역시 어디에서든 같은 메시지를 볼 수 있도록 했다.

- 그녀는 제품팀뿐만 아니라 영업팀과도 협업했으며, 피드백을 바탕으로 자료를 수정하며 함께 발맞추어 일했다.

- 그녀는 영업팀과 협업하여 타깃 고객층에 대한 분석을 진행하고, 이를 토대로 정제된 타깃 고객 목록을 추려냈다.

- 팀 모두 제품의 시장 진입 전략에 동의했다. 이것은 조시가 모든 일을 혼자 하지 않더라도 팀 구성원 모두 '왜' 그렇게 마케팅 활동을 하는지 이해할 수 있다는 의미다.

이것은 스타트엑스가 전환하는 계기가 되었다. 프로덕트 마케팅이 정착하자, 영업은 그제야 자신의 일을 할 수 있었다. 그들은 강력한 옹호자가 되어줄 고객을 확보했고, 이는 스타트엑스가 다음 라운드 펀딩을 받

---

* [옮긴이] 롤로덱스(Rolodex)는 명함과 같은 비즈니스 연락처를 보관하는 회전식 카드 장치다.

는 데 크게 기여했다.

제품을 바르게 만들었는지 여부는 제쳐두고라도 잭은 프로덕트 마케팅을 영업보다 먼저, 혹은 동시에 시작했어야 한다는 사실을 어렵게 배웠다. 그는 프로덕트 마켓 핏에 대해 더 빠르게 진단하고 개선할 수 있었고, 이는 자연히 영업 성과로 이어졌을 것이다. 그는 물건을 팔려면 영업팀이 있어야 한다는 생각에 사로잡혔던 것뿐이다. 그는 제품을 팔고 싶다면 마케팅이 더 필요한 장치라는 것을 뒤늦게나마 알게 되었다.

이 사례는 성공적인 프로덕트 마케팅의 도입으로 무엇이 가능한지, 담당자는 어떻게 채용해야 하는지, 그리고 다른 기능 조직과 어떻게 협업할지 알려준다. 파트 2에서는 이런 내용을 전반적으로 다룰 것이다.

탁월한 프로덕트 마케터의 역량

프로덕트 마케팅의 목적은 비즈니스 목표를 따르는 전략적 마케팅 활동을 통해 시장이 제품을 인식하는 방식을 구조화하고, 결과적으로 제품을 채택하게 하는 것이다.

이는 날카로운 판단력과 강한 근성을 필요로 하는 직무로 프로덕트 매니징과 중첩되는 역량이 많다. 두 역할의 차이점은 어떻게 그 능력을 발휘하느냐에 있다. 프로덕트 매니저가 제품을 구현하는 데 그 능력을 사용한다면, 프로덕트 마케터는 시장이 제품을 선택하도록 하는 과정에 그 능력을 사용한다. 다음은 프로덕트 마케터의 주요 역량이다.

고객에 대한 호기심과 적극적인 의견 청취: 프로덕트 마케터는 고객에 관한 한, 말 그대로 꽉 잡고 있어야 한다. 프로덕트 마케터라고 해서 언제나 고객에 대한 전문가는 아니다. 그들이 새로운 것을 배우지 않는다면 역할을 바르게 수행하지 못할 것이다. 이 능력에는 끝이 없다. 시장은 언제나 역동적이고, 프로덕트 마케터는 끊임없이 시장과 고객의 반응과 의견에 대응해야 한다. 제품팀 또는 영업팀과 같은 기능 조직과 함께 이 역할을 수행하기도 한다.

제품에 대한 끊임없는 호기심: 이는 제품팀으로부터 신뢰를 얻기 위해 필수적인 역량이다. 제품에 대해 편안한 마음으로 질문할 수 있어야 하고, 이는 진짜 관심을 가지는 것에서 출발한다. 어느 정도 시간이 흐른 뒤에는 제품에 대한 심층적인 이해가 요구된다. 모든 프로덕트 마케터가 제품이나 업계에 대한 지식을 배우면서 시작할 필요는 없지만 배우려는 의지는 있어야 한다. 이 역량은 예리한 통찰력을 가지게 하는 힘이기도 하다.

전략적이고 뛰어난 실행 능력: 뛰어난 프로덕트 마케터는 전략적이면서도 실행에 능하다. 하지만 어떤 마케터가 두 가지 중 전략 능력이 더 뛰어나다면 전략에 집중하는 것도 좋다. 팀 내에 실행을 대신할 사람이 많기 때문이다. 실행이라고 해서 일을 되게 만드는 것만이 아니다. 산출물이 일정 수준 이상의 퀄리티를 가지게 한다는 의미이기도 하다. 이는 전략적 사고 방식으로, 단순히 일을 되게끔 할 뿐만 아니라 그보다 큰 그림을 볼 수 있어야 가능하다.

협업: 프로덕트 마케팅은 정의부터가 크로스펑셔널Cross-functional한 성격을 띤다. 제품, 마케팅 그리고 영업과 일관성 있게 생산적으로 협업하지 않으면 일을 진행할 수 없다. 네 가지 핵심 역할 중 그 어느 것도 협업 없이는 불가능하다. 프로덕트 마케터는 조직적 지식을 수집하고 활용하면서 영업

또는 마케팅과 같이 필요한 곳에 지식을 전파하는 역할도 겸한다. 마찬가지로 프로덕트 마케터는 고객과 시장의 변화를 제품팀에 알려야 한다.

뛰어난 구두/서면 커뮤니케이션 기술: 이것은 프로덕트 마케터에게 가장 중요한 무기다. 매일같이 프로덕트 마케터의 업무에 쓰인다. 프로덕트 마케터가 뛰어난 커뮤니케이션 능력을 보유하지 않으면 이 제품이 세상에 어떻게 기여할 수 있는지 설명하기 어려우며, 다양한 팀과 원활하게 협업하기도 어렵다. 훌륭한 프로덕트 마케터는 단순화하는 능력이 뛰어나다. 명확하게 말하기 위해 모든 것을 다 말할 필요는 없기 때문이다. 그들은 과장하는 것을 피하고 진솔한 대화를 나누는데, 이는 생각보다 어려운 일이다. 글 쓰는 능력과 프레젠테이션 기법은 모두 훈련으로 갈고 닦을 수 있다. 하지만 프로덕트 마케터를 채용할 때 커뮤니케이션 능력이 뛰어나야 한다는 조건이 따라붙는 것은 변함없다.

광범위한 마케팅 지식: 프로덕트 마케터가 모든 영역의 마케팅에 대하여 전문가가 될 필요는 없지만, 마케팅의 각 전문 영역에 대해 충분한 지식을 갖추고 있어야 제품의 시장 진입 전략 활동을 도울 수 있고 이를 적재적소에 사용할 수 있다. 이에 따라 다양한 마케팅 파트너와 효과적으로 협업해야 한다. 각각의 파트너들은 무엇을 할 수 있을지에 대해 다양한 견해를 가지고 있고, 이는 시장 진입 활동에 활기를 불어넣는다. "어떻게 하면 [당신이 원하는 결과를] 얻을 수 있을까요?"라는 질문은 건설적인 대화를 시작하기에 좋다.

새로운 사업/시장에의 관심: 이는 단순히 비즈니스 목표를 이해할 뿐만 아니라 새로운 시장 또는 시장 진입 전략처럼 비즈니스가 성장할 수 있는 다양한 방향이 있음을 이해하는 능력이다. 기존의 제품 시장 진입 전략이 왜 원하는 만큼의 성과를 내지 못하는지도 파악할 수 있어야 한다. 프로덕트 마케터가 최종적으로 의사결정을 하는 주체는 아닐 수 있지만, 제품의 시장 진입 전략을 세울 때 비즈니스 지형에 대한 이해를 반영하고 가능성을 투영할 수 있어야 한다.

기술적인 지식: 기술적인 지식을 보유하기 위해서 공학 학위가 필요하지는 않다. 무슨 기술이 어떻게 쓰였는지 이해하면 충분하다. 프로덕트 마케팅이 제품에 깊이 관여하는 사람과 그렇지 않은 사람을 매개한다는 사실을 잊지 마라. 기술적인 지식을 갖추기 위해서 모르는 것을 물어보는 데 주저하지 마라.

이 모든 것을 갖춘 사람을 찾기는 어렵지만, 그런 사람이 없는 것은 아니다. **누구든 날 때부터 뛰어난 프로덕트 마케터인 것은 아니며, 훈련을 통해 만들어지는 것이다.** 이 역할에 대한 기준을 높게 세우고 유지하는 것이 중요하다.

프로덕트 마케터의 핵심 역할

프로덕트 마케터가 담당하는 업무 중 상당수는 다른 사람과의 협업을 통해 이루어진다. 예를 들어 효과적인 영업 도구는 프로덕트 매니저에게서 얻은 제품 지식에 많이 의존한다. 마찬가지로 고객 여정 지도는 UX 팀에 의해 크게 좌우되는데, 프로덕트 마케터는 고객이 제품을 막 만났을 때 어떤 일이 일어나는지에 초점을 맞춘다. 다음 페이지에 네 가지 핵심 역할을 통해 본 프로덕트 마케터의 주요 업무를 기술했다. 이는 해야 할 일의 목록이라기보다는 프로덕트 마케터가 꾸준히 해내야 하는 활동을 분류한 것으로 본다.

프로덕트 마케터의 주요 업무

핵심 역할 1, 대변인: 고객과 시장에 대한 통찰을 연결하자.
- 제품팀과 시장을 연결할 수 있다.
- 고객을 세그먼트로 나누고 타깃 고객을 정의할 수 있다.
- 시장 내 경쟁자 간의 역할을 파악할 수 있다.
- 고객 여정과 고객이 제품을 발견하는 과정을 이해할 수 있다.
- 시장 상황/트렌드와 효과적인 메시징을 이해할 수 있다.

핵심 역할 2, 전략가: 제품의 시장 진입 전략을 지휘하자.
- 제품의 시장 진입 전략을 정의할 수 있다.
- 시장 진입 전략의 실행과 수정을 도울 수 있다.
- 파이프라인과 퍼널의 동작을 이해할 수 있다.
- 브랜딩/패키징/가격 책정 전략을 도울 수 있다.
- 프로그램에 의해 자동화된 마케팅 활동을 돕고 진행할 수 있다.

핵심 역할 3, 스토리텔러: 고객이 제품을 인식하는 방식을 설계하자.
- 시장에서의 포지셔닝과 대고객 메시징을 능숙하게 해낼 수 있다.
- 시장 진입을 위한 내러티브를 만들고 사업 영역에서의 입지를 표현할 수 있다.
- 제품 중심의 효과적인 콘텐츠를 생산할 수 있다.
- 마케팅의 실행과 수요 창출을 위한 활동에 협업할 수 있다.

핵심 역할 4, 에반젤리스트: 다른 사람이 제품에 대해 이야기하게 하자.
- 고객의 이야기에 이입하고 이를 수집할 수 있다.
- 분석가, 언론, 인플루언서가 이야기하도록 유도할 수 있다.
- 가이드북과 적절한 툴을 마련하여 영업 조직을 도울 수 있다.
- 팬덤과 커뮤니티를 적재적소에 활용할 수 있다.

스타트업 단계에서는 프로덕트 마케터는 대부분의 일을 스스로 해내야 한다. 시장 진입 전략에서 가장 중요한 계획을 위주로 일의 우선순위를 정하지만, 실제 수행에 집중할 수밖에 없다. 성숙한 단계의 회사에서는

이미 시장 진입 전략이 마련되어 있기 때문에 다른 동료와 협업하여 업무를 수행할 수 있다.

프로덕트 마케터는 전략적인 동시에 재빨라야 한다. 전략적이라는 말은 사업 영역을 바라보는 시각을 어떻게 설정할 것인지, 새롭게 진입하는 시장에서 입지를 확대하는 것을 가리킨다. 그리고 경쟁사의 행동에 따른 반응과 새로운 기능을 출시하기 전에 영업 조직에 대한 교육 등은 재빠르게 수행해야 한다. 또한 다양한 조직을 연결하고 크로스펑셔널한 상황에서 접착제 역할을 수행하곤 한다.

기업이 어떠한 단계에 속하는지와 상관없이, 시장 진입 모델은 프로덕트 마케팅을 어떻게 이끌 것인지에 큰 영향을 미친다. 몇 가지 사례를 들어보자.

그로스 마케팅

마케팅의 분야 중 하나인 그로스 마케팅growth marketing은 프로덕트 마케팅과 겹치는 부분이 많다. 두 분야 모두 비즈니스를 더 발전시키기 위한 지렛대 역할을 고객이 수행한다는 차원에서 그들의 활동을 이해한다. 다만 그로스팀이 더 다원화된 역할을 수행한다는 점이 다르다. 프로덕트 마케팅팀은 성장을 가능하게 하는 마케팅 범주에 국한된 활동을 더 많이 한다.

그로스 해킹growth hacking은 데이터 기반, 테스트 및 시험, 주로 제품 주도의 성장 측면을 가리키는 용어였다. 현재는 제품 주도 성장으로 더 널리 알려져 있다. 대부분 고객과 직접 대면하는 비즈니스를 하는 회사에서 그로스팀을 두는데, B2B 회사에서도 제품 주도 성장을 한다.

그로스팀이 있는 조직에서 프로덕트 마케팅팀은 제품팀과 그로스팀을 외부와 연결하는 데 집중하며, 포지셔닝, 제품의 시장 진입 전략의 수립, 중요한 인플루언서와의 관계 관리, 영업과 마케팅 기능 조직을 위한 협업을 매개하는 등의 역할을 한다. 그로스팀은 제품이나 웹사이트에서 성장을 폭발적으로 끌어낼 수 있는 구조, 결과, 조합에 몰입한다.

D2C

나는 D2C$_{direct-to-customer}$라는 표현을 사용한다. 한때 시장 진입 전략을 수립할 때 제품을 고객에게 판매한다는 의미에서 B2C라고 표현하기도 했는데, 비즈니스가 발전하고 엔지니어가 작업한 제품이 곧바로 사용자에게 공급되는 경우(이를테면 젠데스크$_{Zendesk}$, 아틀라시안, 슬랙, 드리프트$_{Drift}$)가 많아졌기 때문이다. 그들의 주요 타깃층이 일반 고객이든 비즈니스 전문가이든 간에, 제품 주도, 디지털 기반 또는 모바일 중심의 접근 방식은 고객을 유치하는 것이 가장 중요하다.

프로덕트 마케팅 업무는 퍼널의 모든 측면(인지도, 획득, 활성화, 수익, 유지, 추천)에서 고객의 생명 주기 전반에 걸쳐 고객을 적절하게 참여시키는 방법에 대한 프레임워크와 지침을 마케팅팀에 제공하는 데 중점을 둔다. 이를 효과적으로 수행하려면 제품팀과 긴밀하게 협력하여 고객, 시장 및 제품 이용 행태에 기반하여 철저히 고객을 세분화해야 한다. 이 시장 진입 모델에서는 심사숙고한 브랜딩과 가격 정책도 매우 중요하다.

B2B

B2B 사업 영역에서 프로덕트 마케터는 기업을 고객으로 바꾸는 구조적인 접근법을 모색하고 실천한다. 주된 실천 수단이 직접 대면 영업일 수도 있지만, 프로덕트 마케터가 그 수단의 효과를 극대화하는 방안에 한정된 역할을 수행하는 것은 아니다.

고객 여정이 시사하는 바는 '고객'이 미처 관심을 보이기 전부터 제품에 대해 전반적인 평가가 이미 이루어진다는 것이다. 수익화는 구매 여정에 씨앗을 뿌려두는 것이다. 프로덕트 마케터는 전략적인 관점을 유지하여 고객이 마케팅 작전에 포섭될 수 있도록, 장기적인 회사의 전략과 상응하는 우선순위에 맞게 행동이 설계되었는지 점검한다. 예를 들어 주된 수입원이 이미 존재하는 제품이지만, 전략적으로 새로운 제품 역시 고객에게 선택되어야 하는 상황이라고 가정해보자. 프로덕트 마케터는 이렇게 전환할 수 있는 활동에 집중할 것이다. 포지셔닝, 패키징, 가격 최적화 또는 인플루언서의 지지를 받거나 초기 충성 고객을 확보하는 것까지 다양한 선택지가 있다.

고객을 세그먼트로 분류하고 유효한 고객으로 만드는 과정은 B2B에서는 더욱 복잡하다. 어카운트* 또는 기업 레벨이 존재하며 구매자, 고객 그리고 많은 인플루언서가 존재한다. 인플루언서에는 제품을 사용하는 특정 부서의 사람부터 제품이 무슨 역할을 하는지는 모르지만 비용을 검토하고 집행하는 담당자, 그리고 실제 제품 지원이 얼마나 어려운지 궁금한 IT 담당자에 이르기까지 다양한 사람이 포함된다.

B2B PMM의 포커스

- 사용자 vs. 구매자 vs. 구매 프로세스에서 영향력 있는 인물 및 역할
- 세일즈 툴—경쟁력 있는 디포지션, 데모, 세일즈 발표 자료, 세일즈 플레이북
- 프로세스에서 영업팀을 성장하게 하고 동기부여할 수 있는 것이 무엇인지 파악
- 영업팀과 협업하여 집중적으로 관리할 고객을 선별
- 판매 목표, 단계 또는 고객 기반 조치에 맞는 프로그래밍 마케팅 활동 안내

프로덕트 마케터의 안티 패턴

각고의 노력을 기울여도 목표를 달성하지 못하는 프로덕트 마케터가 많다. 이는 그들이 직무의 전략적인 목적을 명확하게 공감하지 못했거나, 그만큼 기준을 높게 두고 일하지 않아서다.

다음은 개선이 필요한 시점에 확인할 수 있는 안티 패턴이다.

- **강해 보이지만 실속이 없다:** 제품이란 자고로 전문적으로 보이고 비전을 담고 있는 듯 보이며 '시간과 예산을 절감'하는 등의 이점을 가져

---

* 　　[옮긴이] 어카운트(account)는 계정으로 번역할 수 있으나 원어를 살려 업계에서도 어카운트라고 쓴다. 이는 B2B 사업에서 상대편 기업을 지칭하는 것이다. B2C 사업에서 고객 중심으로 사업을 전개하듯이 B2B 사업에서도 고객인 회사를 중심으로 활동한다.

야 한다. 하지만 시장 진입 전략을 담당하는 팀은 제품의 기능이 무엇인지, 다른 선택지에 비해 정말로 좋은지 계속해서 묻는다. 잠재고객은 진짜 정보를 얻기 위해 다른 곳을 찾아보거나 그들이 원하지 않는 구매 과정으로 내몰린다. 영업팀은 확보한 잠재고객층이 더 적합한 사람들이길 바란다. 프로덕트 매니저는 현장의 활동 지원에 너무 많은 시간을 할애한다.

- **기술에 발목 잡혔다:** 이는 앞의 패턴이 뒤집힌 양상으로, 사실 결과물이 기술적으로는 정확하게 구현되었기 때문에 문제라고 인식하기가 어려울 수 있다. 제품과 관련된 모든 콘텐츠가 모든 기능에 대해 전달하고 있다. 다양한 도표로 기술이 무슨 역할을 하는지 설명한다. 프로덕트 매니저는 제품 그 자체에 대한 정보를 알고 싶어 하는 고객의 요구를 충족시켰다고 생각한다. 하지만 총체적인 관점에서 제품의 포지셔닝이 어떠한지에 대해서는 관점을 제시하지 못하고, 오히려 경쟁사가 그 위치를 결정하게 내버려둔다.

- **동료가 시키는 대로 한다:** 시장 상황이 우선순위를 정하지, 동료가 정하는 것이 아니다. 프로덕트 마케팅은 영업팀 또는 마케팅팀이 요청하는 고객의 요구 사항을 모아 우선순위를 정해야 한다. '그들이 달라는 것을 줘라'라는 식의 서비스 지향은 흔하고 그럴싸해 보이기까지 하다. 이렇게 하면 다른 팀을 더 빨리 행복하게 해줄 수 있기 때문이다. 하지만 경영진은 제품의 시장 진입 전략이 정말로 제대로 동작하고 있는지 의심하게 된다.

- **프로덕트 마케팅에 인력 배치가 부족하다:** 많은 기업이 프로덕트 마케팅에 충분한 인력을 배분하지 않는다. 그들은 시장 상황 또는 제품 간의

포트폴리오를 바르게 세우는 것이 결과적으로는 시장이 제품을 선택하게 하는 데 기여하므로 그만큼 중요하다는 것을 간과한다. 프로덕트 매니저가 영업 지원에 지나치게 참여하게 만들고, 마케팅이 정말로 필요한 곳에 노력을 기울이고 있는지 의문스러워진다. 이는 제대로 된 프로덕트 마케팅이 사업적으로 가져오는 성과가 어떠한지를 이해하지 못한 결과다. 직무에 대한 이해가 없이는 업무 면에서 우선순위가 바르게 세워지지 않으며, 이 직무를 수행하는 사람이 프로덕트 마케팅을 성공적으로 해내기 위해 적절한 훈련을 받지 못한다.

프로덕트 매니저와의 협업

빌 게이츠에게 호된 비난을 받았지만, 워드의 맥 OS 버전의 프로덕트 매니저로 일하면서 나는 프로덕트 마케터와 프로덕트 매니저 간의 이상적인 파트너십을 경험할 수 있었다.

제프 비어링Jeff Vierling은 나의 협업 파트너로, 우리는 역동적인 듀오였다. 엔지니어링팀이 버그를 찾는 과정에서 도움이 필요할 때 둘 다 야근하는 것을 꺼리지 않았다. 우리는 새로운 파트너들을 함께 만나고 어떤 파트너를 유치할지 논의하기 위해 주요 애플 행사에 함께 참여했다. 배포팀(엔지니어링, 프로덕트 매니저, 프로덕트 마케터, 고객 지원 담당자가 속해 있었다)이 정기 회의를 할 때, 우리는 '성능 문제를 해결하기 위해 배포 날짜를 미룰 경우 어떤 영향이 있는지'와 같은 논의 사항을 제안하곤 했다.

우리는 각자 고객과 시장을 이해하는 데 필요한 시간을 가졌다. 이런 이해를 바탕으로 한 명은 제품을 만드는 데 집중하고, 다른 한 명은 시장에 출시하기 위한 시장 진입 전략에 집중했다. 우리는 각자 다른 전문 지식을 가졌고 그것에 의지할 수 있었으므로, 우리가 내린 결정에 자신감을 가질 수 있었다.

프로덕트 매니저와 프로덕트 마케터 사이의 모든 관계가 이렇게 아름답지만은 않지만, 그렇게 되도록 노력할 가치가 있다. 대부분의 회사에는 프로덕트 마케터와 프로덕트 매니저가 이상적으로 협업한다. 프로덕트 매니저-프로덕트 마케터의 협업 관계는 프로덕트 마케팅에 큰 영향을 미친다.

기업의 성숙도와 팀의 구성에 따라 많이 달라지는 프로덕트 마케터-영업의 관계와는 대조적이다. 말하자면 프로덕트 마케팅의 시장 진입 전략과 프로덕트 매니징의 제품은 음양과 같이 상보적이다. 결국 최종 목표는 고객이 사랑하고 기꺼이 구매/지불하는 제품을 만드는 것이며, 서로의 능력치를 최대한 활용하여 이 목표를 달성하려 한다.

제품팀을 넘어서

이 협업 관계는 프로덕트 마케터가 제품팀에 소속되어 있고 함께 협력할 프로덕트 매니저가 명시적으로 지정되어 있을 때 가장 큰 효과를 발휘한다. 이와 같은 조직 구성이 제품팀의 확장으로 느껴질 수도 있지만, 중요한 것은 프로덕트 마케터가 제품 스쿼드squad에 소속되어 제품에 대한 마케팅 전략가로서 일한다고 느껴야 한다는 점이다.

시장 전략과 제품 구현은 다른 기술이다. 그래서 서로 다른 두 직업이 존재하고 각각의 역할이 모두 필요하다. 프로덕트 매니저Product Manager, PM는 제품의 모든 기능을 활용하여 목표를 달성하려고 하고, 프로덕트 마케팅 매니저Product Marketing Manager, PMM는 제품의 모든 기능을 포트폴리오 중 일부로 활용하여 다양한 선택지 간의 조합을 통해 목표를 달성하고자 한다.

제품 발견 과정을 통해서 실제로 시장에서 사용자의 반응을 이끌어내는 것이 프로덕트 마케팅의 핵심이다. 그리고 이 작업은 프로덕트 마케팅-프로덕트 매니징의 협업을 통해 이루어지기도 한다.

앞 장에서 스타트엑스 창업자의 사례에서 살펴본 것과 같이, 제품의 가치를 입증하는 것처럼 보이는 측면에 몰두하기 쉽다. 이를테면 대회에서의 우승과 유명한 CISO가 '그 제품을 무척 추천한다'는 찬사를 들었던 것이 해당한다. 하지만 이는 제품의 구현 수준, 사용성 그리고 채택 가능성에 대한 리스크가 모두 해결되었을 때에만 효과를 발휘할 수 있다.

프로덕트 마케터는 시장에 대해 학습하고 이 내용을 바탕으로 마케팅 채널, 유통 파트너, 가격, 패키징, 타이밍, 포지셔닝 또는 시장에 존재하는 다른 경쟁자에 미칠 영향을 따져본다. 이는 프로덕트 마켓 핏의 시장 관점 측면이다.

프로덕트 마케팅이 주도하는 전략적인 시장 진입 사전 작업도 있다. 예를 들어 직접 판매가 주요 제품의 유통 채널이라면, 프로덕트 마케팅은 새로운 기능 또는 제품에 대한 영업 성공률, 이를 더 높이기 위한 보상 구조, 적정 가격 또는 패키징이 마련되어 있는지 검토할 수 있다.

제품팀은 시장에 어떻게 기능을 내놓을 것인지를 생각하는 것이 아니라, 무엇을 만들 수 있는지에만 집중하는 방식으로 백로그*를 관리하기 쉽다. 프로덕트 마케팅은 '팔릴 만한' 기능과 제품을 만들고 있는지 제품팀이 점검할 수 있게 하는 파트너다.

---

* ⎡옮긴이⎤ 백로그(backlog)란 사전적으로 제품을 완성하기 위해서 해야 할 일의 총체를 말한다. 실무에서는 각 업무에 대한 상세한 요구 사항을 기록하고 우선순위까지 미리 입력하여 관리한다.

- 제품의 시장 진입 전략을 이해할 수 있다. 프로덕트 마케터는 자신이 만들고 있는 제품과 이 전략이 일치하고 유효하다고 생각한다.
- 제품팀이 시장에 대한 영향력을 파악하기 위해 주요 제품에 대한 결정을 내릴 때 프로덕트 마케터가 관여하길 원한다.
- 프로덕트 마케터와 프로덕트 마케팅 매니저가 포지셔닝과 메시징에 대한 협업을 긴밀히 수행한다. 프로덕트 마케터는 포지셔닝과 메시징이 모두 기술적으로 정확하다고 생각하며 포지셔닝이 제품의 비전과 일치한다고 느낀다.
- 프로덕트 마케터는 외부 제품 분석가들과의 관계에 깊은 관심을 가진다.
- 경쟁사에 대한 대응이 빠르고 일관되며 협업을 통해 이루어진다.
- 가격 설정과 패키징에 대한 업무의 오너십이 명확하며, 패키징이 타깃 고객의 특성에 부합하고 비즈니스 목표와 일치한다.
- 프로덕트 마케터는 효율적인 업무 요청 방식을 통해 공격적으로 판매 성과를 달성할 뿐만 아니라, 풍부한 참고 자료를 얻고 제품과 관련한 콘텐츠를 제작할 수 있다고 생각한다.

성공을 위한 조직 구성

제품을 만드는 조직은 더욱 복잡해져서, 이제는 한 회사 안에 수백 개의 제품팀이 존재할 수 있다. 이러한 경우 프로덕트 마케팅이 어떤 조직에 속하는 것이 좋을지 고민이 더 깊어진다.

프로덕트 매니저와 프로덕트 마케터 간의 인력 비율에는 특별한 공식은 없다. 현업에서는 1:1에서 1:5까지 다양하며, 평균적으로 1명의 프로덕트 매니저당 2.5명의 프로덕트 마케터가 할당된다.

적당한 인력 구성비는 GTM 모델이 무엇이고 시장 진입을 전담하는 팀을 얼마나 조직적으로 지원하는가에 따라 결정된다. 예를 들어 전담 영업 지원팀 또는 현장 지원팀이 존재한다면 프로덕트 마케터의 수는 줄어들 수 있다. 제품의 복잡도가 높다면 프로덕트 마케터가 더 많이 필요할 수도 있다.

프로덕트 마케팅과 제품팀이 같은 목표를 향하게 하고 싶다면 두 가지를 염두에 두어야 한다. 하나는 고객이 제품을 어떻게 경험하게 하고 싶은지, 하나는 비즈니스가 어떤 분야에서 성장하길 원하는지다. 예를 들어 엔터프라이즈와 중견기업이라는 두 시장을 대상으로 4개 제품을 판매한다고 하자. 중견기업 비즈니스는 4개 제품을 모두 사용하고, 각 제품은 모두 각각의 분야에서 성장 중이다. 4명의 프로덕트 마케터는 4명의 프로덕트 매니저와 각각 짝을 지어 각 제품을 채택하게 하고 활성화하기 위해 일할 수 있다. 4개 제품을 만드는 5개의 제품 스쿼드가 있을 수 있지만, 프로덕트 마케터는 1명뿐이다.

이와 달리 엔터프라이즈 시장은 4개 제품을 다르게 사용할 수도 있다. 이를 패키지처럼 구매할 수도 있고, 각기 원하는 방식에 따라 제품을 선택하고 필요에 따라 사용 여부를 결정할 수도 있다. 당신이 기업의 대표라면 엔터프라이즈 시장을 타깃으로 하는 프로덕트 마케터를 따로 두었을 수도 있다. 각 개별 제품 프로덕트 마케터와 역할상 겹칠 수도 있다. 엔터프라이즈 시장을 전담으로 하는 프로덕트 마케터는 각 제품의 프로덕트 마케터를 최대한 활용하는 동시에 엔터프라이즈 통합 작업을 수행하는 제품팀에 배치될 수도 있다. 이들은 네 가지 제품을 통합하여 엔터프라이즈의 요구 사항을 충족시키는 데 집중할 것이다.

비즈니스적으로 도약할 수 있는 다른 예시를 살펴보자. 서로 다른 제품의 경험을 통합하는 구독 서비스를 구축하는 경우, 프로덕트 마케터는 제품을 이끄는 리더라면 누구든 이러한 고객 경험을 어떻게 전달할지에 대해 단단한 합의를 이루어야 한다.

다음은 제품과 시장이 성숙함에 따라 프로덕트 마케팅의 역할이 어떻게 달라지는지 간략히 설명한 것이다.

스타트업: 제품과 회사의 시장 진입 전략이 일치하는 단계다. 제품과 고객의 핏에 대해 끊임없이 탐색하고 배포하는 과정을 거친다. 그래서 프로덕트 마케터는 제품팀뿐만 아니라 시장 진입 전담팀과도 긴밀하게 연결되어 있다고 느껴야 한다. 프로덕트 마케터는 아직 명확하게 정의되지 않은 시장, 고객에 대해서 빠르게 배우고 그 내용을 시장 진입 전략에 적용해야 한다.

개별 제품 출시: 시장과 제품이 속한 도메인이 가시화되는 단계다. 제품의 포지셔닝과 시장에서의 인식이 형성되면서 모종의 신뢰가 발생하기 시작한다. 프로덕트 마케터는 개발 제품에 더욱 집중한다. 그들은 제품의 장점을 강화하고, 시장 인식을 공고히 하기 위한 이야기를 만들어낸다. 프로덕트 매니저에게 할당된 전담 프로덕트 마케터가 필요한 시점이기도 하다.

제품 통합 출시: 여러 개의 제품을 가진 기업의 후반부 단계로, 단일 제품이 아닌 세트로 판매를 전환하는 시기다. 프로덕트 마케팅은 개별 제품이 아닌 세트 제품으로, 또는 타깃 고객층 혹은 해당 버티컬vertical로 확장된다. 규모가 크고 성숙한 기업의 경우, 오히려 개별 제품에 집중하는 프로덕트 마케터를 보기 어렵다. 그들은 세트 제품 또는 타깃 고객층에 집중한다. 이러한 단계라면 프로덕트 마케터에게 더 이상 프로덕트 매니저가 할당되지 않는 경우도 있다. 그들은 오히려 각 제품팀에 소속되어 일하는 다른 프로덕트 마케터와 협업하는 것이 중요해진다. 세트 제품의

경우, 프로덕트 마케터는 타깃 고객층이 무엇을 원하는지를 중심으로 일하고, 세트 제품이 그 요구 사항을 어떻게 충족시킬지 고민한다. 이것은 개별 제품과는 확실히 거리가 있는 논의다.

버티컬/신규 시장: 이 단계는 버티컬 또는 신규 시장이 비즈니스의 성장 주역이 되는 시점이다. 프로덕트 마케터는 버티컬에 집중하고, 할당된 프로덕트 담당자가 없을 수도 있다. 그들은 제품과 관련된 이야기를 건져 올려서 이 특정한 시장에서 이것이 최선의 해답인지, 오직 이 특정 시장에 적합한지에 대한 논리에 집중한다.

고객 세그먼트: 이 단계는 특정 고객군의 요구 사항이 다른 고객과 확실히 구분되어 별도의 마케팅이 필요해 보이는 상태다. 이는 서로 구분되는 시장 진입 모델이 필요해지는 시점일 수도 있다. 프로덕트 마케터가 이런 상황에서 일하면 프로덕트 매니저와 협업 강도는 낮아질 수 있으며, 다시금 각 제품팀에 속해 일하는 다른 프로덕트 마케터와의 협업이 더 중요해질 것이다. 이 모델에서 프로덕트 마케터는 시장의 요구에 따르며, 제품 주도로 일하지는 않는다. 그들은 제품이 시장에서 선택받는 환경을 만들어 제품의 입지를 공고하게 할 방법을 모색한다.

파트 5에서 프로덕트 마케팅 조직을 구성하고 운영하고 이끄는 방법에 대해 더 자세히 설명할 것이다.

안티 패턴과 이를 방지하는 법

대부분의 프로덕트 매니저와 프로덕트 마케터는 유능하고 열심히 일하며 매우 바쁜 경향이 있기 때문에 파트너십이 잘 이루어지지 않아도 정작 깨닫지 못할 수 있다. 파트너십에 조금 더 신경 써야 할 때 나타나는 징후와 실제로 이상적으로 동작할 때의 모습은 다음과 같다.

- **어떠한 제품을 만들든 잘 팔리지 않는다:** 이와 같은 상태는 제품이 과도한 '기술 중심' 의사결정 과정을 거쳐 만들어지고 있으며, 제품팀의 절차에 문제가 있다는 점을 시사한다.

  - [이렇게 해보세요] 프로덕트 마케팅은 제품 기획의 파트너인 동시에 현재 시장에서 유효한 정보를 제공한다. 프로덕트 마케터는 시장 현실과 동떨어진 제품 계획이 수립되면 제품팀에 다른 의견을 제시할 만큼 통찰력이 있어야 한다.

- **제품을 마케팅하기에 부적합한 시기에 배포한다:** 제품팀이 고객에게 가장 필요한 시점에 출시하는 것이 아니라 그저 일을 마치면 출시한다.

  - [이렇게 해보세요] 프로덕트 마케터는 제품의 주요 기능의 출시 시점을 결정할 때 시장과 고객의 관점을 대변하여 그 시점이 유효할 수 있도록 기여해야 한다.

- **제품 참고 자료 또는 영업과 관련된 지원을 받기 위해 프로덕트 매니저가 자주 소환된다:** 이는 프로덕트 마케터가 제품을 잘 알지 못하거나 제품과 관련된 사내 자료가 충분하지 않다는 증거다.

  - [이렇게 해보세요] 학습에는 절대적인 시간이 당연히 필요하지만, 프로덕트 매니저는 프로덕트 마케터가 온보딩onboarding하도록 도와 전반적인 업무 진행이 원활해지게 할 책임이 있다. 프로덕트 마케터는 제품에서 가장 중요한 것을 말할 수 있고, 이를 제품 참고 자료,

마케팅 소스 그리고 영업 지원 툴에 반영될 수 있도록 상세한 맥락까지 알고 있어야 한다.

프로덕트 매니징과 프로덕트 마케팅의 관계가 중요하다는 사실은 아무리 강조해도 지나치지 않다. 이 협업 관계가 바르게 동작하지 않으면 프로덕트 마케팅의 핵심 역할 네 가지를 모두 수행할 수 없기 때문이다. 이 협업 관계가 성공적이어야 비로소 제품이 잠재시장 전체에 영향을 미칠 수 있다.

다른 마케터와의 협업

미국 증권거래위원회Securities and Exchange Commission, SEC의 금융 전문가들은 규제와 관련된 모든 서류를 제때 정확하게 작성되게 하는 역할을 담당하는데, 그래서인지 모두에게 환영받지는 못한다.

그런데 워키바Workiva의 마케팅팀은 그들을 위해 레드카펫을 깔았다. 그들은 최고의 행사 대행사와 대규모의 예산을 투입하여 며칠짜리 행사를 직접 준비했다. 이런 규모의 행사는 SEC 전문가들은 본 적이 없었을 것이다. 세션 도중에는 학습 포인트를 얻을 수 있었는데, 그것으로 돌림판을 돌려 상품을 받거나 원하는 대로 음료를 만들어 마실 수 있는 잔을 들고 다니기도 했다. 또는 열성적인 프로덕트 매니저와 프로덕트 마케터가 다가와 질문하고 이들의 제안을 들을 수 있었다. 매일 저녁에는 특별한 경험을 할 수 있었는데, 아쿠아리움에서의 사교 행사나 테마파크 전체를 대관하여 열리는 파티 등이 있었다.

이 콘퍼런스 참가자들은 그야말로 열광하였고, 서로 입소문을 내지 않는 것으로 유명한 커뮤니티에서도 큰 호응을 이끌어냈다. 심지어는 이 회사에 대해 회의적이었던 분석가들도 열성적인 팬덤을 보고 의견을 다시 돌아보았다. 이 콘퍼런스는 매해 고객의 전환을 이끌어냈고 수익을 얻었다.

이 연례행사는 워키바가 시장에서 강한 반향을 일으키는 데 일조했다. 이것은 마케팅팀이 대표적으로 빛날 수 있는 일로, 매끄럽게 수행되면 강력한 브랜딩을 이끌어낸다. 그들의 협업은 고객이 기업과 관련되어 경험하도록 유도하고, 이것은 성공적인 시장 진입의 첫 단추가 된다.

올바른 마케팅 믹스 사용

이 책에서 마케팅이라는 말은 프로덕트 마케팅을 염두에 두고 사용한 표현이지만, 이 장에서는 마케팅의 모든 범주를 통칭하는 것으로 사용할 것이다.

마케팅은 시장 진입 전략을 실행에 옮긴다. 이는 기업에 대한 사용자의 경험을 형성하는 데 큰 역할을 수행한다는 의미로, 사소하게는 이메일 서명부터 워키바의 주요 행사까지 모든 것을 아우른다. 마케팅 업계에서는 고객의 기업과 접촉하는 이 모든 순간의 총체를 브랜드 경험이라고 한다. 이 내용은 16장에서 상세히 다룰 것이다. 기업의 마케팅이 모두 제품 출시와 직접적인 연관을 가지는 것은 아니다. 브랜딩, 홍보, 이벤트, 소셜, 잠재고객층 창출과 같은 마케팅 영역은 모든 기업의 모든 제품과 기업의 전체적인 목표 달성에 기여한다.

프로덕트 마케팅은 제품의 시장 진입 전략을 위해 각 과업이 목표한 대로 동작하는지 점검한다. 이들은 제품의 시장 진입 활동의 토대를 정의한 다음, 각 과업의 수행을 관리한다. 마케팅 조직은 제품과 관련된 영역에 대해서는 프로덕트 마케터에게 일임한다.

프로덕트 마케팅이 주도하는 메시징은 주로 마케팅에 의해 검증되며, 이것은 마케팅팀이 제품에 대해 어떤 콘셉트인지 구체적으로 어떤 상황에서 어떻게 말해야 하는지 알려주는 방향성이다.

제품의 시장 진입 전략에 포함되어 있는 프로덕트 마케팅이 세운 전략적 기반은 각 마케팅팀이 '시기'와 '이유'를 스스로 이해할 수 있게 한다. 그리고 각 팀은 '무엇'을 '어떻게' 실행할 것인가를 결정하는 과정에서 협업하고 제품의 시장 진입 목표를 달성할 수 있는 방안을 생각한다.

마케팅을 외부에서 관찰할 때 특정 활동이 제품의 시장 진입 전략과 연결되는지 명백히 밝혀내기 어려울 수 있다. 다음의 목록은 모든 내용을 포함하지는 않지만, 마케팅팀이 수행하려는 작업의 범주와 그 세부적인 수단을 연결한 것이다. 각 마케팅 용어에 대한 상세한 설명은 부록을 참조한다.

- **고객이 문제와 해결 방안 그리고 기업을 인식하게 한다:** TV, 라디오, 인쇄물, 옥외 광고판과 같은 전통적 광고 매체 또는 모바일, 포털 사이트 또는 배너 광고와 같은 디지털 광고 매체, 웹사이트 검색 최적화, 보도자료 또는 제품 전문 분석가 리포트

- **해결 방안을 모색하도록 유도한다:** 백서, 비디오, 고객 후기, 행사, 이벤트, 어카운트 기반 마케팅, 파트너십, 홍보, 보도자료 배포

- **구매 또는 계약 갱신을 권장한다:** 가격 최적화, 제품 패키징, 고객 행사, 고객 후기. 마케팅은 아니지만 고객 지원 부서도 이 영역에 해당한다.
- **브랜드 인지도와 충성도를 강화한다:** 고객 커뮤니티, 소셜미디어, 콘텐츠, 뉴스레터, 인플루언서, 서드파티 행사, 보도자료 배포

정교하게 설계되어 광범위한 타깃을 아우르는 마케팅 믹스는 뛰어난 제품 시장 진입 전략의 성공으로 이어진다. 최적의 마케팅 믹스를 찾으려면 신중한 실험이 필요하다. 그리고 제품이 다양하게 변화함에 따라 믹스 자체도 바뀐다. 이것이 프로덕트 마케팅과 마케팅의 협업이 중요한 이유다.

파트너십이 바람직하게 동작한다면 다음과 같은 일이 일어난다.
• 마케팅은 시장의 뉘앙스와 최적의 고객 세그먼트를 알아낼 수 있다. 마케터들은 자신이 뛰어난 제품을 만드는 데 핵심적인 통찰력을 갖고 있다고 느낀다.
• 마케팅은 어떤 기능이 중요한지만이 아니라 제품이 왜 가치 있는지를 이해하고 설명할 수 있으며, 제품이 의도한 대로 동작할 수 있도록 강력한 메시징을 수행할 수 있다.
• 마케팅은 사업 활동의 맥락을 이해하고, 새로운 시장에 접근하거나 기존 시장에서 우위를 점하기 위해 아이디어를 모색한다. 이전에 효과가 있었던 활동을 더 많이 하는 것 이상의 아이디어를 낸다.
• 제품명이 단순한 명명이 아니라 브랜드 사업의 일환으로 그 위상이 바뀌며, 큰 그림의 측면에서 전사적인 브랜딩을 염두에 두고 이루어진다.
• 사업적 관점에서 지속 가능한 고객 획득 비용을 지불하고 있다.
• 시장 변화에 대응하기 위해 제품 주도 마케팅 활동을 수행하고, 여러 팀이 매끄럽게 협업한다.
• 프로덕트 마케터는 마케팅 활동을 통해 제품의 시장 진입 목표를 달성할 수 있다고 믿는다.

성공을 위한 협업

프로덕트 마케터는 마케팅팀의 제품 관련 대리인이다. 그들은 마케팅이 제품 전략에서 어긋나지 않도록 관리한다. 그들은 마케팅과 협업하여 제품의 시장 진입 전략에 쓰이는 활동의 종류를 다각화할 수 있다.

마케팅 믹스를 다양하게 변주하고 새로운 아이디어를 시도하는 것은 마케팅-프로덕트 마케팅 협업 관계의 중요한 과업이다. 프로덕트 마케터는 제품의 시장에서의 장악력을 더 키우기 위해 끊임없이 노력하고, 마케터는 제품을 사용하여 마케팅 성과를 개선하기 위해 노력한다. 둘이 함께 일하면 모두 더 빨리 배울 수 있다.

많은 조직에서 프로덕트 마케팅은 마케팅의 하위 내용으로 상위에 보고되는데, 이는 자연스럽게 두 팀의 위상을 정해버리곤 한다. 일부 조직에서는 프로덕트 마케팅이 제품 하위의 항목으로 보고되고 관리되기도 한다. 이와 같은 구성의 장단점은 26장에서 더 살펴볼 것이다. 이와 같은 보고 체계가 매끄러운 협업을 담보하지는 않는다. 프로덕트 마케팅과 마케팅이 조화를 이룰 수 있도록 업무 절차를 바르게 정의하는 것이 중요하다.

마케팅 분야에서 점차 인기를 끌고 있는 애자일 마케팅 방법론이 그 예다. 프로덕트 마케터가 주도하여 마케팅 전문가가 모여 주간 회의를 진행하고, 업무 우선순위를 논의하며, 최근에 진행한 캠페인과 마케팅 활동에서 습득한 통찰을 나눈다. 이 역시 12장에서 상세히 설명하겠다.

안티 패턴과 이를 방지하는 법

마케팅팀이 제품의 시장 진입을 위해 많은 업무를 수행하지만, 고객이 이탈하는 주된 이유와 연관된 제품의 문제를 눈치채지 못하기도 한다. 마케팅 활동은 실제로 고객이 제품을 사용하는 방법, 그리고 제품에 대한 생각과 괴리가 발생하기도 한다. 단순히 마케팅 활동을 수행할 것이 아니라, 그 과업이 정말로 의도한 메시지를 바르게 전달하고 있는지 점검해야 한다.

- **캠페인은 계속되지만 제품의 포지셔닝은 지지부진하다:** 각기 다른 캠페인은 각 성과를 판단하는 목표가 주어진다. 그래서 각 개별의 성과를 극대화하는 데 치중할 수 있다. 단기간에 많은 비용을 지출할 수 있고, 디지털 매체라면 그럴 확률이 더 높다. 각 캠페인의 뛰어난 성과가 반드시 사업 목표에 부합하는 것은 아닐 수도 있다. 효과적인 마케팅은 의도한 바가 실현되었는지 여부가 더 중요하다.
  - 이렇게해보세요 프로덕트 마케팅은 계획 단계에서 각 캠페인이 통합적인 관점에서 접근하고 제품의 의도된 포지셔닝을 갖추고 합리적인 메시지를 전달하는지 점검한다.

- **바람직한 미래의 모습과 현실의 괴리가 크다:** 나는 마케터가 느린 구현 속도나 차별성이 없다는 것에 대해서 제품의 현실보다 훨씬 앞서 있는 야심찬 미래를 강조하여 타파하려는 것을 보았다. 이는 기업의 신뢰도를 떨어뜨린다. 즉, 영감과 신뢰 사이에서 적절한 균형을 찾는 것은 어렵지만 중요하다.
  - 이렇게해보세요 프로덕트 마케터는 영감을 주는 야심찬 미래를 광고하는 업무와 제품의 현실에 집중해야 하는 업무를 조율하는 이상적인 파트너다.

- **마케팅 활동은 창의적이지만 고객의 공감을 얻지 못한다:** 때때로 마케터는 타깃 고객에게 유효하지 않지만 이목을 확실하게 끌 수 있는 아이디어에 집중하기도 한다. 뛰어난 창의력이 필요한 것도 사실이지만

가장 뛰어난 창의력은 제품과의 연결 고리를 놓치지 않는다.

- [이렇게 해보세요] 프로덕트 마케터는 고객의 눈이다. 대담하고 새로운 아이디어를 시도하겠다고 결정하기 전에 고객에게 미리 실험해보고 그들의 이목을 끌 수 있는지 확인하자.

마케팅-프로덕트 마케팅의 협업 관계는 시장에서의 입지를 확장하는 데 활력을 불어넣는 중요한 역할을 한다. 뛰어난 협업 관계는 마케터가 최선을 다해 자신의 업무를 하도록 하고 기업이 최대한 잠재력을 발휘할 수 있도록 돕는다.

역할 수행

영업 담당자와의 협업

어느 회사의 미드마켓 영업팀이 성과에 크게 미달하는 결과물을 내자, 그들은 분기 리뷰 미팅에 참석하여 딱 한 가지를 요청했다. 그것은 제품에 대한 상세 스펙을 설명하는 데이터 시트 문서였다.

디지털 환경에서만 동작하는 제품을 취급하는 회사는 20년 전만 해도 손으로 꼽을 만큼 적었다. 마케팅팀은 영업팀의 이런 요청에 놀라지 않을 수 없었다. 다른 영업팀에서는 이런 요구를 한 적도 없고, 이 팀만이 이것을 원했기 때문이다.

실적 압박이 더 강해지자 이 팀은, 이메일 속 브로셔에 그치는 것이 아니라 잠재고객의 책상에 가져다 놓을 수 있는 물건이 필요하다고 말했다. 그리고 누구도 데이터 시트를 고객에게 배포하지 않으니 확실히 눈에 띌 것이라고 주장했다.

이 영업팀은 영업 가이드라인에 따라 잠재고객이 아닌 기업의 뒤꽁무니를 쫓아다니는 것으로 악명이 높았다. 마케팅팀은 혹시 잘못된 고객층을 타깃으로 하는 것은 아닌지, 그것이 팀의 실적 부진의 이유는 아닌지 물어보았다. 영업팀의 리더는 이 질문에 대해 "아니오, 우리는 데이터 시트만 있으면 됩니다"라며 일축했다.

이는 단순히 한 팀은 맞고 다른 팀은 틀린 문제가 아니다. 협의와 논의 대신에 요구가 있었다는 사실이 중요하다. 영업팀은 미리 단정짓고 출력된 데이터 시트라는 해결 방안을 제시할 것이 아니라, 잠재고객과 접촉한 후에 상대의 기억에 남을 만한 것을 전달하고 나중에 연결할 실마리가 필요할 때 어떻게 해야 하는지 물어야 했다. 그리고 마케팅팀이 기대에 못 미치는 성과를 거두는 원인이 타깃 고객을 설정하는 데 오류가 있는 것이 아니냐고 의문을 제기했을 때 영업팀이 방어적으로 행동했다는 것만 봐도 두 팀 간의 관계가 이상적인 상태가 아님을 알 수 있다.

프로덕트 매니저가 고객의 의견을 수용하여 고객이 하려는 과업에 가장 적합한 제품을 만드는 것처럼, 프로덕트 마케팅도 영업과 마케팅에 같은 역할을 한다. 그들은 영업의 의견을 수렴하고 마케팅과 협업하여 영업이 하는 과업에 가장 적합한 결과물을 내려 노력한다. 그들은 제품팀에 영업팀의 니즈를 대변하여 제품 과업의 우선순위에 이를 반영하기도 한다.

앞의 예시로 돌아가면, 마케팅팀은 출력된 데이터 시트가 아니면서 영업팀의 요구에 부합하는 다양한 방안을 제시할 생각이었다. 고객에 맞춰 제작된 영상 메일, 후속 미팅을 위한 개별적인 연락 또는 이상적인 잠재고객층 탐색을 위한 교육 등 이런 제안을 모두 다루어야 한다.

마케팅과 영업의 매끄러운 연계는 시장에서 영업 활동을 전개할 때 필수적이며, 이를 바탕으로 해야 성공적으로 시장 진입이 가능하다. 영업팀은 마케팅팀과의 파트너십 없이는 영업팀이 원하는 만큼 빨리 목표를 달성할 수 없다. 그리고 이런 상황을 인식하는 것이 프로덕트 마케팅과 협업하는 좋은 시작점이다.

급한 일과 중요한 일의 균형 잡기

영업팀은 거래를 성사시키기 위해 누구에게 무슨 말을 해야 하는지 알고 싶어 한다. 그들의 보상은 분기별로 그들이 성사시키는 계약 건수에 달려 있기 때문이다. 따라서 그들은 파이프라인이 필요하고 훈련이 필요하다. 마케팅은 그 목적을 달성하기 위한 수단이다.

프로덕트 마케팅은 계약을 성공적으로 체결하기 위해 알아야 하는 제품 지식의 관문이다. 영업팀은 제품의 기능을 시장의 언어에 맞도록 재구성하므로, 제품팀이 그들만의 언어로 설명하는 것보다 잘 정돈된 지식을 전달할 수 있다. 그들은 그 이후 각 마케팅 전문가에게 각 마케팅 활동이 모였을 때 제품 시장 진입 전략이 될 수 있도록, 궁극적으로는 뛰어난 판매 실적으로 이어질 수 있도록 한다.

영업과 프로덕트 마케팅 간에는 자연스러운 긴장 관계가 생길 수밖에 없다. 영업은 지금 당장 일을 해치우고 싶어 하는 반면, 프로덕트 마케팅은 일을 제대로 하고 싶어 한다.

이 관계에서 가장 효과적인 도구는 참조 고객reference customer과 영업 플레이북sales playbook이다. 전자는 후자를 위해 필수적인 요소인데, 이는 성공하기 위한 구체적이고 현실적인 예시를 들어주기 때문이다. 이것이 명확해지면 플레이북으로 작성되어 모든 사람이 반복할 수 있도록 한다. 프로덕트 마케팅은 그제야 플레이북에서 가장 중요한 시제품 시연, 경쟁 업체에 대한 대응, 기본적인 콘셉트를 담은 시제품을 사용자에게 배포하는 절차 등에 대해 영업팀을 교육한다.

플레이북은 단계별로 어떤 활동이 적절한지, 다음 단계는 무엇인지, 적절한 도구는 무엇인지, 고객이 어떤 단계에 있는지 판단하는 기준을 명시한다. 프로덕트 마케팅은 이를 회사의 초기 단계에 작성하려 하지만, 결국에는 영업과 협업하면서 실제로 어떤 전략이 효과적인지 실험해보며 작성한다. 이 절차를 통해 프로덕트 마케팅에서 만든 도구를 영업 절차와 결합하여 성공하는 경험을 한다. 플레이북이 바르게 작성되어 성실히 이행되었다면 보통의 영업 사원이 평균 이상의 성과를 내는 데 기여한다.

퍼널 지표(이를테면 전환율과 전환에 소요되는 시간)를 살펴봐야 비로소 다른 마케팅 활동의 우선순위를 정할 수 있다. 프로덕트 마케팅은 마케팅과 협업하여 고객 퍼널의 각 단계를 분석하고 수정이 필요한 부분을 찾아낸다.

보편적으로 현장 영업 인력이 투입되는 경우, 고객 퍼널의 가장 마지막 단계부터 우선순위를 정하여 앞 단계로 점차 올라온다. 최종적으로 고객이 전환되지 않으면 퍼널의 초입을 개선하는 것이 의미가 없기 때문이다.

프로덕트 마케팅이 영업을 지원하기 위해 마케팅과 함께 수행하는 주요 활동은 다음과 같다.

- 이상적인 고객 프로필, 타깃 고객층 또는 어카운트를 선정
- 고객 여정 지도 작성

- 프레젠테이션 자료, 유선 영업 시의 대본, 이메일 템플릿과 같은 영업 도구 제작
- 제품 데이터 시트 또는 비디오, 웹사이트의 제품 정보 작성
- 제품의 주요 메시지를 담은 시연 준비
- 경쟁사에 대응하기 위한 도구
- 고객 경험이나 이에 대한 분석이 곧바로 사용할 수 있도록 정리
- 고객이 직접 제안하는 개선 의견 청취
- 새로운 타깃 시장에 대한 정의
- 제품의 포지셔닝과 타깃 고객에 유의미한 주요 행사 정의
- 영업 조직 교육과 온보딩, 영업팀과 협업하여 올바른 대상에게 판매하도록 조언

프로덕트 마케팅이 위와 같은 업무에 전략적인 접근 방법을 세우는 동안 마케팅팀과 영업팀은 실행으로 옮기는 작업을 담당한다.

파트너십이 잘 작동하고 있음을 나타내는 지표

- 영업팀은 제품을 이해하며, 이상적인 고객층을 목표로 한다.
- 영업 플레이북에 따라 영업 활동이 전개된다.
- 파이프라인을 통해 이상적인 잠재고객의 현황을 파악할 수 있으며, 이들이 이탈할 가능성이 보일 때 마케팅과 협력하여 이를 방지한다
- 예상 청자와 준비된 발표 자료가 잘 연결되어 있으며, 고객이 매일 겪는 어려움에 공감할 수 있다. 프로덕트 마케팅은 마케팅이 현실적인 상황에 발을 붙이면서도 동기를 부여할 수 있는 목표를 세우도록 돕는다.
- 마케팅 활동과 도구는 적절하고 적시에 제공되며 설득력이 있다. 이들은 건별 콘텐츠일 수도, 언론 보도자료 또는 분석 보고서일 수도 있다. 프로덕트 마케팅은 영업이 다양한 마케팅 툴을 가지고 계약을 성사시키기 위해 가장 필요한 것을 선택할 수 있도록 돕는다.

성공을 위한 협업

영업은 일대일 관계로 시장 진입 전략의 인력이 직접 투입되는 영역이고, 마케팅은 일대다 관계로 확장성이 특징인 영역이다. 이상적인 영업-마케팅 협력 관계는 개인적인 리더십으로 이 관계가 성공할 것이라고 여기지 않는다.

프로덕트 마케팅은 영업과 원만한 협력을 담보하도록 구조적으로 접근해야 한다. 이는 상대방과 협업할 수 있도록 각 조직의 리더가 어떻게 지원하는지부터 시작한다. 그리고 어떤 업무에서 접점을 만들지 정의할 필요도 있다. 예를 들어 프로덕트 마케팅은 주기적으로 파이프라인 점검 회의에 참여해서 무엇이 동작하고 동작하지 않는지 알아야 한다. 이는 마케팅이 영업이 처한 현실에 대한 대응을 더욱 정교하게 조정할 수 있도록 돕는다. 기업이 성숙하고 영업이 예측 가능해지면 협업의 능숙도도 높아진다.

하지만 스타트엑스의 예에서 살펴보았듯이, 영업은 뛰어난 프로덕트 마케팅과 협업하지 않으면 실패하기도 한다. 명확한 타깃 고객층과 성공할 확률이 높은 여건에 대한 분석은 필수적이기 때문이다.

영업을 성공시키는 최고의 도구는 협업 절차를 통해 만들어진 것들로, 영업의 입장에서만 진행되는 시행착오의 결과만으로는 얻을 수 없다. 영업팀은 그들이 매일 직면하는 시장의 현 상황에 곧바로 대응할 수 있게끔 준비가 되어 있고 느낄 수 있어야 한다.

또한 영업은 합당한 가격 설정과 패키징이 이루어져야 제품을 잘 팔 수 있다. 패키징은 주로 프로덕트 마케팅에 의해 주도되며, 프로덕트 마케팅은 가격 설정에도 큰 영향을 미친다(17장 참조). 이 두 가지 모두 고객이 이해하기 쉽게 접근해야 하며, 영업이 포인트를 잡아 설명하기도 쉬워야 한다. 영업 조직은 조달 부서와의 협상을 통해 싼 가격에 집착하지 않고 가치의 기준을 세워 협상할 수 있어야 한다.

안티 패턴과 이를 방지하는 법

제품이 성장의 엔진이라면, 영업은 연료다. 마케팅은 연료를 공급하는 주유소와 같은 역할을 한다. 프로덕트 마케팅은 사업이 다음 주유소에 도착하기까지 충분한 매출을 만들어내기 위해 노력한다.

프로덕트 마케팅과 영업의 협력이 바르게 동작하지 않을 때 영업 실적은 기대치에 못 미칠 수밖에 없다. 근본적인 책임은 결국 마케팅과 영업 모두에게 있겠지만, 다음의 안티 패턴을 참고하자.

- **마케팅이 영업이 원하는 것만 제공한다:** 마케팅이 프로덕트 마케팅과의 협업 없이 영업에서 원하는 대로만 업무를 진행하면 즉각적인 요구에는 재빠르게 대응할 수 있겠지만 전략적인 대응은 어려울 것이다.
  - 이렇게 해보세요 제품 시장 진입 목표를 달성하기 위해 무엇을 해야 할지 생각해보고 데이터를 활용하여 업무의 우선순위를 설정하라.

- **영업을 개시하기 전에 마케팅과 협업하지 않는다:** 지금과 같이 고객 여정을 고객이 스스로 결정하는 시대에 제품, 제품의 문제의식 또는 기업 그 자체가 고객의 관심사 밖에 있다면 영업이 자신의 일을 잘 해내는 것은 불가능에 가깝다. 일단 저질러보고 성과가 있길 기대하는 방식

은 비용 낭비가 심하고, 넓은 고객 인지도를 필요로 하는 성숙한 조직에서나 도입하는 방식이다.

- [이렇게 해보세요] 마케팅은 주로 고객 또는 어카운트에 항상 집중하고 있기 때문에 영업에 도움을 줄 수 있다. 공급자 중심의 접근이 아니라 고객 또는 어카운트 중심의 사고방식은 영업 실적 개선에 크게 기여할 수 있을 것이다.

- **영업 플레이북이나 공식 자료를 준수하거나 사용하지 않는다:** 계약을 성사시키기 위한 독단적인 영업 활동은 회사에 해롭다. 제품과 어울리지 않는 고객은 결국 오래 함께할 수 없다. 회사에서 배포하는 메시지가 일관성이 결여되어 있다면 제품이 포지셔닝하는 데 도움을 주지 못한다. 이는 회사의 전체적인 시장 진입 전략을 해치기도 한다.

- [이렇게 해보세요] 영업 활동을 위한 도구가 쓰이고 있지 않다면 그것들이 영업팀의 요구를 충족하지 못하거나 일관된 방식으로 제품을 고객에게 선보여야 한다는 사실을 영업이 인지하지 못했기 때문이다. 플레이북과 각종 도구는 모두 함께 참여하여 제작할 때 가장 효과를 발휘한다. 영업 사원 몇 명을 선별하여 프로덕트 마케팅과 협업하여 영업을 위한 자료 및 도구를 만드는 것이 이상적이며, 전체 조직에 전파되기 전에 실험해보는 단계를 거치는 것이 좋다. 실험 단계에서 전략, 메시징과 영업 활동 자체에 변경 사항이 생길 수 있다. 이후 영업 관리 조직은 영업 사원이 지급된 플레이북과 도구를 충분히 활용하도록 관리할 책임이 있다.

직접 영업 활동을 수행하는 조직이 있는 회사라면 프로덕트 마케팅과의 협업 없이는 성공할 수 없다. 프로덕트 마케터는 영업 담당자가 최고의 결과를 낼 수 있는 기반을 제공하기 때문이다.

마켓 핏의 발굴과 재발견

모든 업무를 문서로 수행해야 한다고 법으로 정해진 직업이 있다면 바로 변호사다. 법률을 다루는 문서에서는 어떤 조항을 어떻게 들여쓰기해야 하는지까지 정해져 있다. 내가 워드팀에서 일할 때를 생각해보면, 당시에 워드는 그런 작업에 적합한 제품이 아니었다.

법률 시장에서 워드는 업무 표준이 아니었고, 그래서 당시 경쟁사였던 워드퍼펙트가 유지될 수 있었다. 이유는 알 수 없었지만, 제품팀은 워드를 사용하지 않는 전국의 법률 사무소를 방문하여 인터뷰를 진행했다. 그들은 수백 건의 문서를 검토했고 수십 번의 심층 인터뷰를 진행했다. 그들은 특정 법률 문서를 위한 양식이 있음을 알아냈고, 워드가 이 양식을 지원하려면 많은 작업이 필요했다.

이 문제를 해결하기 위해 워드의 문서 양식을 정의하는 엔진을 다시 구현해야 했는데, '법조계에서 좋아할 만한' 버전은 적어도 다음 주 업데이트까지 기다려야 했다. 우리가 가장 성장할 수 있는 시장이었는데도 직면한 이 제품의 문제를 해결하기 전까지는 시장 잠재력을 최대한 발휘할 수 없었다.

법률 시장을 전문으로 다루었던 프로덕트 마케터는 시장 현실에 맞춰 현재의 버전으로 해결할 수 있는 방법을 찾아냈다. 그것은 기술 지향적인 법률 사무소에 마케팅을 집중하는 것이다. 예를 들어 파워포인트를 이용해서 재판 중의 자료를 발표하거나, 엑셀을 이용해서 도표를 작성하고 싶어 하는 회사가 있을 수 있다.

지금은 워드가 법률 시장에서 표준으로 자리 잡았다. 하지만 어느 정도 성공한 제품마저도 마켓 핏을 맞추는 것은 단번에 끝나는 일이 아니다. 제품과 시장이 변화하고 진화함에 따라 제품은 고객이 원하는 대로 제품을 가꾸어야 한다. 시장 진입 전략은 고객과 시장 현실에 있는 그대로 받아들이고 대응할 수 있어야 한다. 그러므로 전략과 현실은 서로 영향을 주고받는다.

이와 같은 이유로 마켓 핏을 발굴하고 재탐색하는 것이 시장에 제품을 선보일 때 가장 어려운 영역 중 하나이자, 가장 잘 해내야 하는 영역이다. 이 업무를 수행하는 것은 프로덕트 마케팅의 전유물은 아니지만, 제품의 시장 진입 전략에 적용하는 것은 프로덕트 마케터의 일이다.

프로덕트/마켓 핏의 시장 관점

많은 회사들이 초기에 고객 분석을 통해 발판을 마련하는데, 프로덕트/마켓 핏에 도달했다고 생각하면 성장이 정체하곤 한다. 이 한 가지 이유 때문에 성장이 멈추는 것은 아니지만, 대부분 마켓 핏에 충분히 관심을 기울이지 않았기 때문이다. 워드가 법률 시장에서 포지셔닝을 확대한 사실에서도 확인할 수 있듯이, 제품에 필요한 요구 사항을 알아내는 탐색 과정과 시장 그 자체를 파악하는 것은 독립적인 활동이 아니라 동시에 일어난다.

나는 마켓 핏이 '시장을 끌어당기는 힘market pull'이라고 생각한다. 무엇이 고객에게 제품을 필요하게 만들거나 원하게 하고, 나아가서는 제품에 대해 알아보고 사용해보고 사게끔 만드는가? 그리고 이 패턴을 계속해서 반복하게 만드는 것은 무엇인가?

제품의 사용성, 실현 가능성과 실행 가능성을 뛰어넘어, 제품 발견 작업은 가치를 찾는 과정이다. 가장 어렵고 가장 큰 조직의 과제이지만, 이는 쉽게 평가절하되어 작업이 충분히 이루어지지 않곤 한다. 보통 고객은 많은 제품을 이용하고 살 것이라고 하지만, 이는 실제 제품에 대한 만족도와 혼동되곤 한다. 모든 테스트와 기법이 현실적인 시장 상황을 파악하고 이에 대해 결정을 내리게끔 하는 데 유용하지는 않다.

마켓 핏을 결정할 때는 제품의 탐색 과정을 거쳐 다양한 정보를 모으고 실제 세상에서 고객이 어떤 행동을 왜 하는지에 대한 가설을 바탕으로 우선순위를 정한다. 수많은 경쟁자가 있는 시장에서 고객은 어떻게 행동하고, 서로 다른 제품을 어떻게 비교하며, 충분하지 않은 예산을 감안할 때 현재 상황이 나쁘지 않다면 어떤 결정을 할 것인가?

가치를 탐색하는 과정은 "이 제품을 사겠습니까? 우리에게서 이 제품을 사겠습니까? 이 제품에 얼마나 지불할 용의가 있습니까?" 이상의 답을 찾아내야 한다. 마켓 핏을 탐색하는 과정은 행동에 동기부여를 하거나 긴급성을 유발(혹은 촉발)하는 시장 상황을 알아내는 과정이다. 때로 제품을 언제, 어떻게 출시할지와도 맞물린다.

많은 회사에서 배운 점을 제품에 접목하고 시장에서 시사하는 바를 이해하는 데 어려움을 겪는다. 그래서 프로덕트 마케팅과의 협업이 필요하다. 뛰어난 프로덕트 마케터는 숨겨진 시장의 의미를 제품 발견 과정에 반영하고 적용할 수 있다.

프로덕트 마케터는 고객을 세분화하여 향후 에반젤리스트가 될 사람들을 구분해내고 초기 고객에 그칠 사람에게만 집중하지 않는다. 또한 이들은 고객의 입소문이 제품 비교 사이트의 결과나 개발자 포럼의 글보다 영향력이 크다는 것을 알고 있다.

이와 같은 모든 통찰을 통합하여 현명한 제품 시장 진입 전략, 포지셔닝, 메시징으로 만들어내는 것이 프로덕트 마케터의 역할이다. 그러나 탄탄한 제품 발견 과정이 이 모든 일의 토대가 된다.

초기에, 그리고 자주 관찰하기

분석가, 전문가와 트렌드 보고서를 통한 전통적인 시장조사는 언제나 맥락을 파악하는 데 좋은 수단이지만, 시장 맥락을 이해하기 위해서는 실제 고객과의 대화(인터뷰라고 하면 상대가 위축될 수 있기 때문에 대화라고 한다)가 최선이다.

프로덕트 매니저가 주도하는 제품 발견 과정은 다음의 질문에 대답할 수 있어야 한다.

- 고객이 당신이 생각했던 '그 사람들'이 맞는가?
- 그들은 정말로 당신이 그들이 직면했다고 생각한 문제를 경험하고 있는가?

- 그들은 이 문제에 지금 당장 어떻게 대처하고 있는가?

- 그들이 바뀌기 위해서는 어떤 조치가 필요하겠는가?

마켓 핏은 가치라고 인식된 것의 이면을 살핀다. 시장의 역동성에 영향을 미치는 요소들, 가령 사람들이 어떻게 생각하는지, 성장을 가능하게 하는 배경 그리고 갑작스러운 변화가 생기는 원인 등을 관찰한다.

다음의 질문은 언제나 되물을 필요는 없으며, 적당한 질문을 골라 답할 수 있다면 충분하다. 하지만 제품 발견 과정을 마쳤을 때는 시장 중심의 질문에 대한 답을 도출할 수 있어야 한다.

역할 수행

가치

- 누가 이 제품을 사용할 것 같은가? 누가 구매하는가? 누가 그런 결정에 영향을 미치는가?

- 그들이 이 문제를 중요하다고 생각하는가?

- 그들은 이와 유사한 선택지를 가지고 있는가?

- 그들에게 이 제품의 가장 뛰어난 기능(아하 모먼트Aha-moment)를 보여주었는가?

- 조직 내 우선순위를 결정하고 예산을 분배한다고 가정하자. 예산을 총 10점이라고 할 때 이 문제는 몇 점짜리 문제인가? 얼마나 시급한가?

- 적정 가격을 판단하기 위해 이 제품에 얼마나 지불할 용의가 있는가? 지불할 수 있는 최대 금액은 얼마인가? 최근에 이 가격으로 구매한 것은 무엇인가?

성장/연결

- 무엇이 시장의 관심과 호기심을 불러일으키는가?
- 이를 동료에게 소개한다면 무엇이라고 설명할 것인가? (메시징에 대한 통찰력을 얻을 수 있다.)
- 이 제품에 대해 어디서 이야기를 들을 수 있는가?
- 그들은 이 제품에 대해 어떻게 평가하기를 기대하는가?
- 무엇이 그들이 이 제품을 사랑하게 만들까?
- 이 제품을 그다음으로 선택할 고객층은 누구인가? 그들이 이 제품에 대해 마찬가지로 시급하게 느낄까? 그들이 그 결심을 행동에 옮기게 하려면 어떤 시장 상황이 필요한가?

제품 발견 기법 중 고객과 직접적인 관계가 있는 모든 작업은 시장 측면의 마켓 핏을 확인하는 데 활용될 수 있다. 이를테면 A/B 테스트*부터 숀 엘리스 테스트_{Sean Ellis test}†까지 말이다. 나는 단순한 시장 측정 기법을 선호하는데, 이런 방법을 활용하면 빠르고 명확한 피드백을 주고 사람들이 어떻게 생각하고 있는지 알 수 있다. 그리고 가장 중요하게는 그들이 어떻게 행동하고 있는지도 알 수 있다.

다음은 제품 발견에 활용되는 기법으로, 마켓 핏을 이해할 때 어떻게 활용할 수 있는지도 기술했다.

- **이탈 설문:** 웹사이트를 곧바로 이탈하는 사용자에게 설문 조사를 실시하라. "당신을 더 머물게 하기 위해서 무엇을 하면 좋을까요?"

---

* 옮긴이 https://ko.wikipedia.org/wiki/A/B_테스트/
† 옮긴이 https://home.pocketsurvey.co.kr/숀-엘리스-테스트/

- **메시징에 대한 A/B 테스트:** 제품에 대한 설명이나 웹사이트의 문구를 쉽게 테스트하고 최적화할 수 있는 제품은 다수 있다. 메시징에 대한 A/B 테스트를 할 때에는 어떤 문구가 더 효과적인지에만 집중하지 않도록 주의하자. 질적으로 어떤 다른 결과를 가져오는지 분석할 수 있어야 한다. 당신은 사업 영역 1위의 포지셔닝을 취하거나 유의미한 잠재고객층에게 메시지를 보내고 있는가?

- **수요 조사 설문:** 클릭으로 이어지는 랜딩 페이지landing page가 수요 조사 설문 페이지인 경우에는 구매 의향 또는 시제품 사용 의향만 묻는 것이 좋다. 이는 호기심이 많은 고객과 실제로 전환될 수 있는 고객을 구분한다. 기존 제품과의 비교를 통해 새 제품을 팔고 싶다면 정보 제공을 투명하게 해야 한다. 더 물어볼 수 있는 내용은 "왜 구매하기로 결정하셨나요?" 등의 가벼운 권유 정도다.

- **광고 테스트:** 소셜미디어 또는 검색 플랫폼에서 메시징을 시도하고 이에 대한 고객의 관여도를 확인하기에 좋다. 다양한 방향으로 광고를 테스트하자. 예를 들어 제품에 대한 영감을 줄 수 있는 소재, 제품 중심의 소재, 이 제품을 통해 고객이 해결할 수 있는 문제 중심의 소재 등처럼 말이다. 당신은 최고를 찾아내기 위해 최적화하는 것이 아니다. 오히려 고객을 움직이게 하려면 어떤 방향이 가장 적합한지 확인하려는 것이다. 그리고 각 소재의 결과에 대한 상대적인 비교가 시장에 대해 알려줄 것이다.

- **관심도 평가:** 제품, 제품이 다루는 문제에 대해 7점 만점 또는 10점 만점의 평가 척도를 만든다. 고객에게 영상을 제공하기 전에 우선 평가를 진행한다. 그 뒤에 제품, 경쟁사 제품, 광고 그리고 짧은 설명

영상을 제공한 뒤에 다시 평가를 진행하면 관심도에 변화가 생겼는지 확인할 수 있다. 만약 변화가 생겼다면 왜 그런지 문의한다.

- **사용성 테스트:** 통상 진행하는 시장조사 외에도 주요 경쟁사의 웹사이트에 대한 고객의 사용성도 점검하자. 웹사이트를 어떻게 사용하고 그다음에 취하는 행동을 물어볼 수 있다. 또 다른 방식으로는 고객이 당신의 제품을 어떻게 알게 되는지 알아내는 것이다. 이는 홀로 제품의 경험에 대해서만 파악하는 것 외에도 전체적인 고객 여정을 파악할 수 있게 한다. 이는 고객이 스스로 직면한 문제를 해결하는 과정을 파악하는 데 효과적이다.

나는 사람들이 좀 더 창의적으로 활동하도록 권장하며, 사무실을 떠나서 마켓 핏을 이해하는 기회가 필요하다고 생각한다. 그런 과정을 거쳐야 "아하!" 하며 깨닫는다. 밖에 나가지 않으면 알 수 없는 통찰력을 얻을 수 있는 것이다.

창의적인 시장 검증 아이디어

내가 UC 버클리에서 마케팅과 프로덕트 매니징에 대해 수업할 때 내는 마지막 과제는 바로 빠른 시장 검증을 직접 경험하는 것이다. 학생들은 적어도 1주 동안 세 가지 테스트를 진행해야 하고 그들의 가설을 검증한다. 다음은 내가 가장 선호하는 방식 몇 가지다.

제품의 특징: 엔지니어가 사용하는 보안 관련 제품

시장 검증: 대면 메시징 환승하는 인원이 많은 지하철역에 각기 다른 메시지를 담은 배너를 걸어두고 행인이 얼마나 이를 쳐다보는지, 가까이 다가와서 살펴보는 사람의 수를 관심의 척도로 삼는다. 사람들이 가장 많이 쳐다보았던 배너는 정작 다가와서 살펴보는 사람은 없었다. 상대적으로 쳐다보는 사람은 적었지만 직접 다가와 문의하는 배너는 따로 있었다.

시사하는 바: 상세한 내용을 설명하는 메시징은 대부분의 사람에게는 흥미가 떨어졌지만, 타깃 고객층에는 오히려 효과적이었다.

제품의 특징: 수면 패턴을 측정하고 숙면을 돕는, 손목에 착용하는 장치

시장 검증: 출퇴근 시간에 월그린스(Walgreens)에서 짧은 대면 설문 진행 다음 날 동일한 시간에 와서 동일한 설문을 진행한다. 이때 의사 가운을 입은 배우가 아무 말도 하지 않고 이따금 설문 진행자 뒤에 서서 끄덕이도록 했다. 고객의 관심도가 어떻게 바뀌었는지, 제품에 대한 사용 의향이 어떻게 바뀌었는지 관찰하자. ↳

시사하는 바: 제품에 대한 의학적인 의견이 있고 그것이 이 제품에 대해 긍정적일 때 고객은 이 제품에 더 큰 관심을 가지며, 더 알아보고 싶은 의욕을 가진다.

제품의 특징: 테크 업계에서의 구직을 돕는 온라인 강의 프로그램

시장 검증: 가치, 가격 정책과 브랜드 인지도 검증 고객에게 예산을 주고, 같은 사업 영역에서 경쟁하는 서로 다른 기업에 그 비용을 나누어 투자하도록 한다. 그리고 각 기업에 대해 얼마나 인지하고 있는지 물어보는 다른 브랜드 인지도 평가와 비교한다.

시사하는 바: 고객은 자신이 브랜드 인지도에 휘둘리지 않는다고 여긴다. 하지만 유사한 제품을 비교해달라고 요청받았을 때 자신이 더 잘 알고 있는 브랜드에 지불할 용의가 더 많다. 실제로 덜 알려진 브랜드가 더 가치 있다고 생각해도 인지도가 높은 브랜드를 더욱 선호한다.

기존 제품을 위한 마켓 핏 검증 기법

법률 시장에서의 워드가 그러했듯이, 마켓 핏은 제품과 시장의 현실이 결합하여 만들어내는 결과이며 이는 시간에 따라 변화한다. 이미 시장에 제품을 내놓은 기업이라면 현재 마켓 핏을 유지하고 있는지 평가하기가 더욱 어려울 수도 있다. 이 추가 기법을 통해 마켓 핏이 유효한지 알려줄 수 있다.

- **고객 획득/이탈 분석:** 왜 고객을 얻고 잃고 있는지에 대해 이해하는 것은 무척 중요하다. 단순히 누구를 잃는지뿐만 아니라 '왜'가 중요하다. 제품이 문제일까? 또는 제품 밖의 경험이 문제일까? 제품에 대한 인지도나 브랜딩이 미치는 영향은 얼마나 되는가? 이와 같은 고객 획득/이탈 분석은 관점을 새로이 하거나 메시징을 진행하는 방법에 새로운 관점을 제공할 수 있다. 제품에서 어떤 점을 개선하고 영업 절차에서 무엇을 바꾸어야 하는지도 말이다. 프로덕트 마케팅의 다른 조직과의 협업 관계가 복잡하고 얽혀 있다 보니 이와 같은 분석 기법은 부서에 얽매이지 않는 방식으로 본질에 더 가까워지도록 돕는다.

- **영업을 위한 통화 분석:** 영업을 위한 통화 녹취록을 확인(실제로 많은 영업에 대한 분석 플랫폼에서 진행하는 방식임)하거나 직접 전화를 걸어보는 것처럼 영업 담당자와 잠재고객 사이의 직접적인 상호작용을 경험하는 일은 가장 효과적인 방법이다. 문자로는 표현되지 않는 비언어적인 표현과 억양, '괜찮네요'라는 말의 음량과 '대단합니다'가 주는 확신 등은 직접 이 소통을 관찰해야 알 수 있다. 이런 뉘앙스를 이해해야 비로소 타깃 고객에게 맞는 메시징이 이루어짐을 알 수 있으므로 무척 중요하다.

- **고객 의도 분석:** 다수의 테크 기업에 시장 진입 전략과 관련된 데이터를 다루는 팀이 있다. 이들은 고객 데이터를 심도 깊게 분석하고 어카운트 기반 또는 예측 마케팅 도구 시스템을 가지고 있다. 이런 플랫폼은 잠재고객을 전환하여 실제 고객으로 만들 때 어떤 마케팅 활동이 영향을 미쳤는지 알아낼 수 있다. 프로덕트 마케터는 이런 통찰의 도움을 받아 진행하는 다양한 마케팅 활동이 실제로 시장에서 고객이 행동하는 방식과 동떨어지지 않도록 관리할 수 있다. 시장에 대한 평가를 바탕으로 동일한 성격을 가지는 고객군을 정의하고 메시징 전략을 세우며 마케팅팀의 마케팅 활동 계획을 수립하는 것 모두 여기에 포함된다.

- **소셜/고객 만족도 평가:** 고객이 어떻게 느끼는지도 간과할 수 없다. 고객의 제품 리뷰부터 소셜미디어의 게시글, 글래스도어Glassdoor*에 직원들이 올리는 회사에 대한 평가까지, 제품과 회사에 대해 사람들이

---

* [옮긴이] 해당 회사 직원의 익명 리뷰에 기반한 미국의 직장 및 상사 평가 사이트(https://ko.wikipedia.org/wiki/글래스도어)

정말로 어떻게 느끼는지 살펴볼 수 있다. 긍정적이고 부정적인 감정 모두 무엇에 집중하여 일해야 할지를 알려준다. 그러한 면에서 회사의 평판은 고객센터에 달려 있기도 하다. 이런 신호를 고스란히 받아들일 필요는 없다. 사람들이 어떻게 느끼는지에 대한 정보는 실제 상황과 일치하지 않기도 한다. 하지만 대다수의 사람이 자신이 믿는 것이 진실이라고도 믿기 때문에 이를 관리할 필요가 있다.

타임박싱

완벽주의는 성장의 적이 될 수도 있다. '우리는 이상적인 타깃 고객이 누구인지 아직 모릅니다'라거나 '우리는 어떤 메시지가 가장 효과적인지 아직 몰라요'라는 말처럼 말이다. 탐색과 시도 단계는 꼭 필요하지만, 명확한 데이터가 당장 최적의 결정을 내려주길 기다릴 수도 없는 노릇이다.

타임박싱(timeboxing)은 아주 간단하지만 계획된 활동을 진척시키기 위해 시간을 정해 할당하는 기법이다. 그리고 나서 당신이 만족할 만한 결과를 냈는지 평가하는 것이다. 이는 시장이 요구하는 속도에 맞추어 움직이도록 스스로를 관리하는 방법이다.

고객 탐색 작업을 한다면 정해진 시간 내에 빠르게 배울 수 있도록 타임박싱을 도입하기를 추천한다. 그러면 실천하는 데 시간을 할당하고 반복하며 배울 수 있다. 1~4주 정도가 시작하기에 좋은 단위다. 나중에 실정에 맞게 최적화하면 된다.

능동적 청취

제품과 시장 탐색 작업에 뛰어난 사람의 자질을 한 가지만 꼽으라면 '능동적 청취'일 것이다. 그들은 반응하기 위해서나 그들의 가정을 증명하기 위해 듣지 않는다. 그들은 열려 있으며 주의 깊게 경청한다. 그들의 목표는 배우는 것이기 때문이다.

구체적인 제품 발견 아이디어로 뛰어들기 전에 열린 질문을 거쳐 시장의 인식을 확인할 수 있다. 당신의 아이디어로 방향을 결정한 상태라면, 이미 당신이 들을 답변은 정해졌을 수도 있다. 고객은 실제 행동하려던 대로 행동하는 것이 아니라 당신이 제안하는 해결 방식을 어떻게 생각하느냐에 분석이 함몰될 수 있다.

이와 마찬가지로, 고객에게 최대한 다양한 의견을 제시하여 고객의 반응을 상대적으로 평가하는 것이 중요하다. 고객의 반응이 구체적으로 드러날 수 있도록 값을 구분해두는 것이 좋다. 나는 점수, 등급을 책정해달라고 하거나 "이 버튼을 클릭하고 싶을까요?"와 같은 질문을 던진다.

마켓 핏에 대해 더 생각할 필요가 있다고 믿는 프로덕트 매니저 또는 프로덕트 마케터라면 당신이 옳을 것이다. 두 직무 모두 이런 탐색 과정을 충분히 거치는 경우가 드물고, 자신의 일을 성공적으로 수행하기 위해서는 통찰이 필요하기 때문이다.

다음 장에서 스펙트럼의 반대편에 있는, 제품을 실제로 구현해서 출시하는 과정을 중점적으로 다룰 것이다. 또한 애자일 시대에 모두가 하나의 이미지를 바라보게 하는 방법도 설명하겠다.

애자일 시대의 프로덕트 마케팅

제이드가 팀의 프로덕트 마케터가 되었을 때, 그녀는 스스로를 증명할 생각에 들떴다. 그녀는 첫 제품팀 스탠드업standup 미팅에 성실히 참석했고, 급변하는 시장에 적용할 수 있는 유의미한 기능을 찾아내기도 했다.

그녀는 다음 주 스탠드업 미팅에서 그 기능의 진행 상황을 들을 것이라고 기대했다. 그러나 그 소식을 공유받지 못하자 그녀는 프로덕트 매니저에게 어찌 되어가는지 문의했다. 그런데 제품팀은 그 기능은 이미 출시했으며 지난주 출시 노트에 이 내용이 언급되었다고 했다.

충격을 받은 제이드는 왜 누구도 자신에게 이야기해주지 않았는지 물었다. 프로덕트 매니저는 출시 노트에 그 내용을 작성하지 않았느냐며 반문했다. 제이드는 마케팅팀으로 돌아가 기존의 고객에게 메일을 보내고 그녀가 계획했던 소셜 프로모션을 진행했다.

한편, 개발팀 리더인 짐은 여러 팀과 협업하여 동시에 여러 번의 배포를 진행하고 성능과 안정성을 개선하고 있었다. 개발자들은 노력 끝에 얻어 낸 뛰어난 성능에 대해 어떤 마케팅을 진행할지 기대했지만 아무 소식이 없었다. 짐은 구현 작업이 끝난 뒤 뭐가 달라진 걸까 궁금할 수밖에 없었다.

이는 애자일 시대에 제품과 시장 진입 전략의 합치가 얼마나 어려운지 보여주는 사례다. 빠른 속도, 예측 가능성의 결여, 기록되지 않는 가벼운 의사소통은 모두를 힘들게 한다. 끊임없이 제품을 배포하는 도중에 커뮤니케이션을 원활히 하기란 쉽지 않다. 시장 진입 전략을 다루는 팀은 맡은 바를 수행하기 위해서는 예측 가능한 계획에 의존해야 한다. 제품팀은 마케팅 대상이 본인이 노력을 쏟은 대상과 항상 일치하지 않을 수도 있다.

이와 같은 상황에 대한 해결 방안은 기대치를 명확하게 하고, 모든 팀이 '배포' 업무를 가시화하며, 이에 따라 움직이는 업무 절차를 만드는 것이다.

애자일은 마케팅의 실행에 대해 다시 생각하는 계기가 되었다. 갈수록 많은 팀에서 애자일 마케팅 방법론을 채택하고 있다. 그들은 제품 개발에서 애자일 소프트웨어 개발 방법론의 원칙을 가져와 마케팅 영역에 적용한다. 이는 시장 변화에 빠르고 다각화하여 접근할 수 있게 한다. 제품과 마케팅에서도 프로덕트 마케터의 역할은 중추적이다.

이 장에서는 애자일 마케팅 방법론을 가능하게 하는 기법에 대해 살펴보겠다.

배포 등급의 설정

우선 용어 몇 가지를 짚고 넘어가자.

스프린트_{sprint}란 제품팀이 정해진 양의 작업을 완료하기 위해 작업하는 기간으로, 주로 1~4주 정도로 짧으며 정해져 있다. 새로운 기능을 고객에게 배포하는 경우도 있고 그렇지 않은 경우도 있다.

배포_{release}는 새로운 제품 또는 고객에게 가치를 제공할 수 있는 기능을 공개하는 절차를 말한다. 이는 기업 전체를 관통하는 시장 진입 전략의 수행을 포함한다. 이따금 배포를 릴리스 론칭_{release launch}이라고도 한다. 이 표현은 주로 혼용하여 사용한다.

시장 진입 전략을 담당하는 팀의 경우에 출시_{launch}는 조직 전체가 힘을 모아 서로 다른 역할을 하는 조직이 모여서 작업하는 제품 또는 기능의 집합을 고객에게 전달하는 과정이다. 특정한 날짜를 지정하고 그 날짜를 기준으로 제품의 출시를 위해 협업을 진행한다. 시장에 영향력을 미치기 위한 노력을 한데 모으는 구심점이 곧 출시다. 대부분의 기업에서는 연간 한두 번 주요 출시를 진행한다.

소규모 배포와 대규모 출시의 차이점을 아는 것은 시장 진입 전략 담당자에게는 무척 중요하다. 두 가지 분류 중 어느 쪽에 해당하느냐에 따라 과업의 흐름이 다르기 때문이다.

배포 등급을 설정하는 주된 목적은 어떻게 각각의 배포를 구분할지, 때마다 시장 진입 활동을 할지에 대해 조직이 공통적인 이미지를 가지기 위해서다. 이 작업은 제품팀과 시장 진입 전략팀이 사용하는 용어를 통일하고 기대치를 맞추는 것이 목적이다.

이는 제품의 출시를 위해 조직 전반에 걸쳐 세워놓은 구체적인 할 일 목록과는 또 다르다.

배포 등급 설정은 배포 유형에 대한 기준을 세우고 이를 지원하기 위한 시장 진입 전략 활동을 정의한다. 나아가서 이런 구분은 특정 배포에 대한 마케팅 활동 전반의 목표를 구체화하는 데도 활용할 수 있다. 특정 과업이 고객에 미치는 영향이 크기 때문에 더 많은 인력과 비용을 투입해야 할 때의 판단 기준이기도 하다. 그리고 마케팅팀이 담당 업무를 성공적으로 수행하기 위해 시간이 얼마나 주어지는지도 명확히 할 수 있다.

제품에 신규 기능이 배포될 때 프로덕트 마케팅은 이런 대화가 이뤄지는 구심점 역할을 한다. 그들은 시장 진입 활동 전반에 관여하여 배포를 준비하는 작업이 약속된 대로 수행될 수 있게 감독한다.

배포 등급 설정 시에 나열되는 작업을 결정할 때 고객 지원 그리고 영업 담당자 모두 포함한다.

기업의 규모가 성장함에 따라 확대된 시장 진입 전략 회의나 정기적인 프로덕트 기획 미팅에서 배포 등급을 설정하는데 이때 영업, 고객 지원, 마케팅, 제품, 개발, 운영을 포함한 모든 팀이 참여한다.

어떤 작업이 배포를 준비할 수 있는 상태로 진척되면 이 작업이 어떤 종류와 등급의 배포인지 토론을 진행한다. 그리고 이 과정에서 얼마의 자원과 지지를 투입할지 시장 진입 전략 관점에서 결정한다.

표12.1 배포 등급 설정 예시

고객 영향도		등급	배포 예시	시장 진입 목표	대표적인 산출물	소요 시간	배포 주기
	낮음	1	• 고객 불편 사항 수정 • 소규모 성능 개선 • 소규모 모바일 배포	• 고객 만족	• 출시 노트 • 블로그 게시물 • 트위터 트윗	상시	매주
	보통	2	• 매력적인 기능	• 경쟁사 간의 입지 공고화 • 고객 만족	상위 항목을 포함하여 • 기능의 특장점에 대한 웹사이트 게시물 및 홍보 캠페인 • 새로운 소셜 캠페인	1~2주	매월
		3	• 사업 영역 트렌드 변화 • 신규 제품 또는 외부 협력사 기능 변경 • 다국적 고객 대응	• 정확한 시장 선택 • 업계 입지 공고화 • 계약 체결	상위 항목을 포함하여 • 캠페인 대상 고객 선별 • 새로운 파트너 확보 • 경쟁력 있는 캠페인	4주	수시
	높음	4	• 새로운 파트너와의 협력 선언 • 사업 영역의 주요 변화(iOS 8)	• 폭넓은 인지도 • 업계 입지 공고화 • 경쟁사와의 차별점과 선도 • 고객의 확고한 인지 • 매출 개선 또는 결제 금액 증가	상위 항목을 포함하여 • 팩트시트 • 짧은 데모 자료 • 대고객 캠페인 • 파트너와의 협력 프로모션 • 검색 최적화 및 엘스토어 집중 • 영업 담당자 교육 • 이벤트 지원	6~9주	매 분기
		5	• 주요 출시 • 리브랜딩 • 새로운 제품 출시	• 사업 영역 전반을 선도 • 주요 매체사와 여론의 인지 • 매출 흐름 개선	상위 항목을 포함하여 • 유료 광고 캠페인 • 심층적인 대외 홍보 • 이 출시를 위한 별도 이벤트	3~5개월	1~2년마다

역할 수행

자신만의 버전을 만들 수 있는 방법은 다음과 같다.

1. **측정 기준을 정하라:** 등급, 중요도, 이름, 숫자 또는 그룹 등을 명명하자. 별도의 범례가 없어도 각 측정 기준의 차이를 모두가 구분할 수 있는 기준을 추천한다. 각각 다른 등급에 대해 명확하게 차이를 인지할 수 있는 위계적인 사고방식을 채택하자.

2. **등급을 결정할 때 이전 배포를 기준으로 삼아라:** 이는 중요하지만 이따금 깜빡하는 단계다. 등급을 나누는 행위에 굳이 파고들어 연구하듯이 접근할 필요는 없다. 그런 식의 작업 방식은 불필요한 에너지를 소모한다. 참고할 수 있는 사례를 동원해서 동료가 비교군을 가질 수 있도록 안내하자.

3. **고객에 미칠 영향을 구체적으로 평가하라:** 제품의 변화는 대부분 고객에 대한 부정적인 영향을 미치지 않지만, 그런 경우도 있다. 그 정도가 실제 배포의 등급을 설정할 때 반영될 수 있다. 이 영향도는 매우 단순한 수준으로 유지하여 '낮음', '보통', '높음'으로 구분하라.

4. **마케팅의 목적을 정의하라:** 시장에 어떤 영향력을 미치고 싶어서 이 배포를 진행하는가? 경쟁사를 따라잡기 위해서인가? 이는 다시금 배포 등급을 이해하게 한다. 대부분 소규모 배포는 1등급에 불과하지만, 특정한 배포는 왜 2등급에 해당하는지 환기할 수 있다.

5. **대표적인 산출물과 프로모션 수단을 정의하라:** 이는 제품팀이 마케팅팀에서 진행하는 마케팅 활동을 상기시킬 수 있는 방법이다. 고객에게 이메일을 발송하는 것에 대비하여 유료 캠페인을 진행하는 것은 언제 의미가 있는가? 비디오는 언제 만들어지는가? 위 예시에서 1등급은 시장 진입 전략을 담당하는 팀에서 하는 최소한의 활동이다. 뒤

따르는 각각의 등급은 이전 등급에서의 활동에 더하여 시장에서 전개할 활동을 명시한다.

6. **예상 소요 시간을 명시하라:** 직접 마케팅 활동을 진행해보지 않았다면 대부분의 동료는 이에 시간이 얼마나 드는지 알지 못한다. 예를 들어 웹사이트 콘텐츠 업데이트, 법적인 검토, 초안에 대한 수정, 디자인, 언론 보도자료 준비나 고객센터 대응과 같은 업무는 몇 주씩 소요되기도 한다. 각 업무의 예상 소요 시간을 가시화하자.

7. **제품 기획 회의에서 배포의 규모를 언급하라:** 주요 출시에 대해 논의하는 기회가 있다면 배포 등급을 이야기하자. "제품팀 관점에서는 이것이 2등급이나 3등급 배포라는 의미인가요?"처럼 말이다. 그리고 회사가 연간 한두 개의 5등급 배포를 진행하는 것이 좋다는 사실을 상기하자. 기업이 중요한 시장 진입 전략의 순간을 맞았을 때 무엇을 고객에게 제공할 것인가? 고객의 눈에 보이는 큰 움직임이 없는 기업은 정체되었다는 인상을 주기 쉽다.

배포 등급이라는 개념을 도입한 모든 기업은 조직 내 커뮤니케이션 방법과 제품팀과 시장 진입 전략팀 간의 업무 기대치를 관리할 수 있었다. 놀랍게도 간단한 툴이지만 시장 진입 관점에서는 의미로운 변화를 가져오고 불필요한 실망감을 줄인다.

애자일 마케팅

최근 몇 년간 애자일 마케팅이 프로덕트 마케팅의 방법론으로 부상하는 것을 확인할 수 있었다. 끊임없이 우선순위를 정하고 조정하는 애자일의 관점을 채택하는 것으로, 기본 원칙은 다음과 같다.

- 계획에 따르거나 변화에 대응할지를 결정
- 한번에 큰 성과를 보이는 빅뱅Big-Bang 캠페인보다는 빠른 반복 수행
- 의견과 관행보다는 테스트와 데이터
- 몇 번의 큰 승부보다는 다수의 작은 실험
- '큰' 시장이 아니라 개인과의 상호작용
- 목적 조직과 위계보다는 협업

위와 같은 원칙을 효과적으로 채택했다면 프로덕트 마케터는 마케팅 조직 내에서 프로덕트 매니저처럼 일한다. 그들은 커뮤니케이션, 광고, 디지털, 웹, 디자인 전문가를 포함하는 조직을 주간 '스크럼scrum' 미팅에서 이끌고, 이번 주에 어떤 일에 우선순위를 부여할지 논의한다. 이는 '보고'하는 회의가 아니라 '학습'하는 회의다. 이 회의에서 배운 것을 향후 업무에 어떻게 적용할지도 논의한다.

이처럼 역동적인 업무 방식을 통해 경쟁사 대응처럼 긴급한 업무가 긴 업무 목록의 어딘가에 놓이는 것이 아니라 목록의 최상단에 오른다. 데이터 기반의 논의를 통해 마케팅팀이 무엇을 더 하고 그만해야 하는지에 대해서도 알 수 있다.

또한 이런 방식의 업무를 통해 마케팅의 결과물이 실제 목표를 달성하고 있는지 점검할 수 있다. 뿐만 아니라 제품이 마케팅에 정확하게 투영되는지 확인할 수 있는 계기를 제공한다.

프로덕트 마케터는 전략가로서 중요한 역할을 하는데, 그들은 제품 전

략 활동을 점검하여 마케팅에서 진행하고 있는 아이디어나 활동이 방향성에 어긋나지는 않는지 확인한다.

위와 같은 업무 방식과 회의 진행은 마케팅이 효과적으로 진행되고 있는지가 가장 중요한 화제가 되도록 이끈다. 그렇다면 이어지는 질문은 "프로덕트 마케팅이 효과적으로 진행되고 있는지를 어떻게 측정할 것인가?"인데, 이는 다음에서 심층적으로 다뤄보자.

어떤 지표가 의미 있는가?

목표 달성 여부가 확실한 구분되는 영업과는 달리, 프로덕트 마케팅은
업무를 훌륭히 수행했다는 것을 단박에 알 수 있는 가시적인 지표가 없
다. 단기 성과를 측정할 수 있는 지표도 있지만, 프로덕트 마케터의 업
무 성과를 측정하는 대부분의 지표는 장시간에 걸쳐 확인할 수 있다.

프로덕트 마케팅 성과를 측정하기 위해서는 무엇을 목표로 했는지가 중
요하다. 그러므로 특정 역할, 직무에 기대하는 점이 무엇인지 미리 정의
해야 한다.

프로덕트 마케팅 목표

프로덕트 마케팅을 잘하기 위해서는 사업을 추진하는 데 적절한 범위의
시장 진입 활동을 수행해야 한다. 이것이 프로덕트 마케팅의 결과가 기
업의 목표와 밀접하게 연관되어 있는 이유다.

사업 목표는 기업의 상황과 규모에 따라 다르기 때문에 측정 가능한 목
표objective나 주요 성과key result가 정해져 있지 않다. 다음은 참고할 수 있는

프로덕트 마케팅의 OKR[*] 예시다.

- 해당 카테고리의 선두 주자로 분석가와 분석 전문 기업으로부터 인정받음
- 시장의 제품에 대한 인식 지표를 10% 개선하고 핵심 신규 시장으로부터 인정받고 유의미한 고객 기반을 확보
- 제품을 카테고리의 콘셉트에 해당하는 주요 제품으로 만들고 외부로부터 인정받거나 카테고리에서 주요 제품으로 언급됨
- 영업팀이 경쟁사와의 경합에서 50% 이상 이길 수 있음
- 주요 디지털과 소셜미디어에서 비용을 집행하지 않은 입소문이 10%씩 성장

매출 증대에 집중해야 한다면 프로덕트 마케팅 OKR이 영업 목표와 연관되어 있을 것이다. 혹은 현재 시장에서의 포지셔닝이나 사업 영역 내 인지도를 키우는 것이 목표라면 프로덕트 마케팅의 OKR은 일반 마케팅과 더 강하게 연결될 것이다.

전반적으로 영업과 마케팅 목표는 단기적인 사업 목적(예: 상위 퍼널 규모, 파이프라인, 수익)에 집중하는 반면, 프로덕트 마케팅은 사업을 위한 장기적인 관점에서 목표를 세우기도 한다.

역할 수행

---

* [옮긴이] OKR(objective and key result)은 조직의 목표와 그 결과를 정의하고 추적하기 위한 프레임워크다.

프로덕트 마케팅 지표

당신이 어떤 관점으로 보느냐에 따라 지표로 무엇을 할 수 있는지, 그리고 그것이 무엇을 의미하는지는 무척 달라질 수 있다. 마찬가지로 영업, 마케팅 그리고 제품과 함께 공유하는 주요 지표와 각 지표를 개선하기 위한 조치도 그 관점에 달렸다.

제품 지표

• **HEART 지표(행복**happiness, **관여**engagement, **획득**acquisition, **유지**retention, **작업 수행**task success**)**: 주로 제품과 사용자 경험 설계 전담 부서에서 관리하는 지표로, 프로덕트 마케팅이나 마케팅에서 지표 수치를 유지하거나 더욱 개선하여 영향을 미칠 수 있다. 프로덕트 마케터는 제품팀을 다른 팀과 연결하는 역할을 수행하기 때문에, 제품이나 사용자의 관여를 높일 수 있는 통찰을 제품팀에서 마케팅팀으로 전파한다. 예를 들어 온보딩 과정에서 사용자가 제품을 이탈하면 마케팅팀을 통해

이탈한 사용자에게 메일을 보내서 다시 돌아올 수 있도록 한다.

- **고객 퍼널 지표:** GTM 모델에 따라 마케팅팀 또는 제품팀에서 관리하는 지표로, 제품의 다음 단계로 이어지는 흐름을 짚어낼 수 있는 지표를 찾는다. 두 단계 간의 전환 단계에서 이탈이 늘면 어떤 프로그램, 도구, 절차 또는 제품 개선 사항으로 이를 감소시킬 수 있을지 모색한다. 프로덕트 마케터는 직접적으로 영향을 미치는 전략도 사용할 수 있는데, 특정 사용자에게 보내는 메일, 새로운 영업 통화 스크립트, 비디오 기반의 훈련과 같은 방법을 사용하여 퍼널 단계별로 일어나는 이탈을 개선할 수 있다.

마케팅 지표

- **고객 여정 지표:** 주로 마케팅이 관리하는 지표로, 타사의 웹사이트를 포함하여 잠재고객이 콘텐츠, 페이지, 웹페이지를 어떻게 사용하는지에 대한 정보를 얻을 수 있다. 판매 단계에서 시간이 경과함에 따라 어떻게 바뀌는지 확인하자. 프로덕트 마케터는 고객이나 영업이 고객을 유치하기 위해 가장 필요로 하는 것을 확인하고 적당한 마케팅 믹스를 결정하기 위해 마케팅과 함께 협업한다.

- **마케팅의 대상이 될 법한 잠재고객:** 주로 마케팅이 관리하는 지표로, 수익의 개선은 잠재고객의 확대와 함께 관리되어야 하는데 이렇게 연계되어 동작하지 않으면 고객 퍼널에 문제가 생긴다. 프로덕트 마케터는 마케팅과 협업하여 타깃 고객층을 세분화하고, 그들이 제품에 관여하도록 만들고 전환에 문제가 될 지점을 찾아내는 역할을 한다.

- **인바운드 탐색:** 마케팅이 관리하는 지표로, 페이지 내의 인바운드 오가닉 검색inbound organic search과 직접 인입한 고객의 비중 등은 제품에 대

한 인지도와 브랜드 포지셔닝에 대해서 알려준다. 이 숫자 자체로는 많은 것을 알려주지 않지만, 시간에 따른 수치의 변화는 인지도나 포지셔닝에 좀 더 신경을 써야 하는지 여부를 알려준다.

영업 지표

- **판매 주기**: 주로 영업에서 관리하는 지표로, 선택한 GTM 모델에 부합하는 경향성 또는 추이를 확인한다. 이를테면 엔터프라이즈 대상의 영업은 몇 주쯤 걸릴 것이라고 예상하지 않으며, 가능한 한 예측 가능한 주기를 밝혀내는 데 집중한다. 가장 적합한 고객을 대상으로 계약이 유독 빠르게 진행된다면, 그 과정을 잘 관찰하고 문서화하여 이것이 반복될 수 있도록 관리하자.

- **판매 성공률**: 경쟁사에 비교 우위를 점해서 판매에 성공한 경우도 해당하지만, 진행한 거래 건수에 비해 실패한 거래 건수에 대한 비율로도 확인할 수 있다. 두 지표 모두 영업에서 관리하는 지표인데, 이 숫자가 이상적인 목표치를 달성하지 못한다면 프로덕트 마케팅은 잠재고객층을 분석하여 어떤 활동이 유효한지 여부를 검증한다. 그 후 고객 분석을 통해 파악한 점을 가지고 영업 직원 교육, 영업 활동에 쓰이는 도구, 절차, 영업 가이드북, 마케팅 믹스, 메시징, 포지셔닝, 가격 책정과 패키징 그리고 외부 바이럴 활동 등에 적용한다. 그들은 계약을 성사시키기 위해 무엇이 가장 긍정적인 영향을 미치는지 살펴본다.

사업 지표

- **제품별 전환율**: 여러 개의 제품을 운영하는 회사의 경우, 제품을 넘나드는 전략이 실제로 사업이 성장해야 하는 부분에 집중되어 있는지

검토할 필요가 있다. 예를 들어 새로운 분야에 집중하여 사업을 전개하려는 경우, 해당 제품에 대한 홍보를 어떤 비율로 하는지, 그리고 해당 제품에서 새로운 수입원을 발굴할 수 있는지 등을 알아볼 수 있다. 또는 어떤 보상, 메시징, 도구, 브랜딩, 패키징, 가격 책정 또는 파트너십이 이상적인 제품 간 전략에 필요한지 탐구한다.

- **고객 획득 비용**customer acquisition cost, CAC: 마케팅 채널 믹스, 메시징 그리고 포지셔닝이 올바르게 동작한다면 이 지표는 하향 추세를 보이거나 동일한 수준을 유지한다. CAC가 계속 증가하거나 동일한 수준으로 유지되지 않는다면 타깃 고객층, 메시징 그리고 마케팅 믹스를 분석할 필요가 있다.

- **고객 생애 가치**lifetime customer value, LTV: 적합한 고객을 타깃으로 한다면 고객 생애 가치와 고객 획득 비용은 각 업계에 맞게끔 건강한 비율을 유지한다. 이 비율이 이상적인 상태가 아니라면 제품(고객으로 남을 만큼 유의미한 가치가 없는 경우), 포지셔닝(실제 제품과 기대치가 다른 경우) 또는 영업 교육(고객이 안내받은 내용과 실제로 구매한 제품이 다른 경우)에 문제가 있다는 것을 시사한다. 다른 팀과 함께 이를 살펴보면서 각 기능 조직을 넘나들며 분석해야 하지만, 기본적으로는 프로덕트 마케팅 업무에 영향을 미친다.

- **잔존율:** 고객이 제품을 계속 써야 할 만큼의 가치를 느끼고 있는지 확인할 수 있는 중요한 지표이지만, 후행 지표이기 때문에 변화가 늦을 수도 있다. NPS* 또는 주기적인 고객 만족도 분석은 잔존율을 파

---

* 〔옮긴이〕 NPS(net promoter score, 순고객추천지수)는 고객 경험을 정량적으로 측정하는 지수다. 주로 설문을 통해 고객에 제품 경험에 대해 물어보고 이를 종합하여 한 가지 수치로 축약하여 제품을 다른 고객에게 추천할지 분별한다.

악할 수 있는 지표로 활용할 수 있다. 잔존율이 업계에 맞는 이상적인 수준에 도달하지 못했다면 프로덕트 마케팅은 모든 시장 진입 전략을 전반적으로 다시 검토하고 영업 절차, 가격 또는 패키징 등이 고객의 기대에 어긋나는 부분이 있는지 확인한다.

인내와 끈기

뛰어난 프로덕트 마케팅에는 시간이 걸리고, 그 성과의 측정 역시 마찬가지다. 다른 팀과 마찬가지로, 프로덕트 마케팅도 성과를 측정하는 방법이 명확해야 가장 효과적으로 동작한다.

이를 위해 그 직무에 조직이 기대하는 바가 명확해야 한다. 이에 따라 프로덕트 마케터는 시장 현실에 적합한 시장 진입 전략으로 대응할 것이다.

파트 3에서는 튼튼한 제품 시장 진입 전략을 세우기 위한 방법과 개념을 소개할 것이다. 올바르게 수행할 수 있다면 이는 제품팀과 GTM팀이 그 업무를 왜 하는지 명확하게 파악할 수 있으며 사업 성과를 달성하기 위해 올바른 판단을 내릴 수 있도록 돕는다.

시장이 성공을 결정한다.

Markets shape success.

III

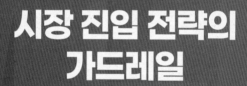

시장 진입 전략의
가드레일

제품 시장 진입과 전략이 만났을 때
세일즈포스

드림포스Dreamforce는 서비스형 소프트웨어software as a service, SaaS 업계의 슈퍼볼과도 같다. 샌프란시스코에서 열리는 세일즈포스Salesforce의 연간 이벤트로, 매년 약 120개국에서 17만 명 이상이 참가한다. 수많은 상품이 몇천 개의 세션에 출시되며, 올림픽 챔피언, 미슐랭 스타 셰프, 업계의 거물과 같이 다양한 발표자의 이야기를 들을 수 있다. 이 행사는 제품이 그 즉시 시장의 주목을 받는 중대한 기회다.

하지만 미셸 존스Michelle Jones는 자신의 제품을 이 행사에 출시하지 않기로 결정했다. 그녀는 세일즈포스의 B2B 커머스 소프트웨어의 프로덕트 마케팅 책임자로서, 더 작은 규모의 세일즈포스 커머스 행사가 더 어울린다고 생각했다. 이 결정을 포함하여 신중한 시장 진입 전략이 모여, 그녀와 그녀의 팀은 당시 세일즈포스의 주된 성장 동력 중 하나로 B2B 커머스 제품을 안착시켰다.

자신감 있고 단호했던 존스는 언스트 앤 영Ernst & Young의 분석가와 갭Gap의 상품 기획자로 경력을 시작했다. 이는 고객과 시장을 이해하는 능력이 뛰어나다는 의미이기도 했다. B2B 커머스 시장의 고객은 상품을 판매하는 회사로, 휴가철 대목이 포함된 4분기가 가장 성업하는 시기였다. 그러므로 주로 가을에 열리는 드림포스에 참석해서 새로운 것을 받아들일 여력이 없었다.

제품의 출시 일정에 걸맞은 행사를 선택하는 것은 그녀가 내린 결정 중에서 쉬운 축에 속했다. 존스는 당시 90개에 육박하는 세일즈포스의 다양한 제품 중에서도 중앙 무대에서 발표할 만한 가치가 있으며 세일즈포스의 대규모 영업팀이 팔아볼 만한 제품을 만들어야 했다.

그녀는 세일즈포스 플랫폼이 고객이 운영하는 사업을 성장할 수 있게 하는 강력한 동력이 된다는 사실을 보여주면서, 시장 트렌드와 고객에 제공하는 가치를 결합하여 이야기를 만들었다. 이 제품은 고객이 B2C 전자상거래 사이트에서의 원활한 구매 경험을 B2B 거래에도 쉽게 적용하고 주문의 정확도를 높이는 데도 도움을 주었다. 결과적으로는 고객이 투자한 것보다 많이 얻을 수 있는 제품을 만들었다.

그녀는 제품의 특장점을 미리 경험한 고객이 도와준다면 제품에 대한 신뢰를 쌓기 쉬울 것이라고 생각했다. 제품을 출시할 즈음 매우 다른 3개의 고객층을 대표적인 사례로 들 수 있도록 준비했는데, 공업용 상품을 제조하는 에코랩Ecolab, 화학 제품을 유통하는 유니바Univar, 소비자 브랜드 제조업체인 로레알L'Oreal이었다.

가트너Gartner는 유명한 분석 회사로 압도적인 영향력을 가지고 있었다. 존스는 제품과 분석가 전문팀과 협력하여 가트너의 연구 분야 부사장 겸 분석가인 페니 길레스피Penny Gillespie의 지원을 확보했다. 덕분에 존스의 팀은 제품 출시를 위한 보도자료에서 "이 제품은 전자상거래에서 세일즈포스의 취약점을 상쇄한다. 영업 지원, 대금 지불과 주문 관리 시스템과 같은 부분을 보완하여 B2B 사업 영역에서도 뛰어난 경쟁사로 발돋움했다"는 페니의 말을 인용할 수 있었다.

하지만 존스가 설득해야 했던 가장 중요한 에반젤리스트는 내부 영업팀이었다. 이 제품이 목표로 하는 가장 큰 시장은 이미 세일즈포스의 고객이었기 때문에 영업 지원을 위해 작업할 때 이를 염두에 두어야 했다. 뿐만 아니라 손쉬운 재주문이나 주문 제작 팸플릿과 같은 제품의 기능을 강조하여 이 제품 자체가 하나의 플랫폼으로 유용하다는 것을 강조했다. 그녀는 영업 조직에 대한 성과 보상이 명확하도록 했고, 드림포스가 하반기에 파악할 수 있었던 고객과 분석가에 대한 검증을 제품 출시 첫날에 마쳤다.

이런 모든 사항이 그녀의 제품이 출시 첫해부터 성공한 이유다.

B2B 커머스 시장의 시장 진입 전략은 지금 읽어보면 뻔해 보이기도 한다. 하지만 존스는 뻔하게 일하지 않았다. 그녀는 제품을 드림포스에서 출시하지 않았고, 영업팀이 노력할 만한 가치가 있고 주요한 발표에 다뤄질 만큼 제품이 중요하게 느껴지도록 내부 커뮤니케이션을 우선시했다. 그리고 제품이 출시되기 전부터 분석가와의 관계가 중요하다는 것을 알았다. 모든 일을 그녀 혼자 하지는 않았지만, 이 모든 일이 제대로 진행될 수 있도록 이끌었다.

이것이 전략적인 동시에 통합적인 제품의 시장 진입 전략의 예다. 존스와 같이 뛰어난 프로덕트 마케터는 업무를 진행할 때 네 가지 핵심 역할에 집중한다.

- **핵심 역할 1, 대변인:** 존스는 자신이 목표로 하는 고객을 충분히 이해하고, 가장 중요한 마케팅 활동의 시점을 결정했으며 이를 제품과 연결했다. 그녀는 또한 내부 영업 인력이 외부만큼이나 중요한 고객임을 알고 있었다.

- **핵심 역할 2, 전략가:** 출시하기에 가장 큰 기회인 드림포스보다는 제품에 가장 어울리고 현명한 기회를 노렸다. 그녀는 의도적으로 제품을 세일즈포스 전체 생태계에 연결해서 이점을 취했다.

- **핵심 역할 3, 스토리텔러:** 존스는 제품, 업계, 세일즈포스 모두에 제품이 가치 있게끔 이야기를 연결했다. 이는 제품이 돋보이게 하는 데 크게 기여했다.

- **핵심 역할 4, 에반젤리스트:** 그녀는 분석가로서 고객과 영업팀이 제품에 가장 큰 영향력을 줄 수 있다는 것을 알고, 출시 시점에 이를 모두 준비했다.

많은 기업에서 프로덕트 마케팅은 끊임없이 수행하는 업무에만 집중하는 경우가 있다. 하지만 더 근본적인 목적에 집중해야 한다. 사업 목표와 닿아 있는 전략적인 마케팅 활동을 펼쳐 시장에서 인지도를 쌓고, 그를 통해 고객이 제품을 선택하게 하는 것이다. 모든 활동은 이와 같은 의식적인 성과를 낼 수 있도록 진행되어야 하고, 이를 통해 뛰어난 성과를 낼 수 있다.

존스가 해온 작업을 체크리스트 방식(메시징, 보도자료, 고객과 분석가의 의견, 첫 영업 전화 가이드 문서, 출시 발표 자료, 영업 플레이북)으로 접근하면 그녀가 뛰어난 제품 시장 진입 전략을 세우게 한 맥락을 모두 무시한다.

구체적으로는 왜, 그리고 언제, 이러한 전략적 결정을 하느냐는 부분 말이다.

이 책의 파트 3은 제품 출시를 전략적이면서도 효과적으로 하게끔 돕는 도구와 기술을 설명한다. 전략적인 가드레일이 어떤 역할을 하는지, 기술 채택 곡선, 브랜드, 가격과 통합 캠페인 등 자주 오해하는 개념을 다시 살펴보겠다. 모든 제품의 출시 전략과 조직 단위의 합의를 이룰 수 있도록 한 장의 종이만으로 표현할 수 있는 프레임워크도 다룰 것이다. 제품 시장 진입 전략이 더 큰 마케팅 계획에서 어떤 역할을 하는지 짚어보고 서로 어떻게 유기적으로 결합하는지 설명하며 파트 3을 마칠 것이다.

전략가

아이폰이 보여주는 기술 수용 주기

나는 한때 온라인 백업 회사와 일한 적이 있었는데, 이 기업의 최초 타깃 고객은 '초록색 지폐를 사용하는 고객이라면 누구나'였다. 그들은 유료 라디오 호스트 광고(지금의 팟캐스트와 유사한)가 고객을 사로잡는 데 효과적이라는 사실을 발견했다. 하지만 유료 고객 획득 전략이 자주 그러하듯이, 이렇게 유입한 고객을 통해 기업을 성장시키려면 비용이 갈수록 증가했다.

이를 계기로 마케팅팀은 제품을 사용하는 고객을 면밀히 살폈다. 그들은 주요 고객층이 중장년층에 집중되어 있다는 사실에 놀랄 수밖에 없었는데, 라디오에 의존해온 것을 생각하면 그럴 만도 했다.

이 고객층이 제품을 떠나지 않도록 잡아두는 것은 쉬웠지만, 유감스럽게도 사업의 성장에는 도움이 되지 않았다. 대부분의 사람들이 부모 세대에게 온라인 백업에 대한 조언을 구하지는 않기 때문에 이 고객층은 제품에 대한 입소문을 낼 수 없었으며, 리뷰를 직접 적어 남기지도 않았다.

이 회사는 마케팅 활동을 전면적으로 개편하고 다른 사람과 이 제품에 대해서 이야기하는 고객을 끌어들이는 채널에 집중해야 했다. 이는 사업적인 수지타산을 따지기 위해서가 아니라 마켓 핏을 탐구하는 과정에 가까웠다. 그들이 이 과정을 헤쳐나갈 수 있다면 비용을 집행하지 않아도 유기적인 성장을 기대할 수 있었다.

그들은 고객 분석을 다시 살펴보고, 이 제품과 어울리는 고객층은 소셜 미디어에서 대부분의 시간을 보내는 20대가 아니라는 사실을 알았다. 오히려 미국 전역의 공공 라디오 방송을 듣는 30대 초반으로, 가족사진이나 작품 아카이브 등 '잃을 것이 많은' 사람들이었다.

이 제품의 시장 진입 전략은 이에 따라 어떠한 고객이든 유치하는 방향보다는 시간에 따라 제품에 기여할 수 있는 적합한 고객층을 확보하는 것으로 바뀌었다. 기술 수용 곡선을 염두에 두어야 한다는 점을 값비싸게, 긴 시간을 들여 배운 것이다. 제품, 특히 스타트업의 제품 출시 방식에서 흔히 찾아볼 수 있는 실수 중 하나다.

기술 수용 주기에 대하여

기술 수용 주기technology adoption life cycle(혁신 수용 주기 또는 기술 수용 모형)는 기술적인 기반을 가지는 새로운 제품이 서로 다른 고객층에 어떻게 파고드는지 설명한다.

기술 수용 주기 곡선은 기본적으로 종형 곡선을 그린다. 초기의 '혁신 소비자'와 그다음을 잇는 '조기 수용자(얼리어답터)'가 있다. 큰 비중을 차지하는 것은 '초기 다수자'와 '후기 다수자'이며 어떠한 기술도 수용하고 싶지 않은 '최후 수용자'가 있다.

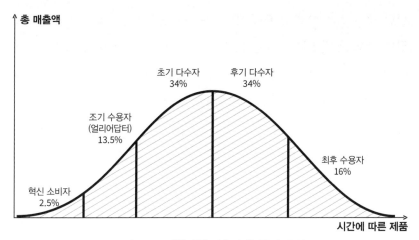

그림 15.1 전형적인 기술 수용 주기 곡선

이러한 기술 수용 주기는 보통 7~10년에 걸쳐 진행된다. 사람들이 기술을 수용하는 것은 무척 빠르게 진행될 수 있지만, 마케팅 활동과 인지도 개선을 통해 제품에 대한 경험이 구축되고 계층화되어야 한다.

내가 자주 보는 실수는 다수의 팀이 자신이 실제보다 빠르게 기술 수용 주기를 지나가고 있다고 생각하거나, 다음 단계를 위한 준비를 하지 못하는 것이다.

기술 수용 주기의 어느 지점에 위치하고 있는지 파악하는 것은 쉽지 않다. 시간에 따라 점진적으로 이동하는 것이 아니기 때문이다. 어떤 제품은 기술 수용 주기의 초반에 몇 년간 머물러 있다가, 빠르게 '다수자' 단계로 진입할 수도 있다. 대표적으로 엔터프라이즈 기업이 이러한 패턴을 보인다. 반대로 개인 사용자 중심의 테크 기업이 유행을 타면 비슷한 양상을 보인다.

엎친 데 덮친 격으로 고객에 대한 분석은 인구통계학적, 심리학적 또는 산업 특색만 반영하지 않는다. 요새 마케팅에서는 기술 특색(어떤 기술을 사용하는지), 기업 특색(규모, 위치, 산업군), 행동(구매 가능성), 의도(경쟁사 웹사이트 살펴보기, 온라인 콘텐츠 확인), 제품 사용 행태(꾸준히 구매하는 고객이 가장 많이 사용하는 기능), 검색 기록과 기업 내 고객의 활동성(주로 '어카운트 기반' 활동이라고 일컫는다) 모두 마케터가 시장 또는 고객층을 구분하는 데 활용한다.

프로덕트 마케팅 관점에서 시장 진입 전략에 기술 수용 주기 곡선을 접목시킨다는 것은 각 고객층이 다음 고객층에 어떠한 영향을 미칠 것인지 감안하겠다는 의미다. 예로 들었던 온라인 백업 기업은 우연찮게 고령 고객층을 조기 수용자로 얻은 것이 특기할 만하다. 기술 수용 단계에 뛰어나게 진입했다고 생각했지만, 비용 효율면에서 성장할 만한 고객 기반이 없었다(그림 15.2 참조).

그러므로 제품을 수정해야 하는 것이 아니라 마케팅 전략을 변경할 시간이 필요했다.

프로덕트 매니저는 이와 다르게 새로운 요구 사항을 낼 다음 고객을 찾는다. 이것은 그들이 타깃 고객층에 대한 정의보다 빠르게 움직여서 그들을 포섭할 방법을 찾아야 하기 때문이다. 어떤 고객이 구매 가능성이 높은지 고민하는 것보다는 JTBD$_{jobs-to-be-done}$ 프레임워크나 해결해야 하는 문제를 발굴하는 식으로 일한다. 그래서 시장 진입 전략팀이 실제보다 시장에서 빠르게 움직이고 있다고 오해한다.

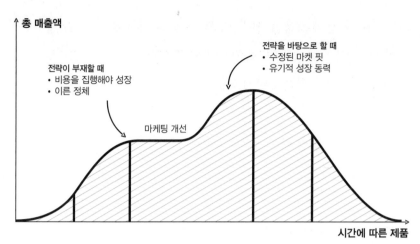

그림 15.2 **성장이 정체된 이유는 기존 고객층이 비용을 투여하지 않고도 사업을 성장 시킬 수 있는 기반이 아니었기 때문이다.**

프로덕트 마케터는 이런 인식의 격차를 해소하는 데 기여한다. 제품팀의 가교 역할을 하기 때문에 기술 수용 모형에 대한 지식과 현황을 주기적으로 제품팀에 공유한다. 반대로 마케팅팀의 가교 역할도 하므로 고객층에도 우선순위를 두어서 현재 상황에 어울리는 적합한 고객층에 집중할 수 있도록 한다. 스토리텔러 그리고 에반젤리스트로서 프로덕트 마케터는 시장보다 제품이 앞서는 상황에서도 업계에서 제품을 바라보는 인식을 형성함으로써 제품이 지속적으로 유의미한 가치를 전달할 수 있게 한다.

마케팅팀의 경우 고객이 세분화되는 방식은 무척 다양하다. 스타트업이라면 18개월에 걸쳐 수많은 제품을 배포한 후 네 개의 고객층에만 집중할 수도 있고, 성장 단계가 더 진행된 기업이라면 제품 기능을 배포하지는 않지만 새로운 두 개의 고객층에만 집중할 수도 있다.

전략가

각 팀에서 시장이 제품을 선택하도록 하는 데 가장 중요한 고객층을 식별한 다음에는 그들을 겨냥하여 마케팅 전략과 활동을 수립한다. 이 계획은 제품의 시장 진입 전략에 투영된다.

제품 시장 진입 전략과 생명 주기 관점의 결합

많은 스타트업은 그들에게 최적화된 최초의 타깃 고객이 누구인지 모른다. 이는 빈번히 일어나는 일이고, 제품의 마켓 핏은 반복적인 출시와 배포를 거치면서 알 수 있다.

슈퍼휴먼Superhuman의 라훌 보라Rahul Vohra는 자신의 팀이 그 최적화된 고객층을 찾아낸 과정을 상세히 다루었다.[*] '제품의 특장점을 알고 즐길 수 있으며 제품을 알리는 것을 도울 사람'이 초기 고객 중 집중할 군집으로 정의했다. 이는 제품 전략을 이끄는 주요한 핵심 개념이었고 시장 진입 전략에도 적용되었다. 다음은 그들이 시장 진입 전략에 포함시킨 내용 중 일부다.

- 매우 명확하고 차별화된 시장 포지셔닝: 역대 가장 빠른 이메일 사용 경험
- 초기 고객이 지인을 초대하면 수만 명이 기다리고 있는 베타 출시 대기열의 맨 앞으로 이동
- 베타 출시 이전에 고객으로부터 인정받을 것(제품의 장점을 경험하지 않으면 고객이 될 수 없음)

---

[*] Rahul Vohra, "How Superhuman Built an Engine to Find Product Market Fit", First Round Review, n.d., https://review.firstround.com/how-superhuman-built-an-engine-to-find-product-market-fit.

- 온보딩 시점부터 수익 창출(무료 평가판 없음)

- 고객이 처음부터 행복한 경험을 할 수 있도록 온보딩 전화

이는 당시 업계 표준이었던 무료 평가판, 모두가 참여하는 베타, 스스로 온보딩과 반하는 시장 진입 전략이었다. 하지만 보라와 그 팀은 자신감을 가지고 이 전략을 밀어붙였는데, 초기 고객을 무척 명확하게 파악하고 있었기 때문이다. 사업의 성공에 기여할지 여부를 두고 명확하지 않은 초기 고객에게는 "죄송합니다. 지금은 어렵습니다"라는 말을 서슴지 않았다.

B2B 환경에서는 제품 구매 또는 의사결정권자가 정작 제품의 필요를 느끼는 고객이 아니기 때문에 기술 수용 주기와 시장 진입 전략의 결합과 그 전개 방식이 다를 수 있으니 살펴보도록 하자.

사이버 보안 시장에서 CISO는 가장 주목을 받는 고위 의사결정권자다. 상장기업인 팔로알토 네트웍스Palo Alto Networks는 브랜드 인지도, 기존 제품, CISO 프로그램과 대규모 영업팀을 시장 진입 전략에 활용할 수 있었다. 그들이 이 곡선에서 앞으로 나아가는 방법은 이런 자원을 가지지 못한 덜 알려진 스타트업과는 다를 수밖에 없다.

스타트업의 경우에는 제품이 도와줄 수 있는 고객, 그러니까 실제로 일상적인 요구 사항을 느끼는 사람에 초점을 맞춘다. 제품의 시장 진입 전략은 CISO의 승인을 얻어내기 위해 더 많은 고객을 활성화하려 집중한다. 최종의사결정권자는 같아도 회사 규모에 따라 서로 다른 강점을 가지기 때문에 시장에 대한 접근 방식도 다르다. 어떤 타깃 고객층을 노릴 것인지, 마케팅 활동을 어떻게 전개할지에 대한 결정도 마찬가지다.

제품의 시장 진입 전략을 수립할 때 고객층에 대한 일반화를 주의해야 한다. 소상공인SMB, 중견기업, 엔터프라이즈로 나뉘는 것이 통상적인 구분이다. 시장 진입 전략을 구상할 때 '중견기업'은 고객이 아니다. '새로운 기술을 기꺼이 채택할 수 있으며 최소 50개 공급업체에 구매를 지시할 수 있는 공급망 중간관리자'가 고객이다. 마찬가지로 소비자가 고객인 기업의 경우 '인터넷을 사용하는 모든 사람'은 고객이 아니다. '새로운 단어와 언어에 관심이 많은 단어 애호가'가 고객이다.

신중하고도 침착하게

기술 수용 주기에서 다음 단계로 넘가는 절차와 이를 가능하게 하는 작업을 쉽게 지나치지 않도록 경계해야 한다. IT 제품의 역사상 가장 뛰어난 제품 중 하나인 아이폰도 수년간 구매자의 행태를 바꾸기 위한 작업을 하면서 시장을 파악했다.

제품의 시장 진입 전략의 각 요소가 어떻게 결합하여 작동하는지 살펴보는 것으로 이 장을 마치려 한다.

아이폰: 기술 수용 주기 관련 활동

애플이 수행한 수많은 과업을 무척 단순화해 설명해보도록 하겠다. 그리고 내 개인적인 경험에서 아이폰을 선택한 과정에 비추어 이것을 설명하겠다. 148쪽의 그림 15.3은 이 맥락에서의 기술 수용 과정에서 주요한 활동을 정리한 것이다.

혁신 소비자

애플에 열광하는 나의 친구 마이크는 판매 개시 첫날, 첫 번째 아이폰을 구매하기 위해 줄을 서서 기다렸다. 그는 며칠간 제품을 사용해본 뒤에 친구들에게 메일을 보냈다.

이 기계는 기대했던 만큼 모든 면에서 훌륭해. 진짜 대박이야. 동영상도 좋고 헤드폰을 연결하지 않고 외부 스피커를 사용할 수 있거든? 친구한테 동영상 보여주기에 엄청 편하더라고.

그리고 키보드 입력도 엄청 쉬운데 나처럼 '성숙한' 덕후에게 최고 같아.

:-) :-)

추신. 사실 잃어버릴까 봐 2개 샀어.

당시 가격은 599달러로, 상대적으로 이 제품에 배타적인 고객층도 점진적으로는 제품 구매를 검토할 수 있는 가격이었다. 이는 다음 단계 고객층을 위한 마중물이었다.

조기 수용자(얼리어답터)

불과 몇 달 후, 동일한 기기에 OS 업그레이드까지 진행되었으며 499달러로 가격이 떨어졌다. 마이크의 추천으로 나도 아이폰을 구매했는데, 가격이 저렴해졌기 때문에 조금 더 쉽게 구매를 결정할 수 있었다. 출시 직후에 구매하지는 않았지만 기술에 관심이 많았던 친구들 모두 이렇게 구매했다.

초기 다수자

1년 후, 애플은 아이폰 3G를 AT&T와 다년간 독점 유통 계약을 맺고 출시했다. 이 덕분에 가격을 199달러로 떨어뜨릴 수 있었다. 이즈음에 앱스토어 역시 론칭했는데, 첫 주말에 1천만 개 이상의 앱이 설치되었다[*]. 재무, 군부대, 소비재 생산 등의 분야에서 일하는 친구들이 아이폰을 구매하기 시작했다. 더 저렴해진 가격은 접근성을 높였고, 멋진 선물에 걸맞은 가격대에 진입했다.

2년 후, 애플은 버라이즌과 함께 아이폰 4를 출시했으며 레티나 디스플레이, 전면 카메라와 페이스타임(Facetime) 기능을 탑재했다. 이때 나의 시어머니도 아이폰을 구매했다. 손자손녀를 포함한 그녀가 신뢰하는 모든 사람이 아이폰을 사용하고 있었으므로 그녀도 용기를 내볼 마음이 있었다.

후기 다수자 및 최후 수용자

이 기간은 아이폰 5/6/7 출시 기간으로 최초의 아이폰 출시 이후 7년이 지난 시점이다. 독일 이민자이자 내가 아는 한 가장 보수적인 기술 수용자인 엄마가 아이폰을 드디어 구매했다. 그 계기는 기술과는 아무 상관이 없었는데, 가족이 어머니날에 반쯤 강요를 담아 선물했기 때문이다. 그녀는 이것이 더 편리한 디지털 카메라라고 생각했고 손주들을 볼 수 있는 페이스타임에 만족했다. 그 당시에는 이미 오래된 기능이었지만 그녀가 이 제품을 채택하기에는 충분했다.

당신은 무엇을 배울 수 있는가?

애플의 장기적인 목표가 나의 어머니와 같은 사람도 아이폰을 쓰게 하는 것이긴 했지만, 그들은 거기서 시작하지 않았다. 그들은 마이크와 같은 조기 수용자부터 시작했다. 어머니에게 다다르기까지는 10년 가까이 걸렸고, 그사이 제품, 배포, 가격 책정, 광고, 홍보의 모든 분야에서 꾸준히 발전했다. 10년 후, 아이폰 X가 상징과도 같은 홈버튼을 없애고 애플워치를 통해 애플이 생산하는 제품의 생태계를 만들며 다음 곡선을 그리고 있다. 아이폰이 역대 가장 성공적인 제품이라는 사실과 마케팅 예산까지 감안해야 한다면, 당신이 만들고 있는 제품이 기술 수용 주기를 돌파하는 데 얼마나 걸릴지 생각해보자.

---

* Apple, "iPhone App Store Downloads Top 10 Million in First Weekend", press release, July 14, 2008, https://www.apple.com/newsroom/2008/07/14iPhone-App-Store-Downloads-Top-10-Million-in-First-Weekend/.

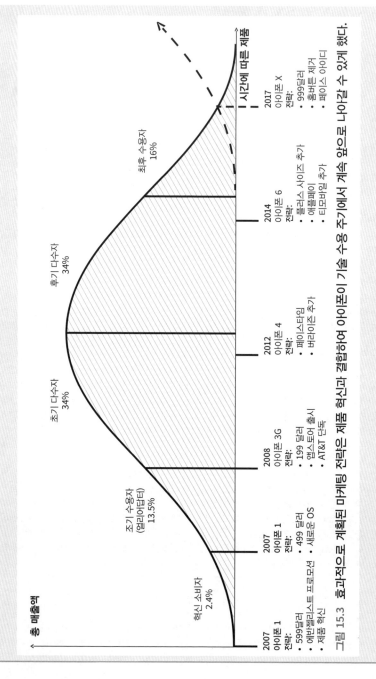

그림 15.3 효과적으로 계획된 마케팅 전략은 제품 혁신과 결합하여 아이폰이 기술 수용 주기에서 계속 앞으로 나아갈 수 있게 했다.

총 매출액

혁신 소비자
2.4%

조기 수용자
(얼리어답터)
13.5%

조기 다수자
34%

후기 다수자
34%

최후 수용자
16%

시간에 따른 제품

2007
아이폰 1
전략:
• 599달러
• 예비구매리스트 프로모션
• 제품 혁신

2007
아이폰 1
전략:
• 499달러
• 새로운 OS

2008
아이폰 3G
전략:
• 199달러
• 앱스토어 출시
• AT&T 단독

2012
아이폰 4
전략:
• 페이스타임
• 버라이즌 추가

2014
아이폰 6
전략:
• 플러스 사이즈 추가
• 애플페이
• 티모바일 추가

2017
아이폰 X
전략:
• 999달러
• 홈버튼 제거
• 페이스 아이디

브랜딩
당신의 생각과는 다르다

넷플릭스는 슈퍼볼 광고를 하거나 광고판으로 온 도시를 뒤덮어서 오늘날의 성공을 거둔 것이 아니다. 그들은 사람들이 넷플릭스를 이용하도록 독려하고 빨간색 봉투를 보내거나 언제나 몰아 봐도 좋은 콘텐츠를 제공하는 등 일관되게 훌륭한 경험을 제공함으로써 브랜드를 구축했다.

기업으로서 넷플릭스는 매우 강력한 제품팀이 있는 것으로 유명하다. 그들은 사업 목표에 걸맞은 결정을 내렸다. 이는 홈페이지 담당팀이 넷플릭스에 수천만 달러의 손실을 입힐 수도 있는 결정에 직면했을 때 시험대에 올랐다. 30일 평가판이 끝나기 전에 신용카드로 구독료가 청구될 것이라고 알렸는데, 그 사실을 미리 알리지 않았다면 깜빡하고 구독을 유지했을 고객이 구독을 종료하면서 생긴 손실 때문이었다.

팀은 결정해야 했다. 긍정적인 브랜드 이미지 유지에 도움이 되는 사전 안내 메일을 보내거나, 매달 수천만 달러의 수익을 선택하거나 말이다.

그들은 넷플릭스의 브랜드 평판을 지키는 것이 미래의 성장을 위해 올바른 선택이라고 생각했다. 그리고 그들은 옳았다. 이 결정은 당시 수천만

전략가

명의 구독자를 선택한 결정이었다.[*]

브랜딩은 대다수의 테크 기업에서 오해받고 있기 때문에 매끄럽게 운영되지 않는다. 브랜딩은 주로 이름, 로고, 색상, 디자인, 대고객 메시징과 같이 넷플릭스가 잘하는 것이라고 생각한다. 하지만 브랜딩은 이 모든 것에 더해 기업이 어떤 식으로 행동하는지, 그를 통해 어떻게 일관된 경험을 제공하는지에 달렸다. 말하자면 브랜딩은 고객과 기업의 약속이다.

세계 최고의 브랜드는 고객 경험 전반에 대해 이 약속을 이행한다. 심지어 계정에 부과되는 구독료에 대한 안내 같은 것에서도 말이다.

이 책의 파트 1에서는 디지털 제품 시장이 포화되면서 경쟁이 치열해지고 차별화하는 과정이 쉽지 않다는 사실을 다루었다. 브랜딩은 이런 환경에서 활용할 수 있는 전략적 도구다. 그리고 이는 놀랄 만큼 사소한 것에 대한 세심한 주의가 모여 이루어진다.

브랜드 관리와 실행은 마케팅의 업무 영역에서 벗어난다. 하지만 제품과 브랜딩이 만나는 지점이 있다. 이를테면 제품 또는 기능의 명칭, 제품을 통합하여 하나의 통합 제품으로 출시하는 과정, 비즈니스 브랜드로 발전하는 경우, 그리고 마지막으로 제품의 문제가 아니라 기업 브랜드에 문제가 있음을 진단하는 경우 등이 있다.

이 장에서는 브랜드의 기초를 폭넓게 이해하고 제품이 브랜딩과 접목하여 훌륭한 시장 진입 전략 결과물을 내는 경우에 대해 살펴보고자 한다.

---

[*] 나는 이 이야기가 나온, 제품 전략과 리더십에 대한 깁슨 비들(Gibson Biddle)의 강연을 강력히 추천한다.

IT 업계에서의 브랜딩

웹파일링WebFiling이 서비스를 시작한 2008년 즈음에는 로고, 브랜드 색상, 사명 등이 뛰어나다고 생각한 사람이 아무도 없었다. 하지만 고객들은 좋아했다. 고객들은 매주 제품을 더 잘 활용할 수 있는 방법을 제안받았고, 이를 설명하는 고객 전담 매니저는 반가운 사람이었다. 곧 웹파일링은 고객에게 믿음을 줄 수 있었다. 덕분에 브랜드에 대한 타의 추종을 불허할 만큼 충성도를 구축하여 사업 영역을 선도하는 제품으로까지 부상했다. 이 회사는 이후 상장사인 워키바가 되었다. 그들은 당연히 뛰어난 제품을 보유하고 있었지만, 브랜드에 대한 고객의 충성도는 고객의 제품 경험에 조기에 투자한 덕에 가능했다.

대부분 IT 기업의 브랜딩은 주로 제품 경험에 의해 결정된다고 생각한다. 하지만 고객 관점에서는 제품 지원, 판매 과정 그리고 가격 설정까지 모두 브랜딩에 포함된다. 이는 명백한 브랜드 표현인 웹사이트, 소셜미디어 또는 광고의 연장선에 해당한다.

고도로 경쟁적인 시장 상황에서 브랜드 경험은 그 자체만으로도 제품이 다르다고 느껴지게 한다. 이는 초기 단계에 있는 회사가 단순히 기능을 제공하는 것을 넘어서 자신의 체급보다 더 무거운 펀치를 날릴 기회를 주고 어쩌면 경기 자체를 바꿀 수 있는 기회다. 브랜드에 대한 끊임없는 기업 활동은 기업의 성숙도와 연결된다.

브랜드에 대한 운영이 전사 마케팅 차원에서 추진되는 이유도 마찬가지다. 제품은 변하지만 브랜드 약속은 변하지 않는다. 제품의 수명이 다하면 새로운 제품이 등장할 수도 있고 기능이 많이 바뀔 수도 있다. 기업이 브랜딩에 현명하게 투자한다면 많은 제품을 통틀어, 또는 한둘의 아쉬운 제품에도 불구하고 고객 충성도를 이끌어낼 수 있다. 여러 개 제품을 운영하며 성장 중인 회사의 브랜딩 최종 목표는 장기적인 고객 충성도다.

프로덕트 마케터는 제품의 시장 진입 전략을 계획할 때 전략 믹스에 현재 브랜드 상황을 포함시켜 생각해야 한다. 브랜딩이 개선되거나 새로운 관점이 필요하지는 않은지, 그리고 제품을 통해 브랜드 경험이 어떻게 전달되는지 점검하는 것이다.

이 장에 이어서 다룰 내용은 프로덕트 마케터가 마주하는 흔한 브랜딩 현실이다. 브랜딩은 학문으로서는 이 책의 범위를 넘어서는 방대한 영역이므로, 브랜딩에 전략적으로 접근하기 위해 몇 가지 개념을 알아가는 정도로 설명할 것이다.

제품 범위는 확대되고 있으나
시장의 제품에 대한 인식은 협소한 경우

1장에서 다룬 포켓의 사례가 이에 해당한다. 제품의 이름이었던 리드잇 레이터Read It Later로는 제품이 제공하는 영상, 이미지와 쇼핑 링크 저장 기능을 설명할 수 없었다.

포켓 팀은 단순히 한 가지 기능이나 앱을 제공하는 것이 아니라는 청사진을 고객에게 설명할 수 있어야 했다.

포켓이라는 이름은 그간의 새로운 기능을 모두 담을 수 있었다. 포켓 히츠Pocket Hits라는 매주 발송되는 메일 또한 같은 맥락에서 유효한 이름이었는데, 이 뉴스레터는 매주 포켓 앱을 사용하는 사람보다 많은 사람이 읽었다. 제품의 리브랜딩이 원체 성공적이어서 결국 사명으로까지 채택되었다.

제품의 시장 진입 전략을 알리는 브랜드 전략

여러 제품을 운영하는 회사는 더 광범위한 브랜드 전략으로 세 가지 층위의 브랜드 위계에 집중해야 한다. 회사(예: 애플), 주요 사업 분야 또는 브랜드(예: 뮤직, TV, 스마트워치, 아이폰, 맥) 그리고 제품(예: 맥북 에어, 맥북 프로, 아이맥)이 그것이다.

이러한 층위는 기업에 대한 고객의 인식을 단순화하여 표현하기 위해 쓰인다. 또한 고객을 구분하는 단위로도 쓰일 수도 있다. 하지만 마케팅의 대상은 반드시 이 구분을 따르지는 않는다. 예를 들어 애플은 제품 단위로 마케팅을 실시하며, 애플 TV+, 최신형 맥북 또는 아이폰과 같이 사업 분야로 홍보하지 않는다. 하지만 최신 아이폰을 구매하고 싶다면 웹사이트에서 아이폰 구역을 찾은 뒤에 제품 선택지를 확인할 것이다.

마이크로소프트는 반대로 오피스, 엑스박스Xbox, 애저Azure와 같이 사업 분야 또는 제품군 단위로 마케팅 활동을 진행한다.

규모가 큰 기업 브랜딩 전략은 각 제품이 어떻게 홍보되는지 결정한다. 제품의 시장 진입 전략은 기업 내에 사업 분야의 중요도에 따라 좌지우지되는 부분이 있다. 이를테면 내가 오피스 팀에 있었을 때 워드의 마케팅 전략은 업무 생산성 증진을 위한 제품군인 오피스의 하위에 속해서 몇 개의 기능만 강조한 마케팅을 진행했다.

기존 제품 브랜드 충성도를 활용한 새로운 고객 확보

인투잇Intuit의 제품 브랜드인 퀵북스QuickBooks 및 터보택스TurboTax는 기업 전체를 브랜딩하기보다 타깃 고객에게 호소한다. 그래서 제품 브랜드는 이 제품이 누구를 위한 것인지, 어떤 기능을 제공하는지를 빨리 파악할 수 있는 지름길이 된다. 소상공인을 위한 회계 시스템을 원한다면 퀵북스, 퀵북스 페이롤Quickbook Payroll, 퀵북스 타임Quickbooks Time을 고려할 수 있다.

또 다른 예시로는 개발자들의 전폭적인 지지를 받는 아틀라시안Atlassian의 지라 소프트웨어Jira Software가 있다. 아틀라시안은 지라 브랜드를 지라 서비스 매니지먼트Jira Service Management나 지라 얼라인Jira Align과 같은 제품에도 활용하여, 다른 고객을 대상으로 하는 서비스라고 해도 지라에 대한 개발자의 신뢰도를 다른 제품까지 확대한다.

제품명에 대한 결정은 종종 프로덕트 마케팅의 주도로 진행된다. 브랜드 충성도가 어떤 지점에서 존재하는지 깨닫고 그것을 의식적으로 활용할 수 있어야 한다.

새로운 브랜드를 활용하여 시장 침투

브랜드로서의 마이크로소프트는 엔터프라이즈 및 생산성 소프트웨어와 공고히 연결되어 있지만, 유행하는 게임과는 접점이 별로 없다. 이것이 엑스박스 브랜드를 만든 이유이며, 현재 엑스박스 브랜드는 마이크로소프트의 모든 게임 제품과 게이머들을 위한 마케팅에 사용된다.

때로 기존 브랜드가 새롭게 목표로 하는 시장과 동떨어져 새로운 사업 분야 또는 브랜드를 개발해야 하는 경우도 있다. 브랜드 또는 사업 분야에 대한 브랜딩은 기업 브랜딩에 대해 의사결정하는 사람이 주도하는 경우가 잦다. 이 결정은 제품의 시장 진입 전략의 기회와 제약을 만든다.

이와 같은 예시로는 연결되는 제품을 묶어 하나의 제품군을 만드는 방법이다. 동일한 타깃 고객층을 가지는 여러 개의 제품을 운영하는 기업이라면 개별 마케팅을 진행하는 것이 아니라 브랜드의 총체로 통합하여 마케팅을 진행하기 위해 의도적으로 브랜딩을 단순화한다.

제품명을 결정하는 것 자체가 브랜드 전략

제품의 이름은 고객이 제품으로 무엇을 할 수 있고 누구를 위한 제품인지 직관적으로 파악할 수 있도록 돕는다. 세일즈포스의 마케팅클라우드Marketing Cloud에는 이메일 스튜디오Email Studio, 오디언스 스튜디오Audience Studio, 모바일 스튜디오Mobile Studio, 소셜 스튜디오Social Studio와 데이터 스튜디오Data Studio가 포함된다. 제품에 대해 알지 못해도 제품명에 '스튜디오'가 포함되면 마케팅클라우드의 하위 제품이라는 것을 알 수 있다. 이는 널리 쓰리는 방법 중 하나로 제품 이름에 일관된 접두사와 접미사를 배치하여 더 넓은 제품군에 속하는 다른 제품들을 연결한다.

제품명은 제품의 향후 로드맵을 반영하기 때문에 주로 프로덕트 마케터가 주도한다. 명명 규칙은 미래 제품의 이름을 정할 때에도 영향을 미친다. 이는 브랜드 전략이 제품 시장 진입 전략과 맞아떨어지게 하는 첫 단추와도 같다.

넷스케이프 커뮤니케이션즈(Netscape Communications)에서 근무할 때, 이 기업은 초창기 인터넷 시대를 맞아 새로운 가능성의 상징과 같아서 인터넷 초창기에 빼놓을 수 없는 이름 중 하나였다. 제품명은 넷스케이프 내비게이터(Netscape Navigator)였지만, 사람들은 시장의 압도적 1위인 이 브라우저를 '넷스케이프'라고 불렀다.

일이 잘 풀리고 있을 때는 그 누구도 걱정하지 않았다. 하지만 기업 매출에서 서버와 같은 다른 사업부의 비중이 커지면서부터 서서히 문제가 되기 시작했다.

마이크로소프트가 인터넷 익스플로러(Internet Explorer)를 내세워 브라우저 시장에 대대적으로 진출하자, 당시 인식은 '브라우저도 저물고 넷스케이프도 저문다'였다. 실제 기업이 성장하고 있거나 새로운 인터넷 프로토콜을 만들어내고 서비스 혁신을 이루어낸 것은 중요하지 않았다.

당시 우리는 기업 브랜딩 문제가 있었지만 제품을 통해서 이겨내려고 했다. 프로덕트 마케터는 제품에 대한 이름을 정하는 과정에서 기업의 브랜딩 문제가 우선시되어야 한다고 경고했다. 하지만 기업 단위 마케팅 관점에서는 넷스케이프라는 이름을 고수하여 다른 제품에 대한 인지도를 높이기를 원했다. 회사는 곧 AOL에 인수되었는데, 넷스케이프의 브랜딩이 AOL 브랜딩으로는 포섭할 수 없는 고객층에게 호소했기 때문이다. 이 일은 제품과 기업 브랜딩의 관계성을 끊임없이 점검해야 한다는 것을 가르쳐주었다.

제품 명명과 브랜드 전략은 많은 IT 기업에서 후순위 업무로 취급된다. 하지만 브랜드 전략은 무척 중요하다. 이는 기업의 각각 부분이 개별적으로 내는 매출을 더욱 키워주기 때문이다.

뛰어난 프로덕트 마케팅팀은 제품 브랜딩 전략을 충분히 고려한다. 탁월한 브랜딩은 업계 전체의 지각을 변동시킬 수도 있기 때문이다.

가격
모든 것은 지불 용이도에 달렸다

나이키Nike는 나의 고향인 샌프란시스코에서 여성 마라톤 대회를 개최하곤 했는데, 대회에는 1만 명의 여성이 함께 뛰기 위해 모였다. 올림픽 선수부터 헤어스타일링 부스와 최신 나이키 장비를 갖춘 텐트까지, 이 행사는 여성과 달리기를 위한 축제였다. 그리고 이 대회에는 숨겨진 목적이 있었는데, 바로 나이키를 위해 최적의 시장조사 플랫폼 역할을 하는 것이었다.

이 행사에서 나는 나이키 선글라스를 위한 포커스 그룹에 선정되었다. 운동신경이 좋고 활기찬 고객들이 모든 것을 보고 만져보고 착용해볼 수 있는 선글라스 매장에 온 것 같았다.

우리는 스포티함, 트렌디함, 착용감, 색상 등 각 고객에게 중요한 잣대를 기준으로 제품의 선호도 순위를 매겼다. 그리고 난 뒤 나이키는 가격을 공개했다.

나는 실용성을 무척 중요시하는 사람으로 선글라스를 자주 구매하지 않는다. 내가 가장 선호하는 것으로 꼽은 선글라스가 300달러인 것을 확인하자, 그 물건은 가장 선호하지 않는 선글라스가 되었다. 내가 이미

전략가

구매한 나이키 패션 선글라스보다 비쌌기 때문이다. 하지만 나는 달리기 용으로 제작된 퍼포먼스 선글라스에 125달러를 지불할 의향이 있었다. 그래서 4위로 생각했던 선글라스는 가격을 확인하자 1위가 되었다. 내가 원하는 용도와 염두에 둔 가격이 일치했기 때문이다.

가격 책정의 가장 간단한 원칙은 "이 회사에서 만든 이 제품에 그만큼 의 돈을 지불할 만큼 이 제품을 좋아하는가?"다. 브랜드는 이 방정식에 서 당연히 큰 역할을 한다. 애플의 스마트워치는 199~399달러에 제품 을 내놓지만, 구글의 핏빗Fitbit은 유사한 기능을 제공하고도 179~299달 러인 이유다.

가격은 제품을 생산하기 위해 투여되는 비용을 기반으로 설정하지 않는 다. 그것은 고객이 제품이 제공한다고 믿는 가치와 지불 용이성을 바탕 으로 결정된다. 가격 설정은 가치 공학이다.

가격 설정의 기본

고객의 눈으로 가격을 바라보는 것은 중요하다. 즉, 고객이 회사에 지불 하는 가격에 비해 회사가 제공하는 제품을 얼마나 가치 있게 여기는지 에 집중해야 한다. 가격은 절대적인 가치가 아니라 상대적인 가치이기 때 문이다.

흔히 제품의 가격 설정에 문제가 있다고 판단한다면, 가격 그 자체가 문제 가 아니라 고객에게 닿도록 가치가 전달되지 않는다는 것이 문제다. 가격 은 동일한 사업 영역의 유사한 제품끼리 비교하여 결정되지, 시장 정서나 브랜드 인지도로 결정되지 않는다.

맥락(특히 이 제품과 그 대체품이 한 사이트에서 가격이 어떻게 표현되는지), 브랜드, 경쟁력 있는 대안, 가용성, 편의성과 예산까지 이 모든 것이 결합하여 고객의 가치판단에 영향을 미친다.

고객의 가치평가에 더하여 최근의 디지털 제품이 복잡하고 정교하며 값비싼 기술(예: 클라우드 저장소와 컴퓨팅 비용)에 근거하고 있음을 감안할 때, 제품에 가격을 매기는 것은 전문 분야가 되었다.

그래서 이 장은 주요 개념의 기본적인 내용을 다루는 것을 목표로 한다. 우선 가격 설정에 대한 결정을 누가 하는지부터 살펴보자.

기본적으로는 시장 진입 전략, 비즈니스 모델, 제품 복잡도, 리더십과 기업의 성장 단계에 따라 다르다. 이 업무는 이를 전문으로 하는 직무에 주어지기도 하지만, 프로덕트 마케터와 마찬가지로 프로덕트 매니저 역시 다수의 기업에서 이 건에 대한 의사결정 권한을 가진다. 업계에서 누가 이를 담당하거나 담당하면 안 되는지에 대한 논쟁이 숱하게 많은데, 두 직무 모두 큰 영향력을 가지는 중요한 직무이지만 가격 설정의 기본 요건을 살펴서 각 기업에서 누가 담당하는 것이 좋은지 고민해보기 바란다.

- **수익화 전략**: 어떻게, 그리고 언제 수익을 발생시킬 것인지 결정한다. 이 개념은 당신이 고객에게 얼마의 비용을 청구할 것인지와는 다르며, 종종 제품, 사업 운영과 프로덕트 마케팅이 힘을 모아 결정하는 영역이다. 이는 각 역할을 수행하는 사람이 어떤 역량을 보유했는지에 달려 있다.

- **가격 설정 전략**: 제품의 실제 가격을 결정한다. 재무 관련 또는 사업 운영팀이 주도하거나 큰 영향을 미친다. 더 성숙한 단계의 기업이라

면 고객 퍼널이 어떻게 동작하는지, 전환 예상치, 시나리오 예측과 제품을 구현하고 고객 응대를 위해 집행되는 비용과 같은 요소를 반영한다. 영업 인력이 판매하는 제품을 다루는 기업이라면 영업팀이 기본적인 정보를 제공한다. 고객에 제공할 가치에 대한 측정은 프로덕트 마케팅이 주관한다.

- **패키징 전략**: 패키징은 가격 설정과 확연히 구분되는데, 고객과 시장에 제품을 제공할 때 어떤 묶음으로 내놓을지 결정하는 것이다. 서로 다른 일을 하기 때문에 가격 설정과 패키징을 혼동하지 않는 것은 중요하다. 패키징은 통상 프로덕트 마케팅이 주도하되, 이를 가능하게 하는 주요한 협업 동료는 제품팀이다.

가격 설정과 패키징을 누가 담당하건, 프로덕트 마케터의 역할은 고객을 위해 진정한 가치를 전달할 수 있게 하고 타깃 고객층에 따라 사업 목표를 따르도록 하는 것이다.

이 장에서는 현명한 가격 설정과 패키징을 위한 기본 원칙을 소개하겠다.

고객에게 쉽고 사업에 기여하는 가격 설정

가격 설정은 고객이 쉽게 이해할 수 있는 단위로 나뉘어야 하며, 기업의 성공과 연결될 수 있도록 해야 한다. 말로는 쉬운 개념이지만 실천에 옮기기에는 여간 어려운 일이 아니다. 그러나 IT 제품을 판매할 때에는 제품 자체의 가격이 어떻게 책정되는지보다는 "고객이 구매할 것인가?"라는 질문을 중심으로 생각한다. 다음의 네 가지 기초 개념을 확인하자.

1. **제품의 가치를 반영하면서 제품이 더 많은 가치를 제공할수록 함께 성장하는 지표를 선택하라.** 예를 들어 드롭박스는 저장 용량 1TB마다 추가 비용을 부과한다. 더 원하면 더 내라는 직관적인 가격 설정 방식이다. 이와 달리 별도의 관리자가 있는 서비스를 이용하는 경우, 조직이 커지고 복잡도가 높을수록 외부에서 공격받을 확률이 올라가므로 플랫폼 서비스 비용도 비례하여 상승한다. 과금 방식과 구간은 간단하게 운영하라.

2. **고객이 머릿속으로 암산할 수 있을 정도로 단순 명료해야 한다.** 사람들은 자신이 어떠한 상황에 처해 있는지 파악하고 이것을 가치와 비용으로 환산하려고 한다. 사용자당 가격이라는 책정 방식이 유용한 이유는 특정 팀에 구성원의 수에 따라 손쉽게 가격을 계산해볼 수 있기 때문이다. 사용량에 비례하는 인프라 서비스를 담당하고 있다면 사용량당 과금 구조가 불필요한 비용을 줄이기 때문에 유용하다고 생각할 수 있다. 고객이 지불 용이도가 있는 가격의 임계치에 도달하기 전에 새로운 패키징을 준비해두어야 한다. 가능하다면 최대한 제품을 많이 사용하도록 하여 더 많은 고객이 남도록 관리하자.

3. **쉽게 측정할 수 있어야 한다.** IT 및 컴플라이언스팀은 기업이 현재 계약 조건에 따르고 있는지 빠르게 파악할 수 있어야 한다. 예를 들어 좌석당 가격은 언뜻 보기에는 명료할 수 있지만 사내의 사용량을 빠르게 늘리려 할 때는 도리어 장벽이 될 수도 있다. 비용을 통제하기 위해 IT팀은 라이선스의 갯수를 제어하려 하지만, 모두 제품을 사용할 수 있고 사용량에 근거하여 과금하면 오히려 추정하기 쉽기 때문에 더 많은 사내 구성원이 쓰도록 유도할 수 있다. IT 및 컴플라이언스

팀은 비용을 예상할 수 있는 상태를 선호하므로 2번 개념과 4번 개념에 주목하자.

4. **CFO나 비용 집행 담당자가 다른 기업과 비교하여 이해할 수 있는 수치여야 한다.** 이 담당자는 제품과 관련된 차별점과 뉘앙스에는 관심이 없을 수도 있다. 도리어 비용과 투자 대비 수익률 관점에서 문제를 제기한다. 제품이 그 가격만큼의 값어치를 하는가? 이는 실제 제품 간의 경쟁 층위가 아니라 기업이 진행하는 다른 계약과 비교하는 관점이다.

비즈니스를 주도하는 요인

가격에 관해서 아주 단순화하자면 두 가지 심리로 나눌 수 있다. 하나는 싸기 때문에 사는 것이고, 하나는 최고이기 때문에 사는 것이다. 이 두 심리를 가격 설정 스펙트럼의 양 끝이라고 하면, 제품과 시장 진입 전략은 어떤 위치가 좋은지 결정할 수 있다.

예를 들어 제품 에반젤리스트가 되어 입소문을 내줄 사람을 포섭하려면 제품에 대한 가격을 저렴하게 책정하거나 무료로 배포해야 한다. 하지만 그 반대 역시 가능할 수 있다. 15장에서도 살펴보았듯이, 아이폰은 초기에 높은 가격을 책정했는데 제품의 열렬한 지지자가 될 사람만 구매하게 하는 동시에 배타적 이미지를 유지하는 데 일조했다.

당신의 제품이 프리미엄 제품이 될지 아닐지는 시장 인식과 브랜딩에 달렸다. 제품의 가격에 기업의 가치가 투영된다고 보아도 좋다. 나이키의 300달러짜리 패션 선글라스에 대한 나의 반응은 그 선글라스가 구찌 제품이었을 때와 무척 달랐다.

마케팅팀이 프리미엄 제품이라고 동의했다면, 고객에게서 비싸다는 이야기를 못 들으면 오히려 더 벌어들일 수 있는 수익을 놓치는 셈이다.

언젠가 초기 단계 스타트업의 영업 리더를 만난 적이 있는데, 그는 제품의 가격 설정을 이해하려고 애쓰는 중이었다. 그는 "회의 때마다 가격을 2배씩 올려 책정해보고, 누군가가 그 숫자를 보고 놀라기를 기다리고 있어요. 하지만 아직 그런 일이 없었기 때문에 우리는 적당한 가격이 얼마인지 여전히 모릅니다"라고 했다.

시장에 제품을 출시하여 고객과 상호작용하며 가격을 매기기 전까지는 제품의 가치를 알 수 없다. 적당한 타협점을 찾아야 한다. 초기 단계의 B2B 회사에서 일하고 있다면 최소한 20~30명의 고객을 유치해봐야 알 수 있을 것이다. 사업이 확장될 것으로 추정한다면 가격의 최적화는 그 전에 이루어져도 좋다. 지속적으로 가드레일을 설정하며 가격을 최적화하면 된다.

B2C 회사에서 일하고 있다면 가격 설정을 자주 반복할 수밖에 없는데, 이는 제품을 온라인으로 배포하고 가격을 검증하기 쉽기 때문이다.

패키징을 활용한 고객 세분화 또는 제품 이용 패턴 파악

패키징은 고객을 구매하도록 유도해야지, 구매할 마음이 사라지게 해서는 안 된다. 의아하게도 선택지가 많으면 고객은 구경은 하되 구매하지는 않는다.

이는 결정에 대한 피로감 때문이다. 가격 설정과 패키징의 복잡함은 영업과 구매 절차와 충돌한다. 그림 17.1은 패키징 전략에 대한 선택지를 제공한다.

표 17.1 다양한 패키징 전략의 시기와 사유

패키징 전략	포괄	플랫폼 + 애드온	좋거나 더 좋거나 최고이거나
언제	제품 초기	제품 라인이나 기능 구성을 확장	바르게 정의된 이용 패턴과 타깃 고객
왜	고객에게 명료 영업에도 명료	고객에게는 유연하지만 복잡함 영업이 직접 다각화 가능	가능한 한 최대의 성과 결정 피로도가 낮음 반복할 수 있는 영업 절차

패키징을 이용하는 가장 보편적인 방법 중 하나는 에디션을 사용하는 것이다. 에디션은 고객층별 이용 행태에 맞추어 미리 제품을 패키징하는 동시에 고객 경험을 사업 목표와 연결시킨다. 초기 단계 에디션에는 꼭 써봐야 할 제품을 모두 포함시키는 것이 좋다. 다수의 잠재고객이 "이 가격에 이만큼을 다 쓸 수 있다고?"라고 생각하게끔 해야 한다. 그 다음 단계의 에디션에는 특정 시장 또는 고객층을 위한 특화 상품을 포함시킨다. 모두를 위한 것은 아니지만 필요로 하는 사람에게는 그 제품의 특수한 가치와 차별성을 돋보이도록 한다. 이는 추가적인 에디션 또는 애드온에도 쓰일 수 있다. 시장은 협소할 수 있지만 매우 구체적인 목적에 어울리도록 패키징을 구성한다.

트렌드의 변화는 가격에 대한 기대도 바꾼다

D2C(넷플릭스, 스포티파이, 애플뮤직, 애플TV+)와 B2B(구글, 세일즈포스)에 대한 고객의 구매 행태는 클라우드와 구독형으로 전환되었다. 마이크로소프트 오피스 홈&학생 에디션을 구매했다면 104.99달러로 동일한 버전을 수년간 이용했을 것이다. 이제 새롭게 출시된 마이크로소프트 365는 매해 99달러만 내면 더 많은 제품을 경험할 수 있다.

다른 모든 것과 마찬가지로, 가격과 패키징 역시 트렌드와 고객 기대치에 따라 바뀐다. 현명한 가격 설정과 패키징은 가치에 대한 인식을 고양하고 불필요한 고민을 최소화할 수 있다. 무엇보다도 이는 사업을 성장시킬 중요한 지렛대 중 하나다.

프로덕트 마케터 프로필: 젠 웨이(Jenn Wei)

젠 웨이는 VM웨어(VMware), 도큐먼트사인(DocumentSign)에서 프로덕트 매니징 및 프로덕트 마케팅 직책을 맡았으며, 현재는 루브릭(Rubrik)에서 제품 성장 부서의 부사장을 맡고 있다. 그녀는 프로덕트 매니징과 프로덕트 마케팅을 탁월하게 엮은 커리어를 가지고 있다. 그리고 가격 설정과 패키징에 대해 단연코 뛰어난 통찰력을 지녔다. 이 장의 많은 내용은 그녀의 도움을 받아 작성할 수 있었다.

전략가

제품 밖의 마케팅

나는 전 세계적인 팬데믹에서 빠져나오는 시기에 이 글을 쓰고 있다. 어떤 분야는 호황을 누리고 있고, 어떤 분야는 고군분투하고 있다. 원격 근무가 새로운 일상이 되면서 '사무실'은 결코 예전 같지 않을 것이다.

엉망인 상황은 일어나기 마련이다. 그리고 그런 일은 우리 모두에게 영향을 미친다. 그렇기에 대자연의 힘, 계속되는 삶, 전 세계적인 사건 사고가 마케팅을 하는 방식에 영향을 미쳐야 한다. 이 모든 것은 어떤 제품을 만드는지와는 무관하다.

시장, 기술 또는 한정된 자원에 따라 움직이는 모든 기업은 제품에 눈에 띌 만한 변화가 없더라도 마케팅의 힘을 유지해야 하는 시기가 있다. IT 업계에서 일하고 있다면 무섭게도 들리는데, 새로운 것을 파는 것에 익숙하기 때문이다.

프로덕트 마케팅의 관점에서 보자면 제품이 마케팅을 지지해줄 수 없는 상황에 마케팅 방법론을 재고하는 것과도 같다. 이는 되려 프로덕트 마케팅과 마케팅이 협업하여 정말로 중요한 것에 집중하기에 좋은 시기다.

이 장에서 다루는 그 무엇도 마케팅만의 영역은 아니다. 프로덕트 마케팅은 기본적으로 콘텐츠, 마케팅 활동, 이미 출시한 제품을 통해 시장의 신호를 해석하는 일이므로 반드시 제품과 연관되지 않더라도 프로덕트 마케팅은 마케팅 분야에서 큰 역할을 한다.

제품을 넘어선 마케팅 캠페인

마케팅 업계에서 캠페인은 시장 기회 또는 도전적 문제를 해결하기 위해 계획한 일련의 행동이다. 마케팅팀은 끊임없이 캠페인을 진행한다. 모든 캠페인을 제품에 대해서만 진행하지 않는 것은 좋은 접근법이다. 특정 고객층에 집중하거나 기업 수준의 성장 동력에 집중하자. 다음은 이와 같은 기조를 반영한 예다.

- 예측하지 못한 이례적인 사건을 활용하라(예: 글로벌 팬데믹, 이 장 마지막을 참조).
- 규모가 작지만 명확한 타깃 고객층을 노려라(예: 1인 회계 법인).
- 개별 기업 활동을 강조하라(예: 인수, 성장).
- 휴면 고객이나 기존 고객의 활성화에 집중하라(예: 한동안 메일을 발송하지 않았던 고객층).
- 브랜드 인식 전환(예: 브랜드가 더 이상 혁신적이라는 이미지를 주지 못하는 경우)
- 경쟁사 고객의 유치(예: 고객의 쉽게 전환할 수 있도록 전용 프로그램 운영)

무엇을 어떻게 할지는 기본적으로 마케팅팀에 달려 있지만, 왜, 그리고 언제, 어떤 캠페인을 할지는 프로덕트 마케팅팀이 결정하기도 한다. 프로덕트 마케팅팀이 특별한 기회나 도전적인 상황을 감지했을 때 시장 진입 전략 관점에서도 캠페인을 진행하기 때문이다.

브랜드의 감성에 투자

16장에서 자세히 설명했지만, 지금은 고객의 이성보다는 감성에 호소하기에 좋은 시기다. 브랜드는 고객이 열망하는 것을 담는다. 좋은 엄마, 유능한 지도자, 혁신가, 영원한 젊음과 같이, 최고의 브랜드는 스스로가 꽤 멋지다고 생각하게 만든다.

브랜드의 정서적 측면은 매출과 직접적인 연관이 없기 때문에 IT 기업은 여기에 투자하는 데 박하다. 하지만 오히려 티끌 모아 태산이 될 수 있는 분야이기도 하다. 마케팅 프로그램으로 고객과의 관계를 공고히 할 수 있는 방법으로 무엇이 있을까?

마케팅과 영업의 협업 개선

매주 회의를 하고 대화가 이루어지며 마케팅과 영업의 대상이 되는 어카운트 목록도 함께 갱신되고 파이프라인을 두텁게 하는 캠페인도 실행하고 있기 때문에, 이미 이 단계에 도달했다고 오해하기 쉽다.

그러나 마케팅과 영업의 협업은 언제나 더 좋아질 수 있다. 이를테면 단기간에 긴밀하게 협업하여 캠페인을 구성하는 것이다. 한 가지 분야에 극도로 집중하거나 최적화하여 작은 캠페인이나 활동을 진행하는 식으로 말이다.

프로덕트 마케터가 시장의 면면을 파악하고 있으므로 영업과 마케팅팀에 적절한 정보를 제공하고 영감을 불어넣는 것이 중요하다. 제품에 새로운 변화가 없을 때 마케팅의 창의력과 영업과의 협력을 끌어올리기에 최적의 시기다.

고객 여정 조사

펠로톤Peloton은 초기에 판매 실적을 달성하기 위해서 쇼핑몰 내부의 판매 창구에 집중한 것으로 유명하다. 잠재고객은 제품을 사용해보고 가장 비싼 자전거가 다른 제품과 무엇이 다른지를 알 수 있었다.

단지 실적을 올리기 위해서뿐만 아니라, 이러한 창구를 통해 펠로톤은 고객과 직접 대면하고 대화할 기회를 얻고 타깃 시장을 이해할 수 있었다. 펠로톤은 무엇이 관심이 있던 사람을 고객으로 바꾸는지 관찰할 수 있었다. 그리고 사람들이 물건을 사게 하는 것이 무엇인지에 대해 확신하기 전까지 디지털 채널을 활용하지 않았다.

제품에 대한 고객의 검토는 온라인에 치중되어 있지만, 오프라인과도 결합하여 입체적으로 이루어진다. 고객은 주변과 대화를 통해 정보를 얻지만 여전히 가게에 방문한다. 이따금 직접 보거나 경험하기 전까지는 새로운 제품이 시장에 등장했다는 사실 자체를 모르기도 한다.

제품에 대한 주요 개선 사항이 없는 시기는 실제로 영향력을 미치는 지점이 무엇인지에 집중할 수 있는 좋은 기회다. 시간을 내서 NPS 점수가 높은 고객에게 연락하여 제품 비교 사이트에 자사 제품에 대한 리뷰를 쓰거나 비디오로 제품을 추천해줄 수 있는지 물어보자. 또는 그들에게 고마움을 담아 선물을 보내 기쁨을 주자.

마케팅 믹스를 재검토하고, 전통적인 마케팅 수단인 오프라인, 라디오, TV 등이 유효한지 생각해보자. 마케팅이 고객과의 장기전이라는 것을 상기하고, 이 게임을 주도하는 방법에 변화를 주자.

고객의 입소문 유도

고객이 직접 당신을 옹호하는 것만큼 강력한 것은 없다. 기업은 세상에 제품을 알리고 싶어 하는 고객을 찾는다. 그들은 진심으로 이 제품을 아끼고 다른 사람들도 알아야 한다고 생각하기 때문이다.

어떠한 이유에서건 기존 고객이 입소문을 내게 유도하는 것은 추천인 프로그램과 연결된다. 그렇기 때문에 더더욱 잘해야 한다.

고객을 대상으로 한 마케팅은 고객이 제품을 사용해서 원하는 바를 얻어내는 것부터 시작한다. 사소하게는 고객 지원 전담팀에서 감사 메시지를 담은 선물 꾸러미를 보내는 등의 마케팅 활동도 포함된다.

고객은 자신이 기업과 신뢰할 만한 관계에 있다고 믿고 싶어 한다. 고객이 지속적으로 갱신하는 값비싼 계약을 체결하였다면 더더욱 그러하다. 무엇을 해야 고객이 당신을 기술 공급업체로 여기지 않고 기업과 제품의 진정한 팬이 되게 할 수 있을까?

커뮤니티 활성화

커뮤니티는 다양한 것을 내포하지만, 기본적으로 입소문을 확장시킬 수 있는 장이다. 기업이 직접 홍보하는 데는 한계가 있다. 누군가가 당신을 대신하여 홍보할 수 있다면 항상 더 효과적이다.

커뮤니티는 사용자끼리 서로 질문할 수 있는 포럼부터 오프라인 미팅 그리고 고객이 스스로 문제를 해결할 수 있도록 돕는 전문가 집단에 이르기까지 무척 다양하다.

이는 고객 서포터즈와 같이 동작할 수도 있다. 어떻게 하면 제품이 더 나아질 수 있는지 고객이 심층적인 피드백을 제공하고, 기업 역시 고객에게 더 나은 서비스를 제공할 수 있는 방법을 배울 수 있으므로 쌍방향 상호작용이다. 이와 같은 방법론은 프로덕트 매니징과 프로덕트 마케팅이 함께 협력하여 진행하곤 한다.

커뮤니티 관련 전략에서 많이 발견할 수 있는 실수는 도구나 이벤트, 즉 발판에만 초점을 맞추어 커뮤니티가 이미 구성되었다고 생각하는 것이다. 단순하게 생각하자. 기업의 브랜드와 연결 고리가 있다는 것에 자부심을 느끼는 충성고객이 공개적인 장소에서 이 브랜드에 대해 논의할 수 있는지에 집중하자.

단순히 발판을 만드는 것이 아니라 커뮤니티를 만드는 일 자체를 잘할 수 있다면 소셜미디어를 통해 이 성과를 가늠할 수 있을 것이다.

모던하이어(Modern Hire)가 고객 중심의 캠페인을 운영하기 위해 어떻게 움직였는가?

많은 기업과 마찬가지로, 모던하이어는 2020년 3월 중순에 사무실을 폐쇄하고 100% 원격 근무 체제에 돌입했다. 프로덕트 마케팅 출신인 마케팅 책임자 제이 밀러는 모든 마케팅을 중단하는 대신 2주 만에 8명의 팀을 이끌며 셧다운을 계기로 새로운 기회를 포착했다.

모던하이어는 HR IT 기업으로 AI와 심리학을 접목한 제품으로 채용과 채용 후보의 경험을 동시에 개선시켰다. 당시에 많은 기업이 인력을 감축했기 때문에 채용은 당장 급한 요구 사항은 아니었다.

업계의 경쟁사는 대부분 '무료 영상 면접'을 제공하기 위해 밤새워 일했다. 제이의 팀은 채용 후보에게 좋은 경험을 하게 하고 채용 과정에서 합리적인 결정을 하도록 돕는 것이 더욱 중요하다고 결론을 내렸다. 모두가 원격 면접과 채용으로 즉시 전략을 수정했으므로 그 과정에서 결정을 뒷받침하는 데이터의 중요성은 더욱 높아졌다.

그리하여 제이의 팀은 2주 만에 '일터로 돌아가자(Let's get to work)'라는 캠페인을 만들었다. 이는 각 요소가 준비될 때마다 반복적으로 출시되었다. 다음은 그들이 캠페인을 출시하기 이전에 영업팀과 함께 수행한 작업이다.

- 메시징에 대한 영업 조직 교육: 어조와 세부 사항 차별화
- 영업 활동에 곧바로 적용할 수 있는 도구 제공: 이메일 템플릿, 대화 스크립트, 새로운 일상에 대하여 다루는 대화 소재 등
- 모던하이어를 플랫폼으로 활용하는 것과 단순히 콘퍼런스 도구(줌, 팀즈, 구글 밋)를 활용하는 것에 대해 고객 경험, 이를 비교하는 내용을 담은 영업용 자료
- 고객 사례 연구
- 파트너십 체결 및 현황에 대한 자료 현행화

그리고 마케팅 캠페인에는 다음과 같은 내용이 포함되었다.

- 홈페이지 새 단장
- 코로나19 관련 안내 페이지 신설
- 제품과 사업 영역에 대한 페이지 보강
- 매주 CEO가 작성하는 블로그 콘텐츠
- 매일 발행하는 소셜미디어 콘텐츠
- 제품의 특장점을 설명하는 영상 6부작
- 12개 종류의 이메일을 통한 고객 유치 계획
- 주간 팟캐스트 콘텐츠
- 주간 웨비나 콘텐츠
- 링크드인(Linkedin)과 구글에 유료 광고 집행
- 어카운트 기반 마케팅 활동(account based marketing, ABM): 링크드인으로 메일 발송
- 채용 담당자와 채용 후보자 안내 책자, e북, 다양한 팁에 대한 콘텐츠

캠페인이 진행되는 동안 제이의 팀은 영업팀이 잠재고객에게 개인화하여 접근할 수 있도록 전적으로 지원했다. 이를 통해 영업 행위는 마케팅 활동의 연장선에 놓였다. 이런 작업 중에는 다음의 내용이 포함된다.

- 웨비나 재생 링크
- 매주 언론 보도 요약
- 관련 사례 분석 자료
- 뉴스에 언급된 클라이언트에 대해 소셜미디어에서 언급

전략가

- 적극적인 잠재고객을 유치할 수 있도록 돕는 대응 패키지

이 모든 과정은 결과가 증명했다. 4월과 5월에 최대 영업 성과를 기록하였으며, 새로운 시장을 개척하면서 역대 최고 기록을 세웠다.

- 웹사이트 트래픽이 100% 증가했다.
- SEO는 100% 증가했다.
- 이 기간에 유치한 새로운 고객: 메이시스 스티치 픽스(Macy's Stitch Fix), 블루 크로스 블루 실드(Blue Cross Blue Shield), 타깃(Target), 카길(Cargill)
- 기존 고객인 월마트(Walmart), 아마존(Amazon), 시월드(Sea World)는 모던하이어를 통해 수십만 명의 직원을 고용했다.

가장 중요한 사실은 모든 경쟁사가 직원을 해고할 만큼 힘든 이 시기에 성장률이 두 자릿수였다는 사실이다. 이와 같은 결과는 정확하게 사업이 마케팅에 기대하는 것이다.

제이의 팀이 수행한 활동 중에서 프로덕트 마케터가 시장 진입 전략을 구상할 때 참고할 만한 가치가 있는 것을 다시 살펴보자.

- 시간을 들여 심사숙고하고, 자신감을 가지고 빠르게 움직인다.
- 제품에만 기대는 것이 아니라 경쟁사 대비 제품의 차별점을 활용했다.
- 모든 것은 고객 중심으로 운영되었다.
- 모두 무료 체험이라는 트렌드를 따라갈 때, 가치의 중요성을 부각시켰다.
- 다각화된 접근을 하였고, 마케팅 도구 중에서 쓸 수 있는 것은 모두 썼다.
- 영업이 마케팅의 연장선에서 업무를 진행했고, 마케팅 역시 영업의 연장선에서 업무를 진행했다.

이는 그야말로 마케팅의 가장 뛰어난 사례 중 하나다. 만약 제품이 지지를 충분히 받고 있지 못한다고 생각해도 신중하게 접근한다면 엄청난 효과를 가져올 마케팅을 실시할 수 있다.

한 장으로 쓰는 제품 시장 진입 캔버스

어느 가을 아침, 밴드위스Bandwidth 제품팀은 골치 아픈 문제를 해결하기 위해 고민 중이었다. 제품을 이용하는 상위 10개 어카운트가 그다음의 50개 어카운트만큼 빠르게 성장하지 못하고 있다는 점이었다. 문제는 차상위 50개 어카운트의 요구 사항과 상위 10개 어카운트의 요구 사항이 달랐다는 것이다. 이것이 제품 개발과 시장 진입 전략을 결정하는 데 있어 고민되는 점이었다.

존 벨John Bell은 상냥한 사람이었지만 냉철하게 판단을 내리는 사람이었다. 10년간 밴드위스의 제품을 이끈 그의 저력이기도 했다. 제품팀이 이 문제에 대한 해결책을 논의하는 것을 들어보니, 장기적인 성장을 위해서는 차상위 50개 어카운트가 제시하는 요구 사항에 집중하는 것이 중요하고 제품팀과 모든 시장 진입 전략 전담 팀과 공고한 협업이 필요했다.

밴드위스는 네트워크를 통해 송수신하는 음성 및 문자 기반 데이터와 관련된 기술을 폭넓게 제공했다. 제품은 고유의 기술을 기반으로 복잡한 기능을 포함하고 있으며 여러 제품군에 걸쳐 있었다. 게다가 복잡하

전략가

고 긴 판매 주기를 가졌고, 시장에는 거대한 경쟁사가 다수 포진해 있었다. 이런 환경은 프로덕트 마케팅이 그 힘을 가장 잘 발휘할 수 있는 환경이었다.

그 당시 프로덕트 마케팅은 작은 팀이었고, 명확한 목표를 가지고 업무를 수행할 수 있는 권한이 주어지지 않았다. 되려 미시적인 전술과 도구에 의존할 뿐이었다. 시장 진입 전략이 유효하지 않다는 것을 제품에 대한 전문 지식을 갖춘 제품팀이 프로덕트 마케팅팀보다 빠르게 포착할 수 있었던 것은 당연했다.

이것이 제품팀이 시장 진입 전략 팀을 하나로 모으기 위한 세션을 주도적으로 이끌었던 이유다. 벨은 영업, 마케팅, 프로덕트 마케팅, 사업 개발 조직의 장을 모았고, 각자의 영역에 따라 시장에 대한 통찰을 준비해주길 부탁했다.

3시간 뒤, 이들은 현재 프로덕트 마케팅이 관리하고 있는 제품 시장 진입 캔버스를 만들어낼 수 있었다. 그들은 더욱 연결되고 영감을 얻었으며 시장 진입 전략과 주요 활동에 대해 자신감을 가질 수 있었다. 또한 제품팀은 마케팅 관점에서 무엇을 먼저, 그리고 왜 해야 하는지 이해할 수 있었다.

이 장에서는 벨이 제품팀과 시장 진입 전략팀을 하나로 연결하는 데 사용했던 한 장짜리 제품 시장 진입 캔버스를 소개하겠다. 파트 3에서 다룬 모든 개념이 계획으로 구체화되는 과정이다. 이는 뛰어난 제품 시장 진입 전략을 세우는 가장 쉬운 방법이며, 프로덕트 마케팅이 전략적인 접근을 할 수 있도록 돕는 도구다.

제품 시장 진입 캔버스: 사고력으로 푸는 퍼즐

제품 시장 진입 전략은 시장 현실을 반영하는 목표를 중심으로 배치되었을 때 강력한 힘을 발휘할 수 있다. 뛰어난 PGTM_{product go-to-market}(제품 시장 진입 전략)이 시간이 흐름에 따라 변하는 이유다.

제품 시장 진입 전략은 퍼즐과도 같다. 제품 시장 진입 캔버스는 퍼즐을 풀기 전에 모두에게 완성품이 어떤지 보여주기 위한 자료다.

퍼즐을 맞추는 것처럼 이 캔버스는 가장자리부터 맞추면 더 빨리 완성할 수 있다. 참고할 만한 지점을 만들어서 나머지를 채워 넣는 것이 훨씬 쉽기 때문이다.

시장 진입 전략팀과 제품팀이 쉽게 계획을 세울 수 있도록 돕는 제품 시장 진입 캔버스(표 19.1)를 만들었다. 마케팅팀은 왜, 그리고 언제, 어떤 활동을 해야 할지 이미지를 떠올릴 수 있고 제품팀은 시장 진입 전략에 더 확신을 가질 수 있다.

전략가

표 19.1 제품 시장 진입 전략 팀과의 협업 이후 PGTM 결과물(제품 시장 진입 캔버스 예시)

	1분기	2분기	3분기	4분기
고객/외부 시장 상황	• 라스베이거스 CES • 컴퓨터를 새로이 구매하는 고객	• 어버이날과 졸업식 • 가트너 심포지움	• 학기 재개 • 회계연도 마감	• 한 해의 마무리 • 연휴 기간
제품 목표	기존 파일을 불러오는 기능 개선	공유와 같은 소셜 기능	특정 사용자층을 위한 기능	모바일 기반 근무 환경을 지원하는 기능
전략	**주요 활동**			
생산성에 대한 새로운 접근: 영업을 위해 클라우드가 필요한 이유	• 기기에의 탐색과 연동한 통신사 특판, 신사 특판	• 실제 고객 후기 • 생산성 개선에 대한 연구 자료	• 제품을 갈아탄 고객의 후기	• 모바일 앱에 연루 선물 캠페인 • 분석기에 배포할 자료 준비
충성고객이 되도록 유도	• 직접 설치 및 이용하는 장면을 애니메이션으로 만들어 랜딩 페이지에 제공	• 소셜 기능에 대하여 설명하는 햅 내 튜토리얼 • 주요 소셜 캠페인	• 신규 기능이 출시	• 신규 기능에 대한 CES 준비
경쟁사 고객을 포용하고 포섭	• 불러온 문서를 모아 볼 수 있는 갤러리 제공	• 소셜미디어에 이전 햅과 신규 햅의 경험을 비교하는 영상 배포	• 경쟁사 고객 유지 캠페인	• 모바일 기반 근무 환경에 특화한 패키지를 구성하여 현장 영업 강화

전략가

이 캔버스는 모든 팀이 채택할 수 있는, 마치 퍼즐의 가장자리와 같은 내용을 제시한다.

- 제품팀과 마케팅팀 모두 현재의 시장에서 포착할 수 있는 기회 또는 놓치고 있는 것을 가시화한다.
- 새로운 시장 상황에 대응하거나 즉흥적으로 대응하더라도 모두 같은 목표를 바라볼 수 있도록 한다.
- 중요한 활동에 대하여 한눈에 알아볼 수 있고 조직 내부에서 이에 대해 상의할 수 있다.
- 각 활동의 이유를 이해할 수 있고 파편화된 활동을 전개하는 게 아니라 전략 수준에서 한곳을 바라볼 수 있도록 한다.

이는 의도적으로 가벼운 캔버스 형태로 작성되었으므로 포괄적인 계획을 모두 포함할 수는 없다. 이 문서는 목적과 우선순위를 선명하게 보여주는 동시에 일을 궤도에 올리기 위한 생각의 가드레일과 같다.

이 캔버스는 프로덕트 마케팅이 관리하고 운영하는 살아 있는 문서다. 제품, 마케팅, 영업 그리고 고객 지원에서 아래와 같은 내용을 논의하며 시작된다.

- 고객 실정
- 경쟁사 및 외부 환경 (기술 외의 실제 환경)
- 예상되는 제품 목표/출시/계획
- 이를 통해 도출된 마케팅 전략
- 주요 활동

이상적으로는 프로덕트 마케터는 첫 번째 마케팅 활동이 수행되기 전에 제품 시장 진입 캔버스를 작성한다. 과정은 다음과 같다.

환경 조성: 대략 3시간 정도 회의한다. 1시간 동안 무엇이 잘되고 있으며 무엇이 잘되지 않는지, 고객 관점에서 보는 시장 현실과 사업 성장을 위해 무엇을 개선해야 할지에 대해 논의한다. 각 팀은 각자의 관점에서 그간 배운 내용을 공유해야 한다. 업무 절차이건 개별 활동이건 간에, PGTM이 어떻게든 해결해야 하는 문제가 드러나기 시작한다. 그다음 2시간은 어떤 관점으로 이를 분석할 것인지 세부적으로 논의한다. SWOT 분석*을 진행하여 약점에 방해받기보다는 기회와 강점에 집중하는 방식으로 사고하여 전략과 전술을 계획할 수 있다.

1단계, 고객과 외부 환경: 참석자 모두 고객 및 시장에 대한 지식을 공유한다. 이를 진행하는 이유는 제품 공급자인 기업의 입장에서가 아니라 고객의 관점에서 출발하기 위해서다. 기업 활동에 영향을 미칠 만한 것이 있다면 뭐든 언급해도 된다. 경쟁사 발표, 콘퍼런스 발표, 사업 영역 주요 출시 상황(iOS 업데이트 같은 생태계 전체에 영향을 미치는 것)이 모두 포함된다. 그렇다고 해서 모두 나열하는 것이 아니라 고객이 인지하고 직접 볼 수 있으며 그들의 행동에 영향을 미치는 사건을 나열한다. 이를 캔버스에서 최상단에 작성하면 된다.

2단계, 조직 내에서 결정된 모든 제품 출시 목표(일정): 작성 세부 사항을 전부 기술하지는 않더라도 제품에 대한 주요 결정 사항이나 목표, 예를 들

＊   강점(Strength), 약점(Weakness), 기회(Opportunities), 위협(Threat)으로 기준을 세워 사업 및 시장 환경에 대하여 분석하는 기법

어 시스템 통합, 새로운 플랫폼 진출 계획, 특정 고객층을 위한 기능 출시 등에 대해서는 이미 알고 있을 것이다. 이를 가능한 한 많이 그다음 행에 작성하라.

3단계, 마케팅 전략 작성: 이 단계에서는 사업 목표가 곧 회사의 목표라고 가정한다. 전략은 기업 활동을 위한 가드레일이다. 전략 간의 연결점을 찾고 이들이 결합하여 어떻게 사업 목표를 달성하도록 기여하는지 역할을 파악하자. 명확한 전략은 실제 기업 활동의 수행에 도움을 주고 각자의 업무를 왜 수행하는지 큰 그림을 이해하는 데 도움을 준다.

4단계, 주요 활동과 이를 뒷받침하는 전략 작성: 팀이 해야 하는 모든 일을 나열하는 것이 아니다. 다른 부서와 협업이 필요한 업무나 타 부서에 공유해야 하는 건을 중심으로 작성한다. 분기별 영업 사원 교육, 새로운 영업 플레이북 제공, 새로운 가격 설정 계획, 주요 제품에 대한 브랜딩, 제품군을 아우르는 데모 영상 제작 등이 포함될 수 있다. 캔버스는 계획의 토대이기도 하지만 커뮤니케이션의 도구이기도 하다.

장점을 최대한 활용 하라

4단계를 진행할 때 전략에 맞도록 현재의 장점과 단점을 이해한다. 나는 SWOT 분석을 애용하는 편인데, 기회를 활용하고 즉시 경쟁사의 눈에 띄는 마케팅 활동을 피하고 모든 약점을 파악하고 이를 보완하기보다는 장점을 중심으로 전략을 정의할 수 있기 때문이다. 게다가 단순하고 빠르게 이 작업을 모두 수행할 수 있다.

예를 들어 경쟁사에 비해 영업 인력이 적다면 제휴 관계를 활용하거나 제품 주도 성장에 집중할 필요가 있다.

5단계, 가장자리부터 점차 안으로: 올해가 끝날 때 원하는 결과부터 역으로 계획을 세운다. 연말에 더 많은 파트너를 원하는가? 그렇다면 무엇을, 언

제 확인하고 이를 이루기 위한 전제 조건은 무엇이 있는가? 이런 접근법은 어떤 작업을 할지 결정할 때 튼튼한 토대를 만드는 데 기여한다.

이번 분기 또는 그다음 분기까지 해야 하는 일을 모두 작성하고 난 다음, 점차로 캔버스 전체로 확대하는 방식을 사용한다. 특히 초기 단계에 있는 스타트업이라면 이러한 방식이 더 유효한데, 시장이 급변하기 때문에 2분기 이상 계획을 세우는 것은 의미가 없기 때문이다.

하지만 업무 목록을 작성하면서 놓치는 것이 없으려면 끝을 상상하며 작업하는 것이 중요하다. 그리고 이 관점을 활용하면 불필요한 계획을 캔버스에서 걸어낼 수도 있다. 초기 단계의 기업이라면 다음 반기를 다양한 아이디어를 쌓아둘 기간으로 쓰는 것도 좋지만 이에 대해 꼭 논의한다.

활동에 대해 기술하면서 고객과 시장 외부 상황을 다시 살펴보고 주요 활동이 시장 현실과 제품에서 벌어지고 있는 일과 괴리되지 않도록 하자.

6단계, 수정 또 수정: 첫 번째 회의에서 일을 어떤 방향으로 진행시켜야 하는지 가시화될 것이고, 이보다 중요하게는 무엇을, 어떤 팀과 함께 해야 하는지 알게 될 것이다. 회의가 끝난 뒤 세부 사항에 대해 생각하고 서로의 인식차를 메우는 데 집중하자. 모든 공란을 채울 필요는 없다. 예상하지 못했던 내용을 채워 넣거나 캔버스가 유동적일 수 있도록 빈 공간도 유지하자. 분기마다 한 번씩 모든 팀이 모여 이를 수정하는 것을 추천한다.

전략가

모든 것을 제대로 했지만 같은 노력에도 목표를 달성하지 못하는 경우도 있다. 유의미한 시장 진입 전략과 그렇지 않은 것을 구분하는 기점은 때로 각 기업 활동이 고객과 접점이 정말로 생겼는지 여부에 달렸다.

이 책의 독자라면 메시징(파트 4 전체를 할애하여 상세하게 설명할 것이다)이 얼마나 중요한지 알 것이다. PGTM의 계획 역시 그만큼 중요하다.

표 19.2는 동일한 시나리오에 대해 기업 우선의 관점에서 고객 우선의 관점으로 바꾼 것이다. 차이점을 알 수 있겠는가?

표 19.2 PGTM 캔버스는 고객을 우선시하도록 돕는다. 차이점을 확인하라.

시나리오	기업 우선	고객 우선
주요 기능 출시가 3월에 예정되어 있다.	제품이 완성되면 출시한다. 결국 봄철 휴가가 지난 뒤 출시 했다.	업계에서 통상적으로 가장 효율적인 출시 일정을 잡되 휴가철에는 잡지 않도록 한다.
특정 고객층을 대상으로 하는 캠페인이 12월에 예정되어 있다.	외부 대행사와 내부 담당팀이 준비하는 데 2개월이 추가적으로 소요된다. 영업 담당자는 새로운 고객층을 유치하지 못하면 목표를 달성하지 못할 것이라고 생각하기 때문에 12월에 캠페인을 실행한다.	신규 고객층이 연말 즈음에는 각자의 연휴 계획으로 바빠 새로운 것에 신경 쓸 겨를이 없다. 가격 혜택을 주는 방향으로 연말 캠페인을 진행시킨다. 그리고 신규 고객층이 생각할 여유가 있는 연초에 새로운 캠페인을 실행한다.

PGTM을 고객의 관점에 맞추는 것은 고객이 듣고 싶은 내용을 들을 수 있을 때 배포하는 것을 기본으로 하기 때문이다. 때로는 누가 말하는지가 무엇을 말하는지만큼 중요하기도 한다. 영업 사원이 고객에게 새로운 제품 업데이트에 대해 이야기하는 것과 고객 지원 담당자가 이야기하는 것은 다를 수 있다. PGTM이 효율적으로 동작할 수 있도록 누가 무엇을 이야기할 수 있을지에 대해 충분히 생각하라.

PGTM 캔버스에 따라 일하자

밴드위스의 모든 팀이 함께 진행한 초기 제품 시장 진입 전략을 살펴보자. 우선 1시간 동안 결정했던 내용은 다음과 같다.

- 그들은 눈에 확 띄는 브랜드나 명확한 시장 포지셔닝을 하지 못했다.

- 가장 빠르게 성장하고 있는 고객층은 영업이 잘 알지 못하는 고객층이었다. 제품팀뿐만 아니라 기업 단위로 타깃 고객층을 이해할 필요가 있었다.
- 기업의 디지털 콘텐츠 중에서 그 어떠한 것도 새로이 성장하는 고객층을 다루지 않았고, 각기 다른 제품을 사용하는 고객 여정이 다르다는 것을 지적하지 않았다.
- 그들은 고객 이탈을 통해 배우는 것이 없었다.
- 그들은 고객에게 제품을 최초로 판매한 뒤 계속해서 구매할 수 있도록 하는 가치가 무엇인지에 대해 알지 못했다.

표 19.3은 사업 목표와의 간극을 확인한 뒤에 프레임워크가 어떻게 바뀌었는지 보여준다. 이는 첫 회의에서 할 수 있는 일을 모두 한 것이었다. 첫 회의는 아이디어와 고객의 니즈를 포착하는 것이 목표다. 고객을 우선하여 계획을 수정하고 아이디어를 정교화하는 것은 그 이후의 작은 회의에서 이루어진다.

그야말로 모든 것을 제품 시장 진입 전략 캔버스에 담자, 모든 팀이 말 그대로 눈을 떴다. 그들은 어떻게 인력, 업무 절차 그리고 도구를 변경하여 사업 목표를 달성할 것인지 이해했다. 제품팀 역시 시장 진입 전략이 사업 목표를 떠받치게 하고 제품의 결정에 대한 확신을 가질 수 있었다.

더욱 중요한 것은 이전에는 없었던 팀 간의 협력을 이끌어냈다는 사실이다. 이는 제품 시장 진입 캔버스의 주된 역할로 향후의 시장 진입 전략을 더 공고하게 만드는 계기가 된다.

표 19.3 제품 시장 진입 전략 팀과의 협업 이후 PGTM 결과물

	1분기	2분기	3분기	4분기
고객/외부 시장 상황	• 신규 규제 시행 • 대한 능구 챔피언십	• 중요한 업계 콘퍼런스 • 주요 제품 대상 가트너 MQ*	• 가트너 심포지움 • 줌 연례행사 • 마이크로소프트 연례행사	• 세일즈포스 연례행사 • AWS 연례행사 • 선거 • 연휴
제품 목표	규제 대응을 위한 신규 기능 출시	클라우드 서비스 제공업체와의 연동	특정 사용자 층을 위한 기능	제품 전반의 성능 향상
고객 참여도와 지갑 점유율을 높이고 신뢰할 수 있는 파트너로서 브랜드 이미지를 차별화	• 고객자문위원회를 구성하여 보다 많은 피드백을 취합하고 이를 기반으로 고객 세분화	• 클라우드 통신 제공업체에 속한 엔지니어의 기고문 • 스타 개발자 중심의 모임	• 고객 감사 캠페인	• CS 팀과 연간 계획 검토 - 서비스의 어떤 영역을 개선할 수 있을까?
규제에 대한 업계 전문가로 포지셔닝하는 동시에 편리한 고객 경험 제공	• 잠재 고객을 위한 새로운 규제 사항 및 제품에의 적용 방안 교육 • 서드파티로부터 '새로운 규제'에 대한 젊은 영상 제공	• 새로운 규정에 대한 정보성 콘텐츠 제작	• 공동 학습을 위한 고객 커뮤니티/포럼 운영	• 선거 시스템으로부터 고객 보호
가장 혁신적이고 빠르게 성장하는 기업에 클라우드 통신 시스템을 제공하는 선도적인 업체로 자리매김	• 성장하는 고객 조사 및 고객 세분화 • 프로덕트 마케팅과 프로덕트 매니저 팀의 긴밀한 협업 • 고객 사례 집중 분석	• 잠재 고객이 공감할 수 있도록 전사 디지털 콘텐츠 업데이트 • 애널리스트 트렌드를 공유하는 조찬	• 이그나이트 행사에서의 쇼케이스 • 서비스 개선 사항을 공유하는 소케이스 진행	• 특별 연말 할인을 제공하여 더 많은 제품을 사용하도록 유도

* [옮긴이] Gartner Magic Quadrant(MQ)는 가트너 사에서 발표하는 시장조사 간행물로 IT 회사에 대한 정량화된 첫머를 바탕으로 평가를 진행한다.

시장 진입 전략과 마케팅 계획은 구분할 수 있어야 한다. 다음에서 예시를 통해 그 차이점을 설명하겠다.

실행으로 옮기기
현업 마케팅 계획

제품 시장 진입 캔버스는 제품과 마케팅의 업무를 연결하는 도구로, 마케팅팀이 책임지고 실행하는 마케팅 활동을 제품 중심적이면서도 전략적으로 접근할 수 있도록 돕는 프레임이다.

프로덕트 마케팅은 모든 마케팅 활동을 아우르는 큰 마케팅 계획의 하위에 속한다. 하지만 직접적인 마케팅 담당자가 아니라면 제품 시장 진입 캔버스에 마케팅 활동이 어떻게 반영되고 있는지, 이를 수행했는지 확인하기 어렵다.

이 장에서는 실제 기업 마케팅 사례를 확인하여 시장 진입 전략이 어떻게 마케팅 계획에 반영되는지 확인할 것이다. 당연하게도 기업이 성장하면서 마케팅 계획도 더욱 발전하는 것 역시 확인할 수 있을 것이다.

초기 단계

초기 단계 기업의 경우, 제품 시장 진입 캔버스와 마케팅 계획은 긴밀히 닿아 있어야 한다. 이 둘이 분화하면 오히려 마케팅의 업무 방식이 조직

전략가

의 목표와 합치되지 않는다고 볼 수 있다. 이 시기는 기업에 매우 역동적인 시기임에는 분명하다. 합치와 마찬가지로 중요한 것은 매우 다양한 마케팅 활동을 실험해보고 기업에 어울리는 활동을 찾아내는 것이다.

예시로 설명하는 회사에는 하나의 제품과 이에 적용할 수 있는 애드온이 있었다. 다음처럼 마케팅 계획을 설정했을 때 20개의 고객사와 매해 100만 달러의 매출을 내고 있었다.

목적: 브랜딩과 마케팅을 통해 기술수용주기의 초기 다수자 단계로 이행

주요 결과: 마케팅 적격 잠재고객_{Marketing Qualified Lead, MQL} 40%를 영업 적격 잠재고객_{Sales Qualified Lead, SQL}으로 전환

목표:

- 60%의 고객이 추천인 프로그램에 참여하길 원함
- 외부에서 인입한 잠재고객 70% 증가
- 주요 이벤트에서의 10만 달러 이상의 계약 체결
- 고객 대상 웨비나 3개, 발표 세션 12개, 고객 중 3명의 사고 리더* 채택

이는 부록을 제외하고도 80장이나 되는 각종 권고 사항 중 일부였다. 그 모든 것을 수용하기에는 양이 너무 많았다. 명확하고 측정 가능한 목표가 수행하기에도 쉽다. 하지만 이것만으로는 충분하지 않다. 더 나은 계획으로 발전시킬 수 있는 방법을 살펴보자.

전략가

---

* 옮긴이 〈전략과 비즈니스(Strategy and Business)〉의 초대 편집장인 조엘 커츠만(Joel Kurtsman)이 1994년 고안한 것으로, 특정 분야의 권위자인 개인 혹은 기업을 가리킨다.

비즈니스와 관련된 측정 가능한 목표

이 단계의 기업에 중요한 목표는 미래의 사업을 영속할 수 있게 하는 고객 기반을 구축하는 것이다. 고객의 숫자든 매출액이든, 제품 시장 진입 전략에 명시되어 있는 타깃 고객과 일치해야 한다.

앞에서 예시로 살펴본 계획에는 제품의 시장 우위를 점유하기 위한 과업이 없다. 초기 단계마저도 이와 같은 포지셔닝에 투자하는 것은 무척 중요하다.

그렇다면 앞서 언급했던 기술 수용 곡선을 기억하는가? 앞의 예시에는 어떤 유형의 잠재고객을 확보하려 하는지 목표가 없다. 초기 단계의 회사라면 현실적으로 초기 다수자 단계로 진입하기 어려울 수 있다.

양과 질 모두를 다루는 주요 결과

전략과 전술은 잠재고객을 확보하는 것뿐만 아니라 타깃 고객층을 정의하고 끊임없이 집중하는 활동이 포함되어야 한다. 이와 같은 분야에서 프로덕트 마케팅은 마케팅과 긴밀히 협력하고 계획의 실행과 수정을 반복한다.

마케팅팀이 MQL로부터 SQL로의 전환 목표를 달성하고 있다고 해도 사업이 건강한 상태라는 명확한 증거는 아니다. 주요 결과는 파이프라인의 건전성을 내포해야 한다. 이는 규모만큼이나 중요하다. 예를 들어 판매 주기, 평균 계약 체결 금액, 계약 성패율에 대한 목표는 모두 파이프라인으로 흘러들어가는 질적인 수준에 대한 평가 잣대가 된다. 프로덕트 마케팅은 이 모든 지표에 영향을 미친다.

목표, 전략 및 전술

앞의 예시에서 명시한 목표는 실제로는 주요 결과에 해당한다. 목표와 전략 또는 전술의 정의는 기업의 단계나 사업 맥락에 따라 다를 수 있기 때문에 그 차이를 명확하게 짚어내는 것이 쉽지 않을 수 있다.

가령 '사람들이 선호하는 플랫폼 생태계로 발돋움하기'는 규모가 어느 정도 있는 기업이라면 전략에 해당한다. 여기에는 다음과 같은 전술이 뒤따른다.

- 파트너 프로그램 구축 또는 개선
- 가장 생산성이 높은 파트너를 대상으로 충성도를 높이는 전략 수행

연말에 이 전략에서 거둘 주요 결과는 다음과 같다.

- 1등급 신규 파트너 5개
- 전반적인 파트너 네트워크 25% 성장
- 파트너 API를 통해 송수신하는 데이터 100% 성장

하지만 이제 막 시작하는 기업이라면 상대적으로 큰 기업이 주요 결과로 삼는 '1등급 신규 파트너 5개'가 전략이 될 수도 있다. 일부 파트너가 하나의 사업 영역에서 너무나 큰 영향력을 행사하기도 하므로 그들을 정착시키는 것만으로도 전략이 될 수 있다. 이에 따라 전술 역시 다수의 파트너에게 적용되는 것으로 구성하면 안 된다. 이런 전술 또한 구체적이어야 하는데, 다음과 같은 예가 있다.

- 소수의 타깃 파트너를 위해 향상된 통합 API 제공

- API가 검증 절차를 거쳤고, 성능의 향상을 입증할 수 있는 테크 블로그 시리즈를 운영
- 기업과의 친밀도가 높은 파트너 5개를 확보한다. 테크 블로그에 그들의 감상과 개발자 포럼에서 취합한 질문을 포함한 게시글 작성

이제 막 시작한 기업은 시장 진입 전략의 모든 측면이 유동적이다. 뛰어난 초기 단계 마케팅 계획은 전략적인 접근을 수립하고 주요한 활동을 명시한다. 하지만 유사시를 대비하여 어느 정도의 여유를 남겨준다. 또한 이 전략은 마케팅의 성패를 판가름할 수 있는 정량 지표를 명시한다. 이 척도는 결국 사업이 성공하고 있는가와 연결된다.

결론적으로 앞의 예시는 초기 단계의 기업이 세울 만한 구체적인 전략이었다.

성장 단계

예시로 설명하는 또 다른 기업은 매해 1천만 달러 이상의 매출을 기록했다. 이 기업은 유리한 위치를 점한 시장에 초점을 맞추어 성장률을 개선하려 했다.

목적
- 사업 영역을 선도하는 기업으로 발돋움한다.
- 영업팀에 검증된 기회를 제공할 수 있도록 수요 창출을 위한 사전 작업을 한다.
- 파트너 생태계를 만들어 사업 영역 선도와 수요 창출의 목표를 달성한다.

분기별 전략

- 기반 구축(1분기)

- 목표 설정 및 운영 시작(2분기)

- 효율이 좋은 채널을 골라 마케팅 믹스를 구축하고 끊임없이 개선(3분기)

- 모니터링하고 최적화(4분기)

이들이 다음과 같이 했다면 더 튼튼한 계획을 세울 수 있었을 것이다.

비즈니스와 목표의 연결

마케팅의 계획을 사업과 결부시키는 목표가 완전히 빗나갔다. 파이프라인 추진 및 전환을 개선하여 2천만 달러의 매출 목표를 달성하는 성장 단계에서 수익은 기업의 성공을 보여주는 가장 중요한 지표 중 하나다.

전략 대 전술

전략은 무엇을, 언제까지 해야 한다는 할 일 목록이 되어서는 안 된다. 마찬가지로 다른 전략을 모니터링하고 최적화하거나 조정할 수 있도록 하는 것이 아니어야 한다.

더 나은 전략은 다음과 같다.

- 산업 및 고객 검증을 향상시켜 에반젤리즘을 활성화한다.

- 퍼널의 주요 단계와 영업 절차를 최적화한다.

- 채널을 연계하는 활동을 늘려 타깃 고객을 찾는 새로운 방법을 모색한다.

이 단계에서는 시장에서 당신의 기업을 인식하기는 하지만, 제품의 이미지와 제품이 할 수 있는 역할은 정립되지 않았을 가능성이 높다. 경쟁사도 비슷한 이야기를 많이 하거나, 아직 치고 나가는 기업이 없거나, 이미 어느 정도 앞서 있는 당신의 위치를 공고히 하고 싶을 수도 있다.

시장에서의 위치를 강화할 수 있는 방법을 찾아보아야 한다. 프로덕트 마케팅이 힘을 발휘할 수 있는 영역이다. 사업을 성장시키고 싶은 방향 그리고 그것을 함께할 수 있는 고객에 초점을 맞추자. 이것을 완성한 뒤에는 영업 절차로 진입할 수 있는 고객을 선별하는 기준이 더 까다로워질 것이다. 모든 고객은 동등하지 않다!

사업에 기여할 수 있는 최고의 고객을 찾는 것이 중요하며, 이 단계에서는 그들을 찾아내고 전환하는 작업을 반복적으로 수행한다. 영업 활성화, 에반젤리즘, 새로운 영업 채널 확보 등에 집중하는 방식으로 프로덕트 마케팅도 이 과정에 보탬이 된다.

성숙 단계

예시로 설명하는 이 IT 기업은 수억 달러의 매출을 기록하여 10여 개의 제품을 시장에 출시했다. 가장 큰 사업 동력은 기존의 주력 제품군에 추가되는 새로운 제품 라인이었다.

목적: 전체 매출에서 신규 제품 라인이 차지하는 비중을 20%까지 확대

전략:
- 신규 제품 라인에 대한 인지도를 형성하고 채택을 촉진한다.

- 새로운 사업 영역의 선도 기업으로 기업의 위상을 높인다.

- 타깃 고객을 위한 고객 지원에 대하여 널리 알린다.

- 기업 브랜딩을 신규 타깃 고객에게 닿도록 확장한다.

이 회사는 이미 성공을 거둔 회사였다. 이즈음은 마케팅의 목표가 기업의 목표와 분리되는 시기라고 볼 수 있다.

하지만 이 예시에 따르면 마케팅팀은 업무 계획을 수립할 때 기업의 목표를 아직도 활용하고 있다. 이와 같은 접근은 막대한 예산을 집행하는 마케팅 조직이 다른 조직에서 비판적으로 평가받을 때 유용하다. 목표를 함께하는 것은 마케팅이 무엇을 하고 어떻게 사업에 기여하는지 보여주기 때문이다.

실제 계획에는 이 책에서는 다룰 수 없는 세부 사항도 있었다. 개척하고 싶은 사업 영역을 선택하고 어떤 타깃 고객과의 접점을 늘리고 싶은지 명확히 설명했고, 제품 라인에 이름을 붙이고 이를 묶어 판매할 때 용이하도록 구성했다. 이 모든 작업은 뛰어난 프로덕트 마케팅의 결과물이라고 할 수 있다.

이 단계의 기업에서 마케팅을 진행할 때는 기업 내 다른 조직에 계획을 공유하고 지지를 얻어내는 과정이 필수다. 그래야 이 계획이 성공할 수 있다. 마찬가지로 목표와 주요 결과는 다른 직무의 팀과도 공유하여 그들 역시 전체적인 그림을 이해하고 각자의 업무에서도 성과를 낼 수 있도록 해야 한다.

다음의 팁은 어떤 단계의 회사에도 통용된다.

당신의 경기장을 정해라. "업계 또는 사업 영역을 선도하거나 직접 정의하자"는 내용을 많은 마케팅 계획에서 확인할 수 있다. 대부분의 기업은 관점을 정하고 선언하여 그 관점에 어울리도록 사례를 만드는 작업을 능수능란하게 한다. 그러나 당신이 정말로 활동하는 영역을 정의하는 것도 잊지 말자. 무엇에 대하여 생각하고 무엇은 접어둘 것인가? 이는 조직 구성원이 문제 해결 방안을 고민할 때 그 값어치를 평가하도록 도움을 준다. 당신의 영역과 시장에서의 포지셔닝을 정하는 것은 시간이 걸릴 수 있다. 그리고 이 영역에서 경쟁사는 어떻게 그것을 해냈는지도 확인하자. 다수의 기업은 이에 실패했는데, 어디를 공략해야 성공할 수 있는지 파악하지 못했고 그사이에 이미 경쟁사가 다른 방식으로 옮겨버렸기 때문이다.

유료 마케팅과 막대한 예산의 유혹에 주의하자. 풍부한 자원이 주어지는 것은 축복이자 저주다. 유료 마케팅은 유기적인 성장이 얼마나 발생할 수 있는지 확인할 수 없다. 건강한 유기적 성장 없이는 성장 자체가 추가적인 비용과 자원을 투입해야 하는 악순환으로 이어질 수 있다. 콘텐츠, 소셜, 비교 사이트, 전문가의 웨비나를 통한 홍보, 디지털 포럼 참석, 고객 후기를 잘 드러나도록 전시하는 것과 같이 다양한 방법으로 유기적인 성장을 이끌 수 있다.

가장 좋은 마케팅 계획은 프로덕트 마케팅이 수립한 시장 진입 전략과 많이 겹친다. 실제로 마케팅 계획이 중첩된다면 구현 과정에서 사업이 어떻게 성장할 것인지에 대한 제품팀의 생각을 마케팅팀도 공감한다는 의미이기 때문이다. 세부 마케팅 계획은 모든 시장 진입 전략이 GTM 엔진을 통해 현장에서 가능하게 만든다.

단순히 물건을 파는 장사꾼이 아닌
제품의 진정한 팬처럼 들리게 하는 것이다.

Sound like genuine advocates,
not just salespeople trying to sell.

IV

✦

명확하고 진정성 있게
메시징을 재고하는 절차

포지셔닝을 찾아서

매해 열리는 대규모 정보보안 행사인 RSA 콘퍼런스의 칵테일 파티에 저명한 사이버 보안 전문가가 등장하자 군중이 술렁거렸다. 그는 보안 분야에서 유명 인사라서 각종 회사의 고위 간부가 그에게 다가가 안부를 전했다. 인사치레라기보다는 정말로 궁금했기 때문에 "요새 뭐 하고 지내세요?"라고 물었다.

브렌던 오코너Brendan O'Conner는 세일즈포스의 전임 CTOChief Trust Officer(최고신뢰책임자)이자 서비스나우ServiceNow의 SCTOSecurity Chief Technology Officer(최고보안기술책임자)로 업계의 거물이었다. 클라우드 보안 문제를 확인하고 앱옴니AppOmni라는 회사를 공동 창업하여 그 문제에 대한 해법을 제시하려 했다.

문제를 해결하기 위한 새로운 접근을 시도하는 스타트업에서 흔히 볼 수 있듯이, 자신들이 무엇을 하려고 하는지 새로운 표현으로 설명하고 싶었다. 오코너는 이 방법이 유효한지 확신할 수 없었으므로, 요새 무얼 하냐는 질문을 한 사람에게 작업 중인 내용을 준비된 스크립트대로 설명하는 방식으로 파티에서 간단히 검증하기로 했다.

그가 어떤 방식으로 이야기하건 대부분은 "[다른 기업]이 하는 것과 비슷한 거 맞죠?" 또는 "아, [이미 시장에 존재하는 클라우드 보안 툴]처럼 하려는 거예요?"라고 반응했다.

이날 저녁에 배운 점을 복기해보니, 이미 이 분야에 대한 전문 지식이 있는 사람이 오코너와 같이 업계에서 알려진 사람과 대화하면서도 앱옴니에 대해 이해할 때 이미 자신이 알고 있던 것을 조합하여 받아들이려고 했다는 사실이 분명해졌다. 새로운 것을 이해하려면 사람들은 익숙한 것부터 시작해야 한다는 것을 다시금 확인했다.

오코너는 기존 제품을 참조하여 신규 제품을 포지셔닝해야 한다는 사실에 조금 놀랐다. 하지만 그는 계속해서 듣고 배웠고 창립 초기 단계에 그가 나눴던 수많은 대화를 바탕으로 앱옴니의 메시징을 조정했다.

이와 같은 반복 학습을 통해 고객에게 어떻게 말해야 원하는 바를 전달할 수 있는지 알 수 있다. 시장 인식의 격차를 확인하고 그 부분을 메시징으로 이어준다면 가장 효과적이기 때문이다.

2장에서 워드를 당시에 워드프로세서 중 가장 뛰어난 리뷰를 받은 제품으로 끌어올리기까지의 과정을 설명했다. 직관에 반하는 접근(기능의 수를 줄인다)이지만 뛰어난 주요 메시징 전략(실제 고객이 워드프로세서를 어떻게 쓰는지에 집중)을 활용함으로써 성공할 수 있었다.

포지셔닝과 메시징은 큰 그림의 일부일 때 더욱 효과적이다. 사람들이 믿어야 할 이유를 제공하기 때문이다. 그리고 이야기는 기억에 더 선명하게 남는다. 메시지가 쓸모가 있는 정보처럼 느끼게 함으로써 제품의 포지셔닝을 시도할 수 있다. 이렇게 접근하면 고객은 영업을 당했다기보다는 더 많은 지식을 얻었다고 생각한다.

포지셔닝과 메시징의 차이점에 대하여 잠깐 짚고 넘어가자.

- **포지셔닝:** 고객의 마음속에 제품이 어떤 위치를 차지하고 있느냐에 대한 것이다. 고객이 당신이 무엇을 하는지, 그리고 이미 시중의 다른 기업과 제품과 무엇이 다른지를 통해 이를 인지한다.
- **메시징:** 포지셔닝을 강화하기 위해 기업 차원에서 배포하는 모든 내용이다. 고객은 신뢰를 쌓고, 이를 바탕으로 당신의 기업에 대해 더 알고 싶어 한다.

포지셔닝은 장기전인 데 반해 메시징은 단기적이면서도 국지전이다. 메시징은 주어진 상황, 맥락, 특정 캠페인에 어울리도록 고객에 최적화된다. 대체로 추구하려는 포지셔닝을 강화하고 구체적인 목적을 위해 쓰인다.

시간이 필요한 포지셔닝

마이크로소프트 오피스가 세상에 처음 등장했을 때, 당시 우리 팀은 데스크톱 생산성 애플리케이션이라는 개념을 '통합 오피스 제품군'이라는 개념으로 바꾸었다. 이는 우리가 전달하고 싶었던 개념을 두고 이루어진 노력의 총합이 효과를 발휘한 결과였다.

나는 몇 년 뒤 그 메시지를 전달하는 데 이골이 나서, 이쯤 되면 다들 이해하지 않을까 생각했다. 하지만 매출 지표는 생각과 반대로 계속 상승했다. 2년 뒤쯤 새로운 버전을 출시하기 직전에야 최대 매출을 기록했다.

다시 기술 수용 곡선으로 돌아가보면, 우리가 작업했던 포지셔닝과 관련된 기업 활동의 투자가 더욱 빠르게 곡선의 중반부를 통과할 수 있도록 했다. 하지만 몇 년이나 걸린 작업이었다.

포지셔닝은 메시징에서 시작하지만, 모든 활동이 함께 조합하여 영향력을 발휘해야 비로소 큰 그림이 현실화되었다. 이를테면 기업이 현장 영업 인력을 갖추고 있다면 고객 입장에서 제품 평가 과정은 엎치락뒤치락한다. 현재의 기업에 대한 평가에서 위치를 공고히 하려면, 당신의 제품을 고객이 어떻게 생각하는지뿐만 아니라 경쟁사 제품을 어떻게 생각하는지까지 아우른다. 마찬가지로 경쟁사와 관련된 질문에 대해 영업 인력이 어떻게 대답하는지에 따라 고객의 구매 의사결정 과정 전반에 긍정적이거나 부정적인 편견을 심어주기도 한다.

포지셔닝은 평판에 따라 유기적으로 이루어지기도 한다. 에반젤리즘이 동작하는 영역 그리고 그것이 동작하지 않는 영역 모두 시장의 인식 형성에 영향을 미친다. 비교 사이트, 리뷰, 별점, 소셜 포스팅과 공유, 온라인 포럼과 고객이 작성한 콘텐츠와 기업의 직원 평가까지, 입에서 입으로 옮겨지는 요소로 작용한다. 이는 보이는 요소다. 가시화되지 않는 요소가 더욱 큰 영향을 미치는 경우도 적지 않다.

집단적인 정서는 세상에서 제품을 어떻게 바라보느냐에 큰 영향을 미친다.

이와 같은 이유로 포지셔닝은 단순히 메시징의 총합이 아니라 제품 시장 진입 전략 전반의 결과로 결정된다. 하지만 메시징은 기업이 직접 통제할 수 있으며 제품에 대해서 이야기를 하는 매개체에 해당하므로, 이 장에서는 메시징에 집중하여 이야기해보겠다.

스토리텔러

뛰어난 메시징은 생각보다 어렵다

메시징은 사람들이 생각하는 것과 다르다. 눈에 띄는 카피 한 줄이나 제품을 통해 얻을 수 있는 편익의 서술도 아니다. 마케팅팀만의 의도대로, 그들이 관리하는 방식대로만 전달되지도 않는다.

실패한 프로덕트 메시징을 알아채는 것은 오히려 쉽다. 그 메시지를 읽은 뒤에도 제품이 무슨 역할을 하는지 이해할 수 없기 때문이다. 좋은 메시징은 그에 반해 자연스럽고 분명하게 느껴진다. 그래서 어떻게 작성해야 좋은 메시징인지 간파하기가 어렵다. 사람들이 듣길 원하는 것을 예측해야 하는데, 명백한 사실을 나열하는 것부터 영감을 줄 수 있는 글까지 천차만별이기 때문이다. 그리고 메시징을 통해 고객은 '현 위치'를 인식상의 지도에서 확인할 수 있다. 오코너의 예시에서 보았듯이 메시징 작업 전반에서 현주소를 고객에게 전달하는 것은 무척 중요하다.

탁월하게 수행하였다면, 좋은 메시징은 마케팅 주도로 진행된 제품의 포지셔닝을 담는다. 그것은 제품의 가치를 담고, 사람들이 더 궁금해하며 알고 싶어 하도록 이끈다.

이를 공식화하는 과정은 핵심 역할 1에서부터 시작한다. 고객과 시장에 깊이 파고들어 통찰을 얻어내는 것이다. 이 후에 11장에서 다루었던 탐색 작업을 무수히 진행하여 고객이 그들의 세상을 어떻게 바라보고 있는지 이해하기 위해 노력한다. 고객이 현실이라고 믿는 것은 무엇인가? 당신이 원하는 포지셔닝과 고객의 인식 간의 차이를 포착하자. 그리고 그 간극을 메시징으로 메우고 연결하자.

고객은 대부분 당신의 말에 회의적이다. 물론 그 나름의 충분한 사정이 있다. 제품의 가격에 추가적인 비용을 지불해야 새로운 기술에 다다를 수 있고, 사람과 시간은 제쳐두고라도 고객에게는 이미 인생에서 해결할 일이 무척 많다. 그리고 실망스럽게도 제품이 그런 약속을 지키지 않는 일은 빈번하다.

이 책의 파트 4에서는 의미 있게 메시징을 구성하는 방법에 집중할 것이다. 전통적인 공식을 설명하기보다는 변화하는 시장과 역동적인 사업 환경을 반영하기 위해 메시징이 어떻게 진화했는지 알려주는 예를 자세히 살펴보겠다. 그리고 한 장의 캔버스를 사용하여 제품 발견 과정에서 학습한 내용과 대고객 메시징의 균형을 맞출 수 있도록 하자.

엔지니어링 관련 경험이 있는 사람을 위한 부가 설명

공학적 배경을 가진 사람에게 정확도는 꼭 짚고 넘어가야 하는 부분이다. 진술을 믿게 만드는 근거이기 때문이다. 그러한 과학적 사실이 동반되지 않으면 정직하지 않거나 불완전하게 느낀다.

문제를 지나치게 단순화시키고 세부 사항을 삭제하는 것은 도리어 부정확한 대화 방식일 수 있다. 세부적인 설명은 이해를 돕고 모두가 같은 생각을 할 수 있게 하는 길라잡이다. 처음 중력을 개념적으로 설명할 때, 다음과 같은 중력 공식을 설명하기보다는 나무에서 떨어진 뉴턴의 사과 이야기부터 시작한다.

$$F = G\frac{m_1 m_2}{r^2}$$

메시징은 고객의 공감을 먼저 확보하여 세부 사항을 전달할 기반을 만드는 작업이다. 기반이 되는 맥락을 설정하지 않고 깊이 있게 접근하기는 어렵다. 제품에 대해 전달되는 것이 모두 사실이라면 이 자체만으로도 이미 정확하다고 할 수 있다. 제품이나 사업 영역에 대해 깊은 이해와 전체 맥락을 공유하는 사람에게 말하는 방식으로는 부적합하고 어쩌면 정확하지 않을 수도 있지만, 이것이 바로 메시징과 제품 세부 사항의 차이다.

CHAPTER 21 포지셔닝을 찾아서 203

경청과 공감
익스펜시파이와 컨커의 사례를 중심으로

내가 진행하는 프로덕트 마케팅 워크숍에서 나는 메시징 예시 목록을 제공하고 참가자가 가장 공감할 수 있는 동시에 그 기업이나 제품에 대해 더 알아보고 싶게 만드는 것을 하나 골라달라고 한다.

10년 가까이 두 가지 측면에서 익스펜시파이Expensify의 메시징은 단연 압도적으로 많은 표를 받았다.

> "짜증나는 경비 보고서는 그만! 보고자도 편하고 결재자도 선호하
> 는 편리한 경비 보고를 위한 제품"

- **고객의 불편에 공감하며 진실되게 느껴진다:** 경비 보고서는 실로 짜증나는 일이다. 자신을 더 귀찮게 하지 않을 것이라는 문장을 읽었을 때, 고객은 제품이 어떤 기능을 제공하는지 설명한다고 여기기보다는 기업이 자신이 어떻게 느끼는지 이해한다고 생각한다.

- **간략하고 강력하게 제품의 이점을 전달한다:** 편리하다는 표현은 자동화나 업무 효율의 향상에 대해 언급하지는 않지만 경비 보고서를 작성하는 사람에게 직관적으로 와닿는다.

- **제품에 관심 가질 법한 다양한 고객층을 다룬다:** 이 메시징을 통해 고객은 이 기업이 경비 보고서에 대한 기본적인 지식을 바탕으로, 재무 담당자나 의사결정권자인 결재자도 수행해야 하는 일이 많다는 것을 이해하고, 단순히 편리함을 제공하는 것은 아님을 느낄 수 있다. 이 제품은 경비 보고서와 관련한 다양한 담당자를 위한 것임을 '결재자도 선호하는'이라는 단순한 표현에 모두 담았다.

이 메시지는 단어마다 구체적으로 의미하는 바가 있고, 사려 깊은 동시에 감정에 호소하는 한 방을 날렸다. 이 당시 메시지는 무척 성공적이었고 대단한 찬사를 받았다. 심지어 이를 따라 한 카피도 많아서 줌에서 '짜증나지 않는 영상 콘퍼런스'라는 메시지를 쓰기도 했다.

또한 이 메시지를 통해 그들이 추구하고 싶었던 시장 포지셔닝을 유추할 수 있다. '경비 보고와 관련된 업무를 하는 사람이라면 가장 쉽다고 생각하고 가장 선호하는 제품'이 그것이다. 하지만 그들이 이 메시지를 직접적으로 사용하지 않은 것을 알 수 있다.

워크숍 프로그램의 일환으로 각 참석자는 자신의 경쟁사가 작성하는 메시징을 가져오도록 한다. 대개 이런 메시지는 홈페이지에서 확인할 수 있다

> [우리 제품은] 현장 서비스 조직과 모바일 근무 환경의 효율성과 생산성을 모두 향상시킨다. 이 제품으로 의미 있고 측정 가능한 가치를 사업에 불어넣을 수 있다. 이는 곧 업무 생산성을 개선하고 고객을 기쁘게 할 것이다.

저 문장에 해당하는 제품은 그야말로 수없이 많을 것이다. 이 메시지를 통해 기업이 어떤 포지셔닝을 하고 싶은지 이해할 수 있는가? 나는 이해할 수 없다.

안타깝게도 대부분의 메시징은 익스펜시파이의 예시보다는 후자의 예시에 가깝다. 좋은 메시징은 제품이 어떤 기능을 제공하는지, 기대할 법한 이점에 대해서만 말하는 것이 아니다. 이는 제품의 예상 고객에 대한 깊은 이해를 바탕으로 해야 하며, 이것이 가능하려면 고객을 경청해야 한다. 고객이 이해받았다고 느낄 수 있도록 고객 경험에서 통찰을 이끌어 낼 수 있어야 한다.

이 장에서는 그 방법을 다루도록 하겠다.

경청하고 배우며

누구나 이해받고 싶어하며 누군가가 지켜봐주기를 원한다. 하지만 대부분의 경우, 상대방이 나를 이해하여 그 이해를 반영한 대화를 하는 게 아니라 상대방이 하고 싶은 말만으로 가득 찬 대화를 하기 일쑤다.

RSA 콘퍼런스에서 오코너의 동료와 마찬가지로, 모두 기업이 처한 상황적인 맥락에 어울리는 제품을 만들고 싶어 한다. 뛰어난 메시징은 이를 예측하고 청자가 연결되어 있다고 느낄 수 있는 맥락을 제공한다.

이런 메시지를 작성하기 위해서는 대상 고객의 일상을 있는 그대로 이해해야 한다. 그러한 이해는 그들과 직접 대화함으로써 얻을 수 있다. 다음과 같은 열린 질문을 활용하자.

- 당신의 평범한 하루는 어떻게 진행되나요?

- 업무를 처리할 때 당신을 피곤하게 하는 것은 무엇인가요? 밤잠을 설치게 하는 일이 있나요?

- 정말 참을 수 없는 것은 무엇인가요? 그 문제를 해결하기 위해 새로운 방법을 모색하게 된 계기는 무엇인가요?

- 뭐든지 할 수 있는 요술 지팡이가 있다면 그것으로 무얼 하고 싶나요?

- 회사에서 겪는 문제 중에서 가장 최근에 돈을 써서 해결한 문제는 뭐가 있나요?

고객이 겪고 있는 문제를 정말로 이해하는 것처럼 느껴지게 하는 표현과 그 문제의 본질에 대한 통찰력을 발굴하자. 이는 프로덕트 마켓 탐색 과정에서 진행할 수도 있고, 정기적으로 나누는 잠재고객 또는 신규 고객과의 대화에서도 수행할 수 있다. 이것이 내가 매주 고객과 접촉하라고 권고하는 이유 중 하나다.

고객이 직면한 문제에 대해 깊은 내막까지 알면, 그제야 비로소 설득력 있는 메시징으로 이어지는 아이디어를 얻을 것이다. 그다음 단계는 배운 내용을 바탕으로 다양한 메시징을 시도하는 것이다. 실제로 고객의 큰 반향을 불러오는 메시지는 당신의 예상과 다를 수 있다.

신뢰성과 명확성을 선택하라

익스펜시파이는 아직도 컨커Concur와 경쟁하고 있는데, 이 제품은 익스펜시파이보다 15년 앞서 시장에 등장했고 SAP에 인수되었다. 익스펜시파이는 여전히 새롭고 혁신적이며 빠르게 시장을 개척하고 있다.

표 22.1에서는 최근의 메시징을 비교할 수 있도록 배치하여 이 둘이 매우 다른 표현과 스타일을 사용하고 있다는 것을 보여주고자 한다. 이로 미루어 볼 때, 직면한 문제가 시급한 사람일수록 다양한 시도를 하며 경비를 관리하려 한다는 것을 알 수 있다.

'완벽한 메시징'은 없다. 기업은 제품 시장 진입 전략과도 상응하며 포지셔닝에도 기여할 수 있는 메시징을 원하는데, 필요에 따라 취사 선택하여 균형을 맞출 수 있는 메시지를 그때마다 선택해야 한다.

SAP는 메시지를 선택할 때 전사적 협업에 집중했고, 승인되어 외부로 배포되는 메시지에는 일관성을 유지하는 것이 중요했다. 또한 SAP의 메시지가 이미 검증 과정을 거쳐 다른 메시지보다 현재의 예시가 가장 뛰어난 전환율을 보였다고 가정하자.

표 22.1 두 가지 메시징 스타일 설명

익스펜시파이	SAP 컨커
일은 익스펜시파이가 할게요. 당신은 쉬세요.	언제나 최상의 출장 및 경비 관리를 제공합니다.
주머니가 영수증으로 가득 찬 사람에게도, 문서 작업이 쌓인 바쁜 회계사에게도, 익스펜시파이는 영수증과 경비 관리 절차 전부를 자동화할 수 있는 서비스를 제공합니다. • 클릭 한 번으로 영수증 스캔 • 익일 상환 지원 • 자동 승인 절차 • 자동 회계 처리	출장 및 경비 관리의 문제를 해결하여 당신의 사업을 돕습니다. • 컨커 익스펜스. 경비를 어디에서건 보고하고 승인할 수 있습니다. • 컨커 출장. 어디에서건 출장을 예약할 수 있습니다. • 컨터 인보이스. 지급 절차를 자동화하고 통합할 수 있습니다.

제품을 구현할 때 데이터는 참고하는 대상이지, 결과 그 자체를 결정하지는 않는다. 마찬가지로 클릭수와 기업의 내규가 제품의 메시징을 결정하는 유일한 요소가 되어서는 안 된다. 이런 방식으로 메시징을 결정하

면 제품의 포지셔닝과 차별화가 시간이 흐를수록 불투명해지는 의도치 않은 결과를 초래할 수 있다. 메시징은 의도적으로 시장 진입 전략에 상응해야 한다. 이는 무척 중요하다.

어떠한 방식을 택하든지 가시화되지 않은 결과가 생길 수 있다는 점을 염두에 두고 각 사례를 더 자세히 살펴보자.

컨커 살펴보기

언제나 최상의 출장 및 경비 관리를 제공합니다. ➡ 자신이 더 낫다는 결론을 내리지만 이유는 알 수 없다. 그리고 보고자와 결재자가 동일한 경험을 한다고 본다. 다만 이 메시지의 장점은 그들이 무엇을 하는지가 명확하다는 점이다.

출장 및 경비 관리의 문제를 해결하여 당신의 사업을 돕습니다. ➡ 도움이 된다는 표현은 혜택을 주겠다는 말만큼 평범하다.

- **컨커 익스펜스:** 경비를 어디에서건 보고하고 승인할 수 있습니다.
- **컨커 출장:** 어디에서건 출장을 예약할 수 있습니다.
- **컨터 인보이스:** 지급 절차를 자동화하고 통합할 수 있습니다.

이 목록은 고객의 관점이 아닌 개별 제품의 명칭에 따라 작성되었다. SAP은 모바일, 클라우드, 시스템 통합을 통해 '어디에서나'를 강조한다.

이 메시지는 어떤 제품이 '언제나', 또 다른 상품보다 낫다고 믿기를 바란다. 이 제품은 어디서나 동작하며 기존의 업무 절차와 결합할 수 있기 때문이다. 이마저도 단순히 제품의 목록만 보는 데 그치지 않고 그 뜻을 이해하기 위해 노력했다고 한다면 말이다.

스토리텔러

익스펜시파이 살펴보기

일은 익스펜시파이가 할게요. 당신은 쉬세요. ➡ 우리를 대신하여 제품이 일해준다는 인상을 준다. 이는 편의와 자동화를 내포하고 있지만 앞서 살펴본 예시와는 다른 방식으로 언급한다.

주머니가 영수증으로 가득 찬 사람에게도, 문서 작업이 쌓인 바쁜 회계사에게도, 익스펜시파이는 영수증과 경비 관리 절차 전부를 자동화할 수 있는 서비스를 제공합니다. ➡ 이 메시지의 첫 번째 부분은 고객이 실제로 느끼는 불편함을 표현한다. 출장을 다닐 때 지갑, 가방, 캐리어에는 영수증이 넘쳐났다. CFO가 "정말 마지막이에요!"라고 외치며 이메일을 보내면 그제야 수북하게 쌓인 디지털 문서 작업과 회계 시스템을 동기화하여 월간 마감을 할 수 있었다.

이 메시지는 기업이 고객의 현실을 이해하고 있다는 것을 보여준다. 그리고 메시지를 통해 어떻게 자동화하는지 설명하기 이전에 전체 업무 절차를 자동화할 것임을 알려준다.

- 클릭 한 번으로 영수증 스캔
- 익일 상환 지원
- 자동 승인 절차
- 자동 회계 처리

이 목록은 익스펜시파이가 약속한 대로 무엇을 할 것인지 구체적으로 알려준다. '클릭 한 번에' 또는 '익일'은 당연히 5번의 클릭과 업계 통상 30일 시스템보다는 뛰어나다.

'자동 회계 처리'와 '지급 절차를 자동화하고 통합'과 같은 표현의 차이는 작지만 사소하지 않다. 이는 동일한 내용을 담고 있지만 전자가 효율적이고 현대적인 느낌을 주는가 하면 후자는 정확하지만 피곤하고 부담스러운 느낌을 준다.

현재 노동시장의 50% 이상은 밀레니얼세대이고 그 뒤를 Z세대가 잇는다. 메시지는 타깃으로 하는 세대의 공통적인 기질과 어울려야 한다. 가능하다면 타깃 시장과 연결하는 데 도움이 되는 적극적이고 활기찬 언어를 사용하자.

이를 알 수 있는 유일한 방법은 그들이 삶에 대해 이야기하는 것을 경청하고 메시징 테스트를 통해 당신이 원하는 결과를 얻는 것이다.

CAST 양식

다른 기업의 결과물을 두고 뛰어난 결과물과 평범한 결과물을 대조하기는 쉽지만, 막상 스스로 한다면 이 차이점을 놓치기 쉽다. 그래서 5장에서 간단히 CAST 양식을 소개하여 직접 메시지를 개발하면서 직감적으로 느낄 수 있도록 도우려 했다. 가이드라인에 따라 자신의 결과물을 스스로 평가해보고 나은 결과를 낼 수 있도록 노력하자.

1. **명확성:** 당신이 무슨 일을 하는지가 명확하게 전달되고 이를 궁금해할 이유가 있는가? 부연설명이 명확함을 해치지는 않는가?
2. **진정성:** 이 언어가 타깃 고객의 언어인 동시에 의미 있는가? 그들이 익숙한 표현으로 작성되었는가?

3. **명료성:** 이 제품이 무엇이 뛰어나고 다른지에 대하여 알 수 있는가? 고객들이 무엇이 더 나은지에 대하여 알 수 있는가?

4. **검증:** 이를 직접적으로 경험할 고객을 대상으로 검증되었는가? 그리고 반복하여 검증을 수행했는가?

CAST 양식은 고객이 경험하는 맥락에 어울리도록 검증하는 것이 중요하므로 다시 살펴볼 가치가 있다. 또한 이를 통해 무엇을 디자인이나 시각적으로 강조할지 고민해볼 수도 있다. 모든 것을 반드시 문자열 메시징에 포함시킬 필요는 없기 때문이다.

익스펜시파이의 예시를 CAST 양식에 대입하여 살펴보면 모든 관점에서 그들은 이를 뛰어나게 수행하고 있다.

최고의 기업 그리고 시장 혁신을 목표로 하는 새로운 시장 참여자라면 고객이 이미 믿고 있는 바를 기반으로 하여 전달하고자 하는 바를 명확하게 배포해야 한다. 이를 통해 포지셔닝을 구축하고 고객에게 영감을 줄 수 있다. 이것은 제품의 맥락에 대한 근간이 된다. 그렇기에 프로덕트 마케팅의 핵심 역할 세 번째, 스토리텔링에 집중하는 것이다.

스토리텔러

실천에 대한 이해
넷플릭스와 젠데스크 사례를 중심으로

아이들은 내가 10년 넘게 매주 목요일 밤마다 TV 프로그램 〈프렌즈〉 본 방송을 챙겨 보는 것을 이해하지 못했다. 아이들은 극 중에서 로스와 레이첼이 헤어진 것을 몇 달 만에야 알았는데, 그들은 평생 고객이 원할 때 어떤 기기에서든 TV 프로그램을 시청할 수 있는 시대를 살았다. 이와 같은 고객 행동 패턴에 가장 크게 영향을 준 것은 단연코 넷플릭스였다.

젠데스크는 넷플릭스가 창업하고 10년 뒤에야 시장에 등장했다. SaaS 사업이 이미 상당히 많이 있었으나, 기업 대상으로 하는 제품의 무료 평가판을 경험하기 위해 고객 지원 담당자에게 찾아가는 것은 새로운 경험이었다. 젠데스크는 명료한 사용 경험과 최적화된 구매 방식을 기대하는 기업이 많다고 생각했다. 그들은 SaaS 기업에 새로운 반향을 일으켰으며, B2B 제품이 시장에 출시되는 방법 자체를 바꾸었다.

두 기업 모두 특출난 제품과 전략이 뛰어난 메시징과 결합하여 지금의 성공에 이르렀다. 이 성공적인 메시징은 시장과 사업과 어울리도록 제품의 포지셔닝을 구축했다.

두 기업의 시장 진입 모델은 방문자를 무료 체험 고객으로 바꾸는 데 집중했다. 메시징은 이에 따라 작성되었으며, 시간이 흐르면서 개선되었고, 고객 행동 패턴의 변화, 기업 인지도와 사업 전략의 변화를 모두 반영했다.

이 장에서는 이 모든 변화가 어떻게 그들의 메시징에 반영되었는지 살펴볼 것이다. 그들이 CAST 양식을 어떻게 따랐는지에 대해 설명하겠지만, 웹사이트 전반이 무수한 검증을 거쳐 수정을 반복했다는 것을 상기하자. 두 기업 모두 웹사이트를 제품처럼 관리한 것으로 유명하다.

넷플릭스가 DVD 를 판매하던 시절

영화와 TV 프로그램을 스트리밍하기 이전에 영화나 TV 프로그램을 시청하는 보편적인 방법은 근처의 비디오 가게에 방문하여 비디오테이프나 DVD를 빌리는 것이었다. 여기에는 다음과 같은 문제가 있었다.

- **비용**: 한 편의 영화를 보려면 4.99달러가 들었다. 연체료 등을 따지면 더 비싸게 보는 경우도 많았다.
- **귀찮음**: 한 편의 영화를 구하기 위해 차를 몰고 가서 영화를 고르고 줄을 서서 기다려야 했다. 불편함은 말할 것도 없다.
- **제한된 선택지**: 대부분의 대여점에서는 고전 영화를 취급하지 않았고 최근 개봉작 역시 다른 사람이 먼저 빌려 가고 없었다. 그리고 당신이 원하는 TV 에피소드의 DVD도 없는 일이 잦았다.

넷플릭스는 홈 엔터테인먼트를 변화시키는 것이 목표였지만, 메시징을 이 내용으로 시작하지 않았다. 창립 이후 첫 10년 동안 넷플릭스의 메시

징은 제품이 할 수 있는 것 그리고 지금보다 무엇이 나을지에 집중했다. (그림 23.1)

- **"한 달에 8.99달러만 내면 여러분이 원하는 영화를 모두 대여할 수 있어요!"**: 그들은 한두 번 대여할 가격에 원하는 만큼 콘텐츠를 볼 수 있다는 것을 **분명히** 했다.
- **"고전 명화부터 최근 개봉작과 TV 프로그램까지"**: 제품에 대해 설명하는 과정에 현재 무슨 문제가 있는지 함께 설명했고, 더 **단순한** 방법이 있다는 사실을 짚었다. 이를테면 그들은 "수천 편의 영화 중에서 원하는 영화를 고르세요"라는 말 대신 이와 같은 메시징을 사용했다.
- 제품이 동작하는 방식 역시 기존의 경험보다 단순했다. **"DVD 무료 발송-대여 반납 모두"**와 같이 지금은 DVD를 대여하기 위해 운전해서 가게에 가야 하는 상황과 대조하여 **간단하게** 차이점을 설명했다.

그림 23.1 2009년 넷플릭스 웹사이트

- 넷플릭스의 세 번째 공략점은 제품의 장점이나 제품 그 자체에 대한 이야기가 아니었다. "언제든 취소할 수 있어요"라는 말로 고객의 걱정을 완화했다. 새로운 인터넷 기업으로서 고객과 신뢰를 쌓는 것은 중요했다. 그 연장선에서 매일매일 24시간 응대할 수 있는 고객센터의 번호가 웹페이지에 잘 보이도록 배치했다. 이와 같은 투명한 정보 제공은 신뢰를 쌓을 수 있는 진정성 있는 방법이었다.
- 메시지를 둘러싼 이미지는 재밌는 영화를 한 편 보는 가족과의 시간으로, 넷플릭스가 이를 돕고 약속하겠다는 의미를 담고 있다. 문자로 작성된 내용만큼이나 감정적인 한 방이 있었다.

판도가 바뀌면서

넷플릭스 스트리밍은 사업 자체에 변화를 가져온 큰 전략으로, 고객을 스트리밍으로 빠르게 전환시키는 것이 중요했다. 이렇게 전환하는 데는 시간이 걸릴 수밖에 없지만 메시징은 사업의 중요도를 반영하여 확고히 움직였다.

그림 23.2 **2014년 넷플릭스 웹사이트**

- **"TV 프로그램과 영화를 볼…":** TV프로그램이 중요한 이유는 사람들이 '정주행'하는 행위를 이끌어내기 좋기 때문이다. 그리고 정주행을 하려는 사람들은 계속해서 넷플릭스로 돌아왔다. 넷플릭스는 고객이 무엇을 얻을 수 있는지 **명확했고** 고객 행동 패턴의 변화를 메시지에 담아 고객이 **이해받았다는 경험**을 하게 했다.

- **"…언제나 어디서든"**이라는 부분은 **명확하고도 간결하게** DVD를 빌리는 것에 비해 스트리밍의 장점을 전달한다. 넷플릭스는 TV뿐만 아니라 스마트폰, 랩톱 또는 태블릿에서도 접근이 가능했다.

- **"매달 단 7.99달러":** 가격은 DVD 대여에 비교했을 때 넷플릭스의 가장 큰 장점 중 하나였으므로 이를 **앞에 세워 강조했다.**

- **"첫 달 무료 시청을 지금 시작하세요":** 제품이 궁금한 고객에게 즉시 행동을 할 수 있게끔 유도하는 초청장과도 같다. 이 제품에 대해 더 알고 싶다면 무엇을 해야 하는지 **뚜렷하게** 전달한다.

- 메시지를 둘러싼 이미지 역시 크게 바뀌었다. 대형 평면 TV가 시장의 주류를 이루자, 이와 같은 변화를 반영했다. 그리고 덕분에 TV에서 넷플릭스를 볼 수 있는 제품 경험도 전달할 수 있었다.

브랜드가 주도하는 메시징

2016년에 이르러 넷플릭스는 전 세상에서 가장 많이 회자되는 콘텐츠를 만들겠다는 목표를 정했다. 넷플릭스 오리지널을 넘어 〈브레이킹 배드Breaking Bad〉나 〈시트 크릭 패밀리Schitt's Creek〉와 같이 문화적인 시대정신을 구성하는 콘텐츠를 공급하는 플랫폼으로 발돋움하려 했다. 지식을 얻고 소속되기를 원하는 감정을 활용했던 것이다(그림 23.3).

- 넷플릭스의 브랜드와 그들이 잘하는 일을 고객이 인지한 상태에서 넷플릭스는 "그다음엔 무엇이 있을지 확인해보세요"라는 명확한 메시지를 내보냈다. 이는 쉽게 고객이 호기심을 가질 만한 이유를 제공했으며, 성장 중인 다른 경쟁사와 넷플릭스를 차별화하기에 충분했다. 넷플릭스는 문화적인 시대정신의 일부가 되도록 고객을 초대했다.

그림 23.3 **2016년 넷플릭스 웹사이트**

- **"어디서나 시청하세요":** 다시금 단순 명료한 약속으로 제품으로서의 넷플릭스의 특장점인 플랫폼 간의 원활한 시청 그리고 오프라인 시청을 살리는 메시지다.

- **"언제든지 취소하세요":** 신뢰를 쌓을 수 있는 진정성 있는 접근이다. "등록하세요"가 "첫 달 무료 시청을 지금 시작하세요" 대신 쓰였는데, 이는 단순히 서비스가 아니라 한 커뮤니티의 일원으로서의 소속감을 강조한다.

각 단어의 선택은 사소해 보일 수 있지만 함께 모였을 때 큰 힘을 발휘한다. 이 메시징은 넷플릭스가 왜 다른지, 전반적인 제품의 가치를 매우 간결하게 전달했다.

메시징이 브랜드와 연결되지 않고 독자적으로 동작하기까지 20년의 시간이 걸렸다. 이 시간은 기술 수용 주기를 고스란히 보여준다. 심지어 최고의 기업도 더욱 탁월한 단계로 나아가기 위해 시간이 필요하다.

젠데스크는 고객이 알고 싶어 하는 것을 예측한다

고객 지원 업무를 다루는 소프트웨어는 젠데스크가 사업을 하기 전부터 있었다. 하지만 젠데스크는 업계에서는 무척 생소한 작업을 시도했다. 입소문을 통해 성장하고 무료 체험판을 운영함으로써 현장 영업 인력에 과도하게 의지하지 않는 성장 방식을 택한 것이다. 현장 영업 인력이 없었으므로 고객이 원하는 바를 예측하여 메시징에 담을 수 있어야 했다.

젠데스크의 초기 메시징(그림 23.4)에서 그림을 보는 당신에게까지 질문하는 것을 알 수 있다.

- 젠데스크는 무엇일까요? 웹 기반의 고객센터 소프트웨어로 우아한 고객 지원 티켓 시스템과 직접 설치하고 구동할 수 있는 고객 지원

소프트웨어입니다(밑줄 친 문구는 '명료'한 차별점이다). 이는 또한 젠데스크 제품으로 무엇을 할 수 있는지 **명확하게** 설명한다. 흥미로운 점은 이를 웹페이지 상단에 배치하지 않았다는 점이다. 오히려 가장 시선이 많이 머무는 영역에는 **가볍게** "간편한 고객 지원 소프트웨어"라고 작성했다.

젠데스크 창업 3년 뒤 1만 개의 고객사를 유치한 순간까지도 이 제품이 무슨 역할을 하는지 설명하는 것은 효과적이었다. 이는 다시금 큰 성공을 거둔 기업마저도 기술 수용 주기에서 앞으로 나아가기 위해 오랜 시간이 걸린다는 것을 상기시켜준다.

그림 23.4 2010년에서 2011년경의 젠데스크 웹사이트

- 최신이라거나 혁신적이라는 표현이 없다는 사실에 주목하자. 대신에 젠데스크는 표현을 **진솔하게** 유지하여 고객이 듣고자 하는 내용에 집중했다. 이것이 명확한 차별점을 만들었다.

- 젠데스크는 타깃 고객에게 **진실되고** 신뢰를 주기 위해 홈페이지에 다양한 장치를 덧붙였다. 한눈에 보아도 이 제품은 고객 검증을 거쳤으며("1만 개 이상의 기업이 젠데스크를 사용"), 글로벌하게 채택되었고(고객 지원 국가의 지도), 멀티플랫폼을 지원하며(메인 상단 이미지에 다양한 제품의 시각 요소 배치), 쉬운(신용카드 불필요) 제품이다. 메시징은 다양한 형태로 웹페이지 안에 배치될 수 있다.

초기 젠데스크는 그들의 어조와 브랜드가 생소하게* 느껴지는 것을 두려워하지 않았고, 로고에 하트 모양을 넣을 만큼 사랑을 표현하는 데 주저함이 없었다.

고객의 반응에 따라

잠시 IPO를 보류함에 따라 업계는 젠데스크가 무엇을 하는지 충분히 이해했다. 그리하여 그들의 메시징은 고객이 바라는 제품의 역할로 포커싱을 바꾸었다(그림 23.5).

- "고객을 만족시키는 것이 이보다 쉬운 적이 없었다"는 **명백하게** 이 제품에 대하여 궁금해할 만한 근거를 제공한다.

---

* 젠데스크는 부처 이미지가 여전히 눈에 띄면서도 동시에 의도치 않은 불쾌함을 주지 않게 하도록 브랜드 선택에 대한 심층적인 연구를 진행했다. 쉽게 기억할 수 있다는 장점에도 불구하고 이를 통해 표현할 수 있는 것은 제한적이었다. 결과적으로 제품군의 발전을 더 잘 반영할 수 있는 브랜딩으로 옮겨 갔다.

- 제품의 포지셔닝은 더욱 **단순해졌다.** "심미적인 동시에 단순한 고객 지원 소프트웨어"라는 표현으로 이를 유추할 수 있다.
- 홈페이지의 다른 영역도 개선하였으며 잠재고객이 원하는 것을 **진심으로** 이해하고 있었다. 3만 명 이상의 고객과 유명한 브랜드 기업이 그들을 신뢰했다. 그들은 수지타산이 맞는 ROI를 바탕으로 한다는 표현보다는 ROI를 계산하기 쉽게 보여주었다.

그림 23.5 **2014년 초 IPO 이전의 젠데스크 웹사이트**

젠데스크는 뛰어난 제품 디자인과 고객의 제품 사용이 얼마나 쉬운지를 강조하여 경쟁사에 비해 이점을 분명히 했다. 기업공개 이후에는 차별화되는 지점을 더욱 강화하였다(그림 23.6).

- "심미적인 동시에 단순하며… 더 나은 고객 지원 경험을 위한 소프트웨어". 젠데스크는 메시징을 간결하게 바꾸어서 단순하고도 명시적으로 무엇을 했고 그것이 어떻게 다른지 전달했다.

- 클릭하지 않고도 과금 정보에 대해 알 수 있게 한 것은 잠재고객에게 원하는 정보를 전달하고 무료 평가판 경험 중 불필요한 갈등 요소를 최소화했다.

그림 23.6 **IPO 직후의 젠데스크 웹사이트**

이 시기에 방문당 페이지뷰 수, 평균 체류 시간 등 웹사이트 주요 지표를 다른 주요 B2B SaaS 기업과 비교하면 젠데스크가 압도적으로 우위를 차지했다. 젠데스크는 고객 여정에서 웹사이트의 역할을 무척 심사숙고 했으며, 이것이 새로운 GTM 모델을 도입하는 데 성공한 이유였다.

넷플릭스와 젠데스크 모두 고객이 듣고자 하는 정보와 기업의 사업 전략 그리고 시장 현실이 어떻게 결합해야 메시징이 성공할 수 있는지를 보여주는 대표적인 예시다. 두 기업의 메시지는 가장 중요한 것에 집중하고 이를 고객에게 가장 잘 전달할 수 있는 방식으로 표현하여 적당한 메시지를 적절한 시점에 고객에게 선보였다.

프로덕트 마케터 프로필: 줄리 최

엔지니어를 위한 프로덕트 마케팅

2008년 즈음 iOS는 곧 시장에 출시될 예정이었고 안드로이드는 아직 구현도 마치지 못했다. 페이스북은 서드파티 엔지니어를 위한 소셜 앱 플랫폼을 이제 막 론칭했고, 야후는 이 모든 것을 진행할 생각에 들떠 있었다. 따라서 그들은 엔지니어를 타깃으로 하는 프로덕트 마케터로 줄리 최를 채용했다.

모바일 초기 시대에 그녀는 타깃 고객에게 인간적으로 접근하는 것이 중요하다는 사실과 그들의 문제를 진심으로 이해하기 위한 노력 역시 필요하다는 것을 알고 있었다. 그녀는 야후 디벨롭퍼 네트워크에서 API, 서비스 그리고 프레임워크의 가치에 대하여 엔지니어가 일상에서 겪는 문제와 연결지어 설명하려 했다. 그녀는 엔지니어가 직면한 문제에 우선순위를 세우는 것이 중요하고 야후에 이에 대한 해답을 제시해야 한다고 믿었다.

엔지니어를 위한 프로덕트 마케팅은 줄리 최의 전문 분야가 되었다. 지난 10년간 모질라(Mozilla), 휴렛 패커드 엔터프라이즈(Hewlett Packard Enterprise)와 인텔에서 그녀는 혁신과 발전이 갈수록 빨라지는 것을 목도했다. 엔지니어들은 인터넷, 모바일, 소셜, 머신러닝의 빠른 기술 수용에 기여했고 그 어떠한 직업보다 빠르게 새로운 환경에 적응하고 학습해야 했다.

이처럼 빠르게 변화하는 사업 영역에서 고객에게 닿기 위해서는 가장 뛰어난 수준의 문서화, 데모, 코드 예제 그리고 직접 체험해볼 수 있는 환경을 갖추어야 했다. 세상에는 너무도 많은 제품이 있었으므로 각설하고 곧바로 코드를 보여주는 것으로 차별화를 시도했다. 이는 프로그래밍이 재밌고 빠르며 상대적으로 저렴하게 만드는 방법이 있다고 말하기보다는 직접 보여준 것이다.

전 세계의 엔지니어, 디자이너와 시스템 설계 전문가와 일하면서 엔지니어 대상 마케팅의 일관된 콘셉트는 메시지의 20%는 영감을 주지만 80%는 실용성 있도록 유지하는 것이었다. 예시가 포함된 메시징은 제품과 고객의 균형을 잡아준다. 부풀리지 않고 곧바로 말하며 제품/고객이 쌍방향으로 접근하는 방식은 줄리 최가 기여하는 모든 제품과 기업에서 유의미한 성장을 이끌어냈다.

스토리텔러

CHAPTER

24

균형을 맞추며
적절한 메시지를 적당한 때에

인터넷이 이제 막 등장했을 즈음, 마이크로소프트 오피스는 인터넷에 최적화된 기능을 충분히 준비했다. 당시에는 정식 출시 이전에 미국의 곳곳을 돌아다니며 포커스 그룹 인터뷰를 통해 제품의 이름이 적합한지 체크하는 것이 정석이었다. 이 과정 중에 했던 활동 중 하나는 기능에 대해 설명하는 카드를 들고 쓸모 있다고 생각하는 순서대로 카드를 뽑는 것이었다.

수십 명의 참가자 중 누구도 인터넷에 최적화된 기능을 쓸모 있다고 생각하지 않았다.

이는 놀라웠다. IT 업계인으로서 인터넷은 그야말로 모두가 입을 모아 이야기하는 화제였다. 하지만 포커스 그룹 인터뷰 참가자들은 시장이 아직 그 수준에 도달하지 못했다고 말했다. 우리는 전형적인 마케팅 딜레마에 빠졌다. 제품이 시장보다 앞서 있을 때 기업이 의미가 있다고 생각하는 것을 고객에게 전달할지, 고객이 지금 당장 의미 있다고 하는 것에 집중할지 결정해야 했다.

스토리텔러

당시 위험하다고 생각했지만, 고객이 인터뷰를 통해 시사한 바와는 달리 인터넷에 최적화된 기능에 마케팅의 방점이 찍혀야 한다고 결론 내렸다. 얼마 지나지 않아 팀이 옳은 결정을 했다는 것을 알 수 있었다.

하지만 이와는 정반대의 상황이 라우드클라우드_{Loudcloud}에서 벌어졌다.

우리는 인터넷 인프라를 서비스로 제공하는 첫 기업이었고, 포커스 그룹 인터뷰를 통해 고객이 어떻게 느끼는지 관찰했다. 우리는 분석가와 고객을 찾아가 포커스 그룹 인터뷰를 하며 이를 이해하기 위해 노력했다. 고객은 관리 서비스라고 생각했고, 당시 팀의 관점으로는 우리의 비전보다 무척 박한 감상이었다. 우리는 마음을 고쳐먹기로 했다.

클라우드 서비스를 전력 공급 장치와 같이 고객이 전원을 켜면 원하는 만큼 사용할 수 있다고 설명했다. 우리는 당시 세계에 이 비전을 세우기 위해 최고의 플랫폼을 사용했다. 창업자인 앤드리슨은 최초로 범용적으로 쓰였던 브라우저인 넷스케이프의 공동 설립자이기도 했다. 심지어는 이 비전이 잡지 《와이어드_{WIRED}》의 지면을 장식하기도 했다.

이마저도 충분하지 않았다. 그때를 돌아보면 우리가 보았던 변화에 공감하는 사람이 적었다. 공통의 언어를 사용하고 비슷한 일을 하며 함께 기반을 쌓아갈 사람도 없었다. 2000년에 세계는 지금은 누구나 이해하는 클라우드 개념을 소화하기 위해 씨름 중이었다. 우리는 너무 빨랐다. 우리의 메시징이 효력을 발휘하기에는 개념 자체가 고객의 집합적인 인지 수준에서 무리한 도약과도 같았다. 새로운 사업 영역을 정의하고 포지셔닝하려던 노력은 실패했다.

당신의 이야기가 지금 당장 합당한지 아닌지에 대해서는 고객, 산업 그리고 기술 동향에 대한 깊은 지식과 이에 대한 판단이 필요하다. 고객이 믿는 경계선을 넘어서려고 한다면 산업 자체가 당신과 함께 성장하고 있다는 것을 보여줘야 한다. 경쟁은 군중심리가 아닌 확언과 믿음을 기반으로 해야 한다. 당시 클라우드라는 개념을 이해하기에는 인터넷 환경이 이를 뒷받침하기에 역부족이었다.

업계 동향, 고객 사례, 후기, 데이터와 같은 구체적인 증거는 메시징과 포지셔닝의 핵심이고, 이를 통해 당신의 이야기가 그 언제라도 '옳다'는 확신을 줄 수 있어야 한다. 이를 달성하기 위해 협상해온 기업의 예를 알아보고, 어떻게 하면 현명한 결정을 할 수 있는지 살펴보자.

적합한 사업 영역: 새로이 만들 것인가, 또는 기존의 것에 다르게 접근할 것인가?

혹자는 하나의 사업 영역에서 성공하거나 이를 선도하는 방법은 새로운 범주를 정의하는 것이라고 한다. 나는 동의하지 않는데, 표 24.1에 그 이유를 적었다.

이 표는 모든 내용을 아울러 작성한 것은 아니며, 어떤 사람은 내가 분류한 방식에 동의하지 않을 수도 있다. 하지만 그 핵심에는 공감할 수 있을 것이다.

일반적으로 완전히 새로운 사업 영역을 만들어내는 것은 무척 어려우며, 끊임없는 인내심, 시간과 자원을 필요로 한다. 대신 이미 있는 사업 영역을 다르게 정의하여 크게 성공한 사례를 훨씬 많이 확인할 수 있다.

스토리텔러

표 24.1 두 가지 시나리오 모두에 대해 사업 영역별 선두 주자는 존재한다

신규 사업 영역 개발	기존 사업 영역 재구성
아마존	구글 ➡ 야후를 능가
아마존 웹 서비스	애플 아이폰 ➡ 블랙베리를 능가
넷플릭스	페이스북 ➡ 마이스페이스(MySpace), 프렌드스터(Friendster)를 능가
레드햇[*]	세일즈포스 ➡ 시벨(Siebel)을 능가
	슬랙[†] ➡ 힙챗(Hipchat[‡])을 능가
	스포티파이(Spotify) ➡ 판도라(Pandora)를 능가
	스페이스엑스(SpaceX) ➡ NASA가 기술을 활용
	마이크로소프트 ➡ 거의 모든 사업체에서 사용
	테슬라(Tesla) ➡ 전기차의 모든 것을 재정의

도표 오른편의 '기존 사업 영역 재구성'에 해당하는 거대 기업은 혁신적인 제품을 만들었지만 사업 영역에 대해서는 이전에 출시되었던 제품을 만든 기업이 먼저 이해했다.

진정한 의미의 사업 영역 개발은 단발성 마케팅 이벤트가 아니다. 업계의 전환을 필요로 하고 다른 기업이 따라와야 한다. 새로운 사업 영역을 발굴하려면 뛰어난 제품 전략, 사업 전략, 마케팅 전략, 특출난 리더십, 자원, 운이 필요하고 끊임없이 실행을 반복해야 한다. 변화가 일어나고 있다는 것을 확인할 수 있는 충분한 증거가 고객의 세계와 기업 외부에서 발견되어야 한다. 이를 잘하는 회사는 극히 드물다.

IT 업계에서 모든 사업 영역은 세부 업계로 분화한다. 각 세부 업계는 끊임없이 등장하는 새로운 기술, 트렌드 그리고 새로이 시장에 등장하

---

[*] IBM이 인수
[†] 세일즈포스가 인수
[‡] 아틀라시안이 인수

는 경쟁 기업에 의해 조정된다.

그러므로 새로운 사업 영역을 개발하는 것보다 기존 사업 영역을 재정의 하거나 이를 발전시키기가 더 쉽다. 이렇게 접근한다면 "당신의 현 위치 는 여기입니다"라고 언급할 만한 기준점을 만들 수 있기 때문이다.

메시징은 고객과 고객의 감정을 연결하는 것이다. 때때로 새로운 가능성 이 고객의 흥미를 끌기도 한다. 당신의 제품이 큰 변화의 일부라는 사실 만으로도 흥미과 궁금증을 불러일으킬 수 있다.

이러한 '새로운 비전'에 얼마나 투자할지는 기업의 규모, 시장 상황 그리 고 업무에 투여할 수 있는 자원에 달렸다. 비전을 파는 것은 이야기를 파는 것이고, 제품은 그 이야기의 일부를 담을 뿐이다. 이야기는 조각을 기워서 만들 수만은 없다. 각각의 요소는 신뢰할 수 있고 뛰어나야 하며 그래야 그 총합이 뛰어난 결과물이 될 수 있다. 창의적인 동시에 증거와 절제도 필요하다.

어떠한 방향을 선택하든 완결성 있는 이야기로 고객에게 전달되어야 한 다. 완결성을 갖추기 위해 업계의 통념, 데이터, 동영상, 고객 사례와 에 반젤리스트를 동원하여 고객의 신뢰를 얻는다. 호기심을 촉발하는 것은 선도 기업이 업계에서 자신의 자리를 유지하는 방법 중 하나다.

프로덕트 매니저의 활용

프로덕트 매니저는 제품이 어디로 향하는지, 왜 그런지에 대해 가장 명 확하게 알고 있다. 그들은 제품 비전과 전략을 쥐고 있는 사람들이며,

그렇기 때문에 지금의 제품과 향후의 미래가 어떤 접점이 있어야 하는지에 대한 구체적인 이미지가 있어야 한다.

프로덕트 매니저는 제품이 들려줄 수 있는 이야기로 영감을 주는 동시에 기술적인 정확성을 반영할 수 있어야 한다. 또한 그들은 현재 어떤 기능이 고객의 요구 사항을 충족시키는지 알고 있으며, 제품이 경쟁적인 미래에서 살아남기 위해 어떻게 포지셔닝해야 하는지도 알고 있다.

예를 들어 당신이 몸담고 있는 사업 영역에서 인공지능이 중요하다면 제품의 미래 청사진에 그 기술이 어떻게 결합하는지 홍보해야 한다. 하지만 홍보만이 능사는 아닐 수 있다. 인공지능이 어떻게 구체적으로 특정 기능을 더 뛰어난 기능으로 만드는지 보여주는 것이 설득력이 있을 수도 있다.

영업 담당자의 활용

스토리텔러

내가 근무했던 회사 중에 한 CEO는 주력 상품의 메시징에 큰 의미를 두었다. 마케팅팀은 메시징을 어떻게 진행할지 고객 인터뷰를 한창 진행 중이었고, 영업팀장은 직접 메시지를 작성하고 있었다. 마케팅은 그 메시지가 좋다고 판단했지만 수정이 필요하다고 생각했다.

마케팅팀이 어떤 방향으로 작업할지 결정하기 전에 CEO, 마케팅, 영업팀장이 작성한 각 메시지를 홈페이지에 게시하여 테스트를 진행했다. 각자 일주일씩 홈페이지에 게재하고 '더 알아보기' 버튼을 클릭한 수를 기준으로 관여도를 측정했다.

영업팀장이 작성한 메시지는 CEO가 작성한 것을 1,000% 뛰어넘는 성과를 냈고 마케팅에서 작성한 메시지도 손쉽게 이겼다. 말할 필요도 없이 영업팀장이 작성한 메시지로 업무를 진행했다. 마케팅팀에서는 영업팀장이 작성한 메시지가 왜 가장 뛰어난 성과를 냈는지 살펴보았고, 다른 대안은 불필요하게 복잡한 말에 의존하고 진정성이 덜한 듯 느껴졌다는 결론이 났다.

효과적인 메시징을 개발하는 데 영업 담당자가 좋은 협업 대상임에는 분명하다. 영업 담당자는 고객이 영업을 당한다는 느낌을 받지 않게 하면서도 그 메시지를 끊임없이 전해야 하기 때문이다. 메시징을 마치고 난 다음에 영업에 전달하는 식으로 업무하기보다는 현장에서의 경험을 통해 메시징의 유효성을 검증하며 일할 수 있도록 하자. 결과는 언제나 그렇지 않았을 때보다 좋을 것이다.

검색 트렌드와 기법 활용

5장에서 검색 엔진 최적화는 검색 방법에 따라 고객이 제품에 접근하는 방식을 만들어낸다고 설명했다.

이는 중요한 정보이지만 그 자체만으로 어떤 메시징이 좋은지 도출해낼 수 없다. 검색어와 같은 요구 사항은 다른 환경, 즉 포지셔닝, 경쟁 상황, 현시점의 트렌드 등과 함께 균형을 맞춰 캠페인 메시징에 반영되어야 한다.

검색을 활용한다면 빠르고 직관적으로 가설을 검증할 수 있다. 다음은 검색을 활용하여 메시징의 효과를 미리 점쳐보는 방법의 예다.

- **검색 트렌드:** 고객이 당신의 사업 영역에 대해 어떤 어휘를 사용하여 접근하는지 알 수 있다. 트렌드는 하나의 어휘를 다른 것과 비교하여 상대적인 개념으로 접근하기에 좋다.

- **검색 여정 검증:** 다른 고객 여정 검증과 마찬가지지만, 이번에는 당신의 제품에 도달하기 위해 어떤 검색어를 쓰고 어떤 행동을 하는지, 그리고 무엇을 찾고자 하는지를 기준으로 한다.

- **타깃팅된 유료 검색광고 집행:** 이와 같은 검증에서 중요한 것은 유사한 방향의 다양한 내용을 확인받으려는 것이 아니라 방향 자체를 바꿀 수도 있는 피드백을 받는 것이다. 이는 검증하고자 하는 내용이 서로 완전히 달라야 유용하다는 말이다. 이를테면 제품이 어떤 기능을 하는지에 대한 광고를 운영하고 제품이 어떤 문제를 해결해주는지에 대한 광고도 운영하는 것이다. 두 메시지 모두 경쟁사와 유사하게 작성하여 테스트해볼 수도 있다.

- **키워드 분석:** 주로 전문가가 수행하여 웹상에서 자사 제품과 경쟁사 제품과 관련된 용어를 분석한다. 이는 검색 결과의 질을 개선할 수 있는 주요 메시징에 영향을 준다.

균형의 중요성

현재 시점에서 효과적인 메시지는 단순히 제품과 기업의 규모에 의해서만 결정되지 않으며, 업계와 시장 역할의 결과로 나타난다. 그래서 검색에 대한 연구는 메시징의 시작점을 잡기에 좋고, 시간이 흐름에 따라 목표로 하는 포지셔닝에 가깝게 변화하고 있는지도 알 수 있다.

제품 생명 주기 초반일수록 제품의 필요성을 상기할 수 있는 고객의 상황과 문제를 다룬 이야기를 할 수 있어야 한다. 제품이 어떤 역할을 할 수 있는지 고객이 쉽게 이해할 수 있도록 인지적 연결을 도와야 한다. 그리고 사업 영역을 새로이 개발하거나 재정의할 수 있도록 의도적으로 작업해야 하는 시기다.

제품이 더 성숙하면서 제품과 사업 영역에 대해 더 이해할 수 있을 것이다. 제품 메시징은 더욱 성숙한 사업 영역에서 효과적일 수 있다. 장기적인 포지셔닝을 그려서 사업 영역에서의 성공 방정식을 만들고 기업의 비전을 실천하는 것만큼 중요하다.

메시징과 포지셔닝에 대해 이야기할 때, 강력한 이야기와 효과적인 메시지를 작성하는 것은 기본이다. 모든 동료가 어떤 말을 해야 하는지에 대해 같은 생각을 가지게 하는 것은 그다음 문제다. 그러면 한 장으로 작성하는 메시징 캔버스에 대해 알아보자.

스토리텔러

CHAPTER
25

한 장으로 쓰는 메시징 캔버스

쌀쌀한 가을날이었다. CEO가 마케팅, 영업 그리고 제품팀의 조직장에게 메일을 보내서 중요한 회의에 참석해달라고 했다. 이 회사는 그들보다 뛰어난 이야기를 전달해대는 매서운 경쟁자와의 정면승부에서 족족 패하는 중이었다. 이 회사는 더 나은 제품 피칭이 급히 필요했다.

그 회의에 마케팅 조직장은 이메일 캠페인에서 효과를 발휘하고 있는 메시지를 가져왔다. 제품 조직장은 제품이 가능성을 포착한 카피를 제시했다. 영업 조직장들은 새로운 아이디어를 모두 탐탁지 않아 했지만 이보다 나은 것을 제안하지는 못했다. 이들은 현재 상황에서 무엇이 기대만큼 동작하고 있는지를 떠올렸다.

프로덕트 마케터는 시니어 조직장 중에 유일한 평사원이었다. 하지만 모든 의견은 윗선 의사결정권자에게서 나왔기 때문에 그 아이디어들이 암묵적으로 승인되었다고 여겨서, 그는 하나씩 아이디어를 이어 붙이고 새로운 제품 피칭의 초중반과 말미에 걸쳐 배치했다. 새로운 이야기를 빨리 만들어내기 위해서 이 프레젠테이션은 고객 검증을 전혀 거치지 않았고 실제 피칭에 사용되지도 않았다.

스토리텔러

결과는 나쁘지 않았지만, 뛰어나지도 않았다.

이러한 공동 작업과 그저 그런 결과물은 업계에서 자주 찾아볼 수 있다. 뛰어난 메시징과 이야기를 만들어내는 것은 팀 협업의 결과물이 맞지만, 제시된 의견을 한데 모아 뛰어난 결과물을 만드는 것은 프로덕트 마케터의 몫이다.

파트 4 전반에 걸쳐 뛰어난 메시징은 그만큼 강력한 업무 절차를 통해 만들어진다고 설명했다. 이 장에서 다룰 한 장짜리 메시징 캔버스는 그 절차의 결과물을 하나로 담기 위해 설계되었다. 그리고 최종적인 메시지가 뛰어난 결과물이 될 수 있도록 도움을 줄 것이다.

완성하고 나면 이 캔버스는 제품의 포지셔닝을 확고히 하며 전달하려는 이야기를 한데 모아 모든 조직 구성원이 제품에 대해 손쉽게 말할 수 있는 툴킷이 될 것이다.

작동 방식

한 장짜리 메시징 캔버스는 메시지를 각각의 구성 요소로 나눈다. 각 항목은 포지셔닝, 고객 편익, 제품의 기능과 주장하는 바와 이 주장이 옳다는 근거로 구성되어 있다. 각 요소는 어떠한 시장 진입 목적을 위해서도 쓰일 수 있다. 모든 것을 언제나 활용하고 옳은 시점에 꺼내서 쓰면 된다.

캔버스를 모두 작성하고 난 뒤에는 모든 구성 요소가 이 제품이 뛰어난 제품이라고 믿어야 하는 이유를 알려주므로 제품의 시장 포지셔닝이 무척 명확해질 것이다.

다음의 양식을 고스란히 활용할 필요는 없다(표 25.1). 처음에는 검증해봄 직한 아이디어를 모두 기록하자. 테스트하고 관찰하고 협업을 통해 다듬어지는 과정에서는 엉망이어도 좋다. 이 절차는 다른 탐색 과정과 마찬가지로 반복적으로 수행될 것이므로 많은 아이디어를 낸 만큼 많이 버려야 한다.

완성된 캔버스는 모든 팀이 제품에 대해 말하고 쓰고 무엇인가를 구현할 때마다 참고할 수 있는 자료가 된다. 모두가 동일한 툴킷을 사용함으로써 일관된 메시징을 사용할 수 있으며, 시간이 경과함에 따라 시장 포지셔닝을 견고하게 하는 데 기여할 것이다.

표 25.1 메시징 탐색 절차를 시작할 수 있는 한 장짜리 메시징 캔버스 템플릿
(한 장짜리 메시징 캔버스)

포지셔닝 문장 명확성, 진정성, 간결성, 검증	[제품 X]가 무엇을 할 수 있는가?		
근거와 특장점	타사로부터 방어할 수 있는 고유한 고객 편익	전략적으로 차별화를 할 수 있는 영역	고객에게 중요한 가치
고객 세그먼트 구분 ● 상위 의사결정권자 ▲ 하위 의사결정권자 ◆ 기술적 인플루언서	**고객에 제공되는 가치**		
	고객에게 이것이 이득인 이유 ● ◆ 이점 1 ● 이점 2	고객에게 이것이 가치 있는 이유 ▲ 이점 3 ●▲◆ 이점 4	고객에게 이것이 중요한 이유 ●▲◆ 이점 5 ▲◆ 이점 6
	근거: 위의 주장을 뒷받침하기 위한 근거		
사업 환경 이 고객이 제품과 어울리는지 알기 위해서 무엇을 확인할 것인가?	• 증거 1 • 증거 2	• 증거 3 • 증거 4	• 증거 5 • 증거 6

진행 방식: 메시징 탐색 — 고객의 언어와 맥락을 찾기 위한 개발형 질문

다음은 마켓 핏을 찾는 과정에서 쓸 수 있는 질문이다. "이 제품을 고객

은 친구에게 어떻게 묘사할까?" "어떤 상황을 경험하면서 더 나은 방법을 찾게 되었을까?"

사람들이 어떤 어휘를 사용하고, 어떻게 이 문제에 대해 이야기하는지 관찰하라. 개인적으로 마이크로 설문을 선호한다. 짧고 요지가 명확하며 한두 가지 질문이 포함되어 있고 언제나 열려 있는 마이크로 설문은 사전 준비 없이 사람들에게 던지므로 그들이 무엇을 생각하는지 포착할 수 있다. 이를테면 "우리 서비스를 왜 사용해보지 않았나요?" 또는 "당신의 니즈를 충족시키려면 우리가 어떻게 해야 할까요?"라는 질문은 메시징이 어떤 지점을 짚어줘야 하는지를 알려줄 것이다.

1단계: 가장 중요한 고객 세그먼트를 결정하고 이들을 기준으로 메시지를 작성한다. 메시징은 모든 고객을 위한 것이 아니라 가장 중요한 고객을 위한 것이다. 그들에게 이 메시지가 더욱 명확하도록 가다듬자. 이외의 고객층에 접근할 수 있는 방법은 무수히 많다. 이렇게 해야 모두에게 모든 것을 말해서 결국엔 그 어떤 것도 말하지 않느니만 못한 상황을 면할 수 있다.

2단계: 메시지 초안과 주요 근거 메시지를 작성한다. 고객이 어떤 말을 듣고 싶어 하는지 생각해보자. 무엇이 당신을 신뢰할 수 있고 당신에 대해 궁금하게 만드는가? 제품의 장점에 대한 광범위한 서술일 수도 있고, 제품이 어떤 일을 새로운 방식으로 한다는 사실일 수도 있으며, 당신이 연관된 생태계 또는 새로이 도입한 기술일 수도 있다. 이전에 진행되었던 메시징을 살펴보고 영감을 찾자. 말하고 싶은 것을 말하는 데 그쳐서는 안 된다. 이 프레임워크를 통해 필요한 말만 남을 것이다.

3단계: 가치에 대한 항목을 고객 친화적인 언어로 작성한다. 기능이 무엇이고 어떻게 동작하는지에 대한 설명만 늘어놓지 않는 것이 좋다. 기능이 무엇을 수행하는지, 그리고 그것을 통한 이득 또는 고객 사례를 덧붙여라. 예를 들어 제품이 동작하는 고유의 방식 덕분에 고객에게 주어지는 이득을 설명할 수 있다. 여기에 작성되는 내용은 고객에게 매우 구체적으로 와닿아야 한다.

4단계: 특정 청중에게 최적화된 메시지를 작성한다. 모든 메시지가 모든 고객 세그먼트에 적합한 것은 아니다. 각 세그먼트를 위한 고유의 기호를 정해라. 그 기호를 각 세그먼트에 적합한 메시지 앞에 표시한다. 예를 들어 엔지니어인 고객을 대상으로 메시지를 쓰려고 하고 이 고객 세그먼트에 사각형 기호를 할당했다면, 데이터 통합을 지원하는 API라는 내용 앞에는 사각형 기호가 오게 된다. 반면에 엔지니어의 업무 효율 향상이라는 내용 앞에는 사각형과 원형 기호가 오며 여기서 원형 기호는 엔지니어 조직장에게 할당된 기호다. 동일한 메시지가 여러 세그먼트에 쓰일 수 있다는 점에 주의하자.

5단계: 증거를 제시한다. 메시징은 당신이 제품에 대해 말하고자 하는 바와 다른 사람의 제품에 대한 언급이 결합하여 만들어진다. 에반젤리즘을 가능하게 하는 것이 무엇인지 생각해보자. 고객의 이야기는 더 쉽게 사람들이 기억하고 나눈다. 증거는 고객 사례나 제품이 더 낫다는 정량적 데이터, 연구나 분석가의 인용이나 입증된 ROI가 될 수도 있다. 사실로 이루어진 정보를 전달받으면 고객이 믿음직하다고 생각한다는 것을 상기하자.

6단계: 이메일, 웹사이트, 프레젠테이션 등과 같이 메시징에 쓰일 매체를 통해 고객에게 검증받는다. 영업 인력이 있다면 그들이 좋은 출발점이 될 것이다.

그들은 곧바로 메시징을 사용하고 고객의 반응을 확인할 수 있다. 고객의 반응에 귀기울여라. 당신은 고객이 "와, 이거 정말 대단하네요"라고 말하는 것을 듣기 위해 관찰하는 것이 아니다. 오히려 호기심을 유도하고 대화를 더 진척시킬 요소를 찾는 것이다. 관심을 표현하는 언급이 전혀 없었다면 메시징을 계속 고도화하는 것이 좋다. 당신은 감정적인 반향을 주는 것을 목표로 해야 하고, 가보지 못한 길을 표현하거나 자꾸 따라가고 싶은 다른 색 보도블록과 같은 문장을 만들어야 한다.

7단계: 퇴고한다. 넷플릭스가 "언제든지 취소하세요"라는 문구를 썼던 것을 기억하는가? 효과적인 메시징이 반드시 제품과 연관이 있을 필요는 없다. 6단계에서 배운 모든 것을 동원해서 캔버스에 작성한 내용을 다듬자. 이 단계에서 드디어 쓸 만한 카피를 건질 수 있을 것이다. 다른 동료가 그 메시지를 사용하길 원하는 경우에만 캔버스에 이를 작성하라. 이 원칙을 고수하면 메시징에 대한 일관성을 끌어낼 수 있다.

캔버스를 퇴고하는 좋은 방법 중 하나는 큰소리로 읽어보는 것이다. 이 제품을 처음 접하는 사람이 들었을 때 어떤 느낌일지 상상하자. 불필요하게 어려운 단어나 너무 강요하는 느낌이 드는 표현은 걷어낸다. CAST 양식에 따라 메시지를 최종적으로 점검하고, 모든 것을 갖추었는지 확인하자.

1. **명확성**: 당신이 무슨 일을 하는지 명확하게 전달되고 그에 대하여 궁금해할 이유가 있는가? 부연 설명이 명확함을 해치지는 않는가?

2. **진정성**: 이 언어가 타깃 고객의 언어인 동시에 의미 있는가? 그들이 익숙한 표현으로 작성되었는가?

3. **명료성**: 이 제품이 무엇이 뛰어나고 다른지 알 수 있는가? 고객들이 무엇이 더 나은지 알 수 있는가?

4. **검증**: 이를 직접적으로 경험할 고객을 대상으로 검증되었는가? 그리고 반복하여 검증을 수행했는가?

메시징 캔버스를 실행에 옮기자

그림 25.2는 링크드인에 인수된 인덱스탱크$_{IndextTank}$라는 스타트업의 메시징 초안이다. 이 회사는 검색을 서비스로 제공하며 검색 기능을 제공하는 대형 사이트의 엔지니어와 운영 조직의 관리자를 타깃 고객으로 삼았다. 이 회사의 예시에서 각 열은 각기 다른 고객층을 상정하여 작성되었다.

메시징 탐색 과정 중에서 그들은 놀라운 세 번째 고객 세그먼트를 발견했는데, 그것은 엔지니어 에반젤리스트였다. 이 고객층은 서비스를 사용하지 않을지도 모르지만, 새로운 기술을 체험해보고 엔지니어 포럼에서 적극적으로 발언했다. 많은 엔지니어가 입소문을 통해 배우는 것을 선호하기 때문에, 인덱스탱크는 검색을 다루는 엔지니어뿐만 아니라 앱 엔지니어도 관심을 가지게끔 메시징을 작성해야 한다는 것을 깨달았다.

하지만 웹사이트를 통한 테스트 이후 인덱스탱크는 초점을 바꾸었다. 기본적인 부분은 동일하게 유지했지만, 포지셔닝 문장의 짧은 버전을 만들었는데 "당신의 사이트에 손쉽게 강력한 검색 기능을 추가하세요. 뛰어난 검색은 뛰어난 사업 성과를 만듭니다"였다. 호기심이 많은 앱 엔지니어는 결국 구매 고객이 아니기 때문이다. 대형 웹사이트의 뛰어난 검색 결과는 매출을 불러왔고, 이들이 인덱스탱크의 사업에 이바지하는 고객이었다. 포지셔닝 문장은 가장 중요한 고객이 듣고자 하는 내용을 중심으로 바뀌었다.

표 25.2 인덱스탱크의 한 장짜리 메시징 캔버스 초안

포지셔닝 문장: 명료성, 진정성, 간결성, 검증	인덱스탱크는 강력한 검색 API로 당신이 앱에 실시간으로 최적화하여 검색을 제공할 수 있도록 합니다. 짧은 버전: 당신의 앱에 손쉽게 검색 기능을 추가하세요		
근거와 특장점	최신 앱을 위한 강력한 API	당신이 통제할 수 있는 최적화된 검색	쉽고 빠르며 호스팅되어 있다.
	고객에 제공되는 가치		
고객 세그먼트 구분 ◆ 검색 담당 운영 또는 IT 담당자 ▲ 구식 중이거나 새로운 기술을 학습 중인 프리랜서 엔지니어 ◆ 더 나은 검색을 제공하고 싶은 제품 담당자	● 실시간: 진정한 실시간 인덱싱은 결과와 실시간으로 갱신된다는 의미 ● 위치 기반: 검색에 위치를 입력하는 사람의 위도/경도 정보를 활용하여 검색 결과 제공 ● 소셜: 투표, 별점, 덧글, 좋아요 또는 페이지뷰를 검색 결과에 반영 ▲◆ 모바일 최적화: 자바 클라이언트에서 곧바로 API 호출 가능	●◆ 빠르다: 저장공간이 아니라 메모리에서 동작하기 때문에 초단위 이하로 결과를 받을 수 있음 ● 검색 결과 숨기기 불가: 사용자가 모든 것 원하든 말든 검색 결과가 고객을 만족시킬 것이라는 확신이 있기 때문 ●◆ 퍼지 검색: 사람들이 입력한 대로가 아니라 무엇을 찾고 싶은지를 보여줄 수 있음. ●◆ 자동 완성: 고객의 수고를 덜고 결과를 빠르게 제공 ●◆ 미리보기: 클릭하지 않고도 검색 결과를 볼 수 있게 하여 결과가 어떻게 나오는지 고객이 통제할 수 있도록 ● 분류(facet): 검색 결과를 모아 보거나 펼쳐 볼 수 있도록 고객에게 제공	● 확장성: 4,500만 건의 검색 제공 ▲◆ 무료: 첫 10만 건은 공짜 없이 시도 가능 ▲◆ 더 쉽고 더 빠르다: 솔라, 스핑크스, 루신 이외의 검색 기능 제공 ▲◆ 루비, 레일즈, 파이썬, 자바와 PHP 모두 지원
사업 환경 • 고객의 사업에 있어 중요하거나 나 큰 문제를 발견해야 함 • 실시간 또는 소셜 필터를 만들어서 검색 결과를 고객에게 더 와닿게 만들어야 함 • 검색 기능을 UX 제로이나 고객 지원을 위해 삭제하는 경우도 있음	**근거**		
	• **헤딧** – 한 달 만에 소셜 뉴스 검색 1위, 일간 1천만 문서 검색 • **트윗비드** – 검색은 정보를 찾는 방식이기 때문에 최신 정보, 소셜 별점, 실시간은 모두 필수적	• **블림** – 가중치를 반영한 검색은 비즈니스 모델에 필수 • **태스크래빗** – 연관 검색어와 퍼지 로직은 검색에 필요 • **가지로** – 매시업 유저가 무엇을 기대하고 원하는지 직접 관리하게 함	

스토리텔러

이 절차는 어렵지 않지만 프로덕트 마케터는 메시징이 최종적으로 검증되기 전에 이 절차를 마무리하지 않도록 주의할 필요가 있다. 다양한 통찰을 최종 메시징에 어떻게 적용할지 결정하는 것도 마찬가지로 중요하다. 가장 효과적인 메시징은 아닐 수도 있지만 사업과 포지셔닝에 이로운 메시징일 수 있기 때문이다.

자주 묻는 질문에 대한 답변

이 모든 절차는 얼마나 걸리는가?

스타트업의 경우 메시징이 자주 변한다. 일주일 이내에 첫 번째 메시징을 얻어내는 것이 좋지만 검증과 퇴고 과정이 한 달 이상 소요될 수 있다. 메시징에 대한 업데이트는 빈번히 일어날 수 있다.

성숙한 단계의 회사라면 검증과 퇴고가 더 오래 걸릴 수 있다. 이는 얼마나 심층적인 검증을 거치느냐에 따라 몇 달씩 소요될 수도 있다. 하지만 한번 결정된 뒤에는 주요 출시 주기에 맞추어 새로 교체되는 것이 보통이다.

고객의 의견이 얼마나 메시징을 결정할 수 있는가?

고객의 의견은 많이 반영하긴 하지만 메시징은 고객에게 정보를 제공하는 것이지, 고객이 주도하는 것이 아니다. 고객으로부터 얻은 통찰은 참고할 수 있는 정보다. 오직 당신만이 고객, 시장, 비즈니스 요구 사항이라는 모든 조각을 맞춰볼 수 있다.

다중 제품 회사라면 몇 개의 캔버스를 작성해야 하는가?

각 제품 또는 제품군마다 한 장씩이다.

분량이 한 장을 넘어도 무방한가?

한 장짜리 캔버스의 특징 중 하나는 제약을 강제하여 우선순위를 결정하는 것이다. 가장 중요한 것과 상대적으로 포괄적인 내용 사이에서 협상하도록 스스로를 몰아세우는 셈이다. 웹사이트, 백서, 기능 비교 장표 등 세세한 정보를 다룰 수 있는 도구는 많다. 메시징을 한 장으로 끝내려는 이유는 가장 중요한 메시지가 프로덕트 메시징을 업무에 적용하는 모두가 일관되게 쓰게 하기 위해서다. 간결함이 생명이다.

스토리텔러

프로덕트 마케팅이 진화할 때
모든 기업의 성과 역시 한 단계 발전한다.

And every tech businesses does better
when product marketing is better.

고급 프로덕트 마케팅과 리더십

프로덕트 마케팅을 선도하고 혁신

1996년, 말라_{Mala Sharma}가 실리콘밸리에 도착해 IT 업계에서 프로덕트 마케팅을 시작할 때 그녀는 무척 놀랐다. 그 누구도 일간 또는 주간 매출 실적을 몰랐기 때문이다. 마케팅 관련 활동과 그에 대한 사업적 효과에 신경 쓰는 사람이 없었다. 프로덕트 마케팅 또는 이와 유사한 마케팅 범주의 업무에 대한 평가는 "제품과 관련된 마케팅 자료를 제때 만들고 있다면 충분히 잘하고 있다"는 것이 기준이었다.

커리어 초기에 말라는 인도의 유니레버_{Unilever}에서 소비자 패키징 브랜드 매니저로 일했다. 그곳에서는 전체적인 총괄을 맡은 매니저와 같이 업무를 수행했다. 그녀는 주간 매출 실적, 이 매출을 발생시키기 위한 모든 비용과 사업이 굴러가도록 만드는 요소에 대해 속속들이 알고 있었다.

하지만 실리콘밸리에서는 고객이 어떻게 느끼는지, 경쟁자와 마케팅에 대해 이해하는 것만으로도 프로덕트 마케팅의 전략적인 기회를 포착할 수 있다는 것을 적어도 주변의 사람들은 알지 못하는 것 같았다. 그녀는 프로덕트 마케터로서 첫 업무로 정성적, 정량적 고객 분석을 모두 시작

시니어 PMM

했다. 그리고 패키징, 가격 설정, 시장 진입 전략을 바꿀 틈새시장을 찾아냈다. 제품이 성공하면서 회사 전반에서 그녀의 역할을 생각하는 방식이 바뀌었다.

이는 그녀가 무슨 일을 하건 그 직업에 대한 인식 자체를 바꿀 수 있다는 확신을 주었다. 그녀가 어도비Adobe에서 포토샵Photoshop 프로덕트 마케팅 총괄로 일했을 때, 프로덕트 매니저들은 기능에 대해 계획을 세우고 그 계획을 프로덕트 마케팅팀으로 넘겨 메시징을 작업하게 하고 영업 활성화에 기여할 수 있도록 업무를 진행하고 있었다. 말라는 모든 회의에 참석해서 마케팅을 할 수 있는 기회를 깊이 이해하고 놓치지 않으려고 했다. 사업은 어떻게 확장하는가? 가격 설정에 문제는 없는가? 제품의 시장 진입 전략은 무엇인가? 그녀는 전략적인 제품 마케팅이 어떤 모습인지 직접 보여주고 조직의 인식을 바꾸기 시작했다.

그녀는 곧 어도비의 크레이티브 솔루션creative solution 전체를 관장하게 되었으며, 외부에서 관리자급 인재를 채용하여 프로덕트 마케팅 직무 자체를 혁신했다. 실리콘밸리에서 그녀와 유사한 직책을 가진 사람들과는 달리, 그녀는 IT 경력이 있어야 한다는 편견이 없었다. 오히려 그녀는 소비자 제품 패키징 경험, 기술 또는 컨설팅 관리 경험을 모두 가진 후보자를 찾았다. 그녀는 채용 기준을 높게 유지했다. 적합한 후보자를 찾는 것이 쉽지 않았지만 드물지만도 않았다. 이렇게 다양한 경험을 해본 사람은 입증된 전략적인 통찰력과 사업적 관점의 소유자로서 기업을 성공으로 이끌었다.

어도비의 연간 매출은 110억 달러를 돌파하였고, 이는 조직의 규모와 복잡도가 높아졌음을 의미했다. 말라는 프로덕트 매니징, 캠페인 마케팅, 영업과 긴밀히 협력하는 시장 진입 전략팀과 구분하여 프로덕트 마케팅의 역할을 확실히 정의할 필요가 있었다. 이들은 모든 작업이 완료된 뒤에 이해관계자들이 모두 살펴볼 수 있도록 문서화하고 이를 전파했다. 동시에 그녀는 직업적인 훈련에도 투자하여 신규로 입사한 프로덕트 마케터가 있을 때 프로덕트 마케팅의 역할을 이해하고 그들에게 기대되는 성과를 받아들이게 했다.

이 모든 혁신 중 가장 뛰어난 결과는 무엇이었을까? 프로덕트 마케터는 고객에 대한 이해를 바탕으로 기존에 사실처럼 여겨졌던 것을 바꾸려 도전할 때 가장 빛을 발한다. 물론 이는 데이터, 시장과 고객에 대한 폭넓은 이해가 있을 때만 가능하다. 프로덕트 마케터는 협업하는 팀과 뛰어난 결과물을 낼 수 있도록 어려운 결정을 검토하는 용기도 있어야 한다. 이를 통해 제품 시장 진입 전략에 대한 사고를 끊임없이 이어갈 수 있고 프로덕트 마케팅을 통해 사업 성장을 위한 새로운 방법을 모색할 수 있기 때문이다.

말라는 프로덕트 마케팅이 무엇을 해야 하는지, 이전의 직업적 경험을 통해 명확한 비전을 가지고 있었다. 다만 그녀는 자신의 비전대로 작동할 수 있도록, 그리고 다른 동료가 이를 보고 이해할 수 있도록 행동으로 옮겼다.

대부분의 사람은 이렇게까지 운이 좋지 않다. 그러므로 리더의 역할은 조직 운영 방식을 명확히 밝히고 기업 전반의 조직에 걸쳐 이를 전달하는 것이 중요하다. 대변인, 전략가, 스토리텔러 그리고 에반젤리스트의

시니어 PMM

네 가지 핵심 역할이 이를 설명하지만, 실제로 기업에서 이것이 어떻게 구체화되고 운영되는지는 이를 이끄는 매니저에게 달렸다.

이는 프로덕트 마케팅 조직의 구성부터 시작된다.

프로덕트 마케터는 누구에게 보고해야 하는가?

프로덕트 마케팅이 그 역할을 다하기 위해서는 다양한 역할을 수행하는 제품팀 사이에 어떤 식으로 배치되는지가 누구에게 보고해야 하는지보다 중요하다. 8장에서 구체적으로 언급하였으므로 여기서는 굳이 상술하지 않도록 한다.

포레스터 리서치*에 따르면 표준적인 비율은 달리 없다. 하지만 조사된 바에 따르면 2.6명의 프로덕트 매니저마다 1명의 프로덕트 마케터가 배치되는 것이 통상적인 비율이고, 경우에 따라 5명당 1명까지 비율이 오르기도 한다.

프로덕트 매니저와 프로덕트 마케팅 매니저의 비율을 차치하고라도 프로덕트 마케팅 담당자가 보고할 대상이 마케팅 또는 제품의 상위 결정 권자인지는 많은 리더들이 고민하는 질문 중 하나다. 이는 두 가지 요인에 달려 있다.

요인 1: 어떤 비즈니스 문제를 해결하려 하는가?

* **마케팅 하위 조직:** 제품이 시장에서 자리를 잡았다면 시장에 더욱 집중해야만 성장을 이뤄낼 수 있다. 이미 명백한 단위의 세그먼트 고객

---

* https://www.forrester.com/blogs/whats-the-right-ratio-for-product-or-solution-success/

은 제품을 채택했다고 보기 때문에 고객을 구분하는 방식이 마이크로 세그먼트와 같이 더욱 정교해진다. 파트너십이나 제품군과 같은 마케팅 전략과 더 많은 GTM 협업은 프로덕트 마케팅이 마케팅 조직의 일환으로 잘 동작하고 있음을 의미한다.

프로덕트 마케팅은 제품 전반을 포괄하는 역할을 한다. 시장과 고객은 시장 진입 전략에 직접적인 영향을 주지만 제품에는 영향을 주지 않는다. 제품은 기업이 매출을 발생시킬 수 있는 포트폴리오다. 프로덕트 마케팅은 고객이 그 가치를 어떻게 경험하느냐에 따라 조직을 갖춘다. 예를 들어 큰 기업 단위 또는 개인 구매자 단위에서의 경험이 달라짐에 따라 조직 구성이 갈릴 수도 있다.

- **제품 하위 조직:** 지속적으로 제품을 개발해야 하는 기업에서 고도의 기술과 관련되거나 제품 자체에 대해 기업이 고객에게 설명하는 데 어려움이 있다면, 프로덕트 마케팅이 이를 제품팀에 공유하여 고객의 언어와의 간극을 좁혀주기도 한다. 프로덕트 마케터는 시장 진입 전략 담당팀에 더 유의미한 정보를 전달할 수 있다.

조직적으로 제품팀 하위에 속하기 때문에 프로덕트 마케터 역시 시장에 대한 제품팀의 대변인이 되는 편이 더 쉽다. 이 보고 체계는 제품팀이 시장에 대한 이해를 높일 수 있다는 추가적인 장점이 있다.

요인 2: 어떤 리더가 이 업무를 도와 잠재력을 발산할 수 있는 능력을 가졌는가?

다양한 분야의 경험이나 리더십을 가진 조직장과 함께 일할 수 있는 행운을 누리고 있다면 이를 충분히 활용하자. 이를테면 시장에 정통한 최고제품책임자chief product officer, CPO가 최고마케팅책임자chief marketing officer, CMO보다 전략적으로 사고할 수 있다. 그렇다면 시장이 이미 성숙한 상태라도 프로덕트 마케팅을 CPO의 하위에 두는 것도 방법이다. 뛰어난 조직장에게 보고하는 것만으로도 진행하는 일이 성공할 가능성이 높아지기도 한다.

반대로 제품에 조회가 깊은 CMO가 조직 내에 있다면 시장 진입 전략과 제품을 담당하는 팀의 건강한 협업이 가능할 수 있다. 프로덕트 마케팅 매니저가 그 CMO에게 보고하게 하라.

역할 범위 정하기

프로덕트 마케팅 분야에는 다재다능한 제너럴리스트가 많이 모여 있다. 이 덕분에 프로덕트 마케팅의 역할 범위를 정하는 것이 까다로울 수 있다.

제품이 생명 주기 초기 단계에 있다면 제너럴리스트는 기업에 큰 보탬이 되는 인재다. 제품의 시장 진입 전략을 결정하기 위해 많은 해석과 적용이 필요하기 때문이다. 제너럴리스트는 이와 같은 탐색 과정에서 다양한 능력을 발휘할 수 있으며 발빠르게 마케팅 실무를 진행할 수 있다.

하지만 기업이 성숙하고 제품에 대하여 반복할 만큼 확고해진 시장 진입 전략이 정해지면 판도가 바뀐다. 프로덕트 마케터가 각각 시장, 마케팅 또는 배포 채널 그리고 고객 세그먼트에 특화되어야 하기 때문이다.

프로덕트 마케팅팀의 규모는 제품이 더욱 성장하며 시장이 더 복잡해질수록 커지는 경향이 있다. 시장 진입 전략의 각 요소에 특화된 전문가와 함께 주요 시장(예: 회계 분야) 또는 주요 고객 세그먼트(예: 엔터프라이즈)에 집중하는 담당자가 한데 묶인 팀이 되기도 한다. 모두 한 제품에 대

시니어 PMM

한 프로덕트 마케팅 담당자인데도 말이다.

업무 범위는 현재 사업의 진행 방향과 전반적인 팀 구성에 맞추어 정의하도록 하자. 그다음 프로덕트 마케팅 밖의 팀에 업무 범위를 꼭 전달해야 한다.

만약 프로덕트 마케팅 조직으로 큰 변화에 도전하려 한다면 전면적으로 조직을 개편하면서 시작하는 것은 추천하지 않는다. 팀에서 가장 뛰어난 프로덕트 담당자와 프로덕트 마케팅 담당자를 한 쌍으로 묶어 가장 중요한 시장 세그먼트에 대한 업무를 지시하자. 이 팀에서 다양한 모델과 툴을 미리 경험하게 하는 것이다. 각 기업의 고유한 상황에 맞도록 조직 구성을 조장한 뒤에 조직의 현실에 어울릴 수 있는 버전을 전면적으로 적용한다. 이렇게 조직을 개편하면 프로덕트 마케팅이 어떻게 작동하도록 의도한 것인지 참고할 수 있다.

기존 프로덕트 마케팅 조직의 업무를 재조명하면서 프로덕트 마케팅의 기업 내 입지를 다시 다져야 하는 경우에는 유관 부서의 기대치와 팀의 성과 간의 차이부터 시간을 들여 파악하도록 하자. 그다음 새로운 구조와 절차를 만들어 이 간극을 좁힌다. 구체적인 지표를 설정하여 예전의 문제들이 새로운 조직적 구조와 업무 방식에 따라 해소되고 있음을 가시화한다.

프로덕트 마케팅 업무 그 자체를 재구성하고 정의해야 하는 상황이라면 알아두어야 하는 주변 조직과의 관계에 대해 설명하겠다.

프로덕트 마케팅과 프로덕트 매니징

프로덕트 마케팅이 확보한 고객과 시장에 대한 지식을 믿는 것은 이 두 직무가 원활하게 협업하기 위한 기초다. 이따금 사소한 행동으로 인해 이 신뢰가 훼손되는 경우가 있다. 제품에 대한 관심 부족, 제품에 대한 토론 중에 쓰이지 않는 데이터 또는 계획 없이 무작위로 제품팀과의 논의 중에 제시되는 마케팅 요구 사항 등이 그 예에 해당한다.

이런 문제를 발견하려면 프로덕트 마케터와 프로덕트 매니저가 협업하며 어떻게 상호작용하는지 알 수 있도록 팀 미팅과 같은 활동에 직접 참가해야 한다. 또한 제품팀의 협업 상대방과 직접적인 대화를 나누어 이와 같은 문제가 있는지 진단해볼 수도 있다.

오히려 다수의 프로덕트 매니저가 제품의 이야기를 만들고 메시징을 정하고 시장 진입 전략을 세우는 일의 어려움을 모르기도 한다. 이들에게는 어떤 단어를 선택하거나 마케팅 활동을 할지 결정하는 것이 다소간 임의적으로 느껴질 수 있다.

각 직무에 대한 오해를 해소하고 원만한 협업으로 나아가려면 개선하는 것만큼이나 상대방에 서로의 역할이 바르게 수행되었을 때의 기대치도 공유할 수 있어야 한다.

프로덕트 마케팅과 시장 진입 전략팀

그 어떠한 시장 진입 전략도 고객과의 접점 없이는 살아남지 못한다. 고객의 행동은 예측할 수 없으며, 프로덕트 마케팅은 그 반응을 이끌어낼 수 있어야 한다.

시니어 PMM

실제로 시장에서 벌어지고 있는 일에 대응하는 것이 아니라 그저 계획을 실행하는 데만 집중하면 프로덕트 마케터는 실망한다. 영업이나 마케팅 담당자 둘 중 하나라도 프로덕트 마케팅이 전달한 자료가 적합하지 않다고 느끼면 이에 대해 언급하고 개선할 수 있는 방법을 찾는 자리가 필요하다.

업무 범위와 책임에 대해 재검토할 때, 팀 간 업무의 우선순위를 결정하는 기준과 그 절차도 정의한다. 예를 들어 영업 주간 회의는 영업에 필요한 자료가 언제까지 나와야 하는지 결정하거나, 다가오는 이벤트에 대한 계획을 결정할 수 있는 권한을 가진다고 합의하는 것처럼 말이다.

프로덕트 마케팅 매니저와 경영진

대부분의 경영진은 프로덕트 마케팅이 무엇을 하는지, 심지어는 무엇을 해야 하는지 모른다. 프로덕트 마케팅 조직장은 자신의 팀이 기업의 우선순위에 따라 무슨 일을 하는지 구체화하고, 각 팀에서 시행하는 시장 진입 활동과 연결 고리를 만들어야 한다.

명확한 제품 시장 진입 계획과 각 세부 활동과 계획이 어떻게 하나로 모여 사업 목표를 달성하는 데 기여하는지 설명하는 것부터 시작한다. 이 설명에 이어 프로덕트 마케팅팀의 활동이 단기(분기) 및 장기(연간) 기준마다 정량적으로 측정할 수 있는지도 전달할 수 있어야 한다.

포괄적인 팀 규범의 중요성

팀 리더의 중요한 역할 중 하나는 목표 달성에 최적화되도록 팀을 구성하는 것이다. 이는 다양한 성별과 인종의 사람을 채용하는 것만 뜻하지 않는다. 팀으로 함께 협업하는 과정에서 비로소 보이는 것들이 팀의 역량이다.

제품이 인터넷에서 사용할 수 있는 것이라면 미국 시장을 타깃으로 가격을 책정했더라도 곧바로 전 세계적으로 출시되는 것과 같다. 제품이 여성보다 남성 고객의 관심을 끌고 있다면, 여성 고객을 확보하기 위해 "유방암 예방/지원 캠페인을 하자"고 한다고 능사가 아니다. 제품이 개인 정보를 요청하면 일부 고객은 응하지 않을 수 있다.

이런 의견은 남다른 관점을 가진 누군가가 팀에 있었고 그 의견이 팀 전체의 의견으로 수용되었기 때문에 가능했다. 대부분의 경우, 팀 전반의 구성원과 다른 인종적 또는 성별/성적 지향을 가진 구성원이 있었다. 그리고 이 사람이 다른 구성원은 놓칠 수도 있는 관점을 제시하여 더 나은 결정을 내릴 수 있었다.

다양성을 추구하는 팀의 장점은 널리 알려진 대로 그렇지 않은 팀보다 뛰어난 성과를 보인다. 하지만 대부분의 기업은 이와 같이 다양성을 추가하는 채용을 하기 전까지는 그 사실을 알지 못한다.

2012년 구글은 프로젝트 아리스토텔레스Project Aristotle라는 연구를 시작했다. 1년간 수백 개의 팀을 연구하며 누구는 고전을 면치 못하는 반면, 누구는 탁월한 성과를 내는지 살펴보았다.

이 프로젝트에서 알려진 사실은 누가 팀에 소속되어 있는지보다 팀이 어떻게 함께 일했는가가 더 중요하다는 사실이다. 가장 뛰어나고 효과적인 팀은 신뢰라는 기반을 갖추었고 덕분에 기존 의견과 반대되는, 검열하지 않은 열정적인 토론이 자유롭게 진행되었다.

다음은 결과물에 큰 영향을 미치고 지속적으로 나은 성과를 만드는 것과 상관도가 높은 요인들이다.

- **심리적 안전함:** 질문을 하고 새로운 아이디어를 내고 동료의 의견에 반대하고 개인적인 이야기를 공유하는 것이 안전하다고 느끼는 자신 감이다.

- **신뢰도:** 팀 구성원 모두가 높은 품질의 작업을 약속한 시간에 완료하고 이에 대해 책임을 지는 것을 주저하지 않는다.

- **일관된 구조와 명확성:** 직무에 대한 기대를 이해하고 그것을 수행하기 위해 무엇을 해야 하는지 이해하는 것이다.

- **의미:** 일의 목적을 이해하고 있는 상태로, 이 의미는 때로 각 개개인마다 다르다.

- **임팩트:** 사람들은 자신이 어떤 변화를 일으키고 있고 자신의 기여가 중요하다고 느끼기를 원한다.

팀의 습관에 따라 행동 규범이 생기면 역기능과 부작용도 생긴다. 때때로 팀이 최적의 상태로 운영되지 않는데 이를 인식하지 못하기도 한다.

이와 같은 상황은 프로덕트 마케터에게 무척 중요한데, 주로 다양한 팀을 오가며 일하기 때문이다. 프로덕트 마케터는 동일한 보고 체계 내에 있지 않은 조직의 결과물에도 적극적으로 개입하여 성과를 낼 수 있다는 믿음이 있어야 하고, 반대하는 데 주저함이 없어야 한다.

뛰어난 리더는 이와 같은 근무 환경이 가능하도록 노력해야 한다.

조직에 기여하는 리더는 말수가 적은 구성원도 자신의 이야기에 조직이 귀 기울인다는 것을 느끼게 하고, 다른 구성원이 자신의 의견을 공유하도록 하지만 자신의 의견은 마지막에 말한다. 동의하지 않더라도 다른 관점을 수용하며, 동의하지 않는 의견에 대해 방어적인 자세를 취하지 않는 등 이상적인 행동 양식을 규격화하고 실천한다. 솔직함, 존중, 명확함을 유지하고 언제라도 어려운 대화를 나눌 준비가 되어 있다는 것을 보여준다.

프로덕트 마케팅을 이끄는 것은 사업 성과와 역할의 도구적인 기능만 측정하는 것이 아니다. 팀 구성원이 누구인지도 살피고, 그 사람이 최고의 능률을 낼 수 있도록 팀을 운영하는 방법을 고민해야 한다.

시니어 PMM

뛰어난 프로덕트 마케터를
채용하는 방법

최근에 프로덕트 마케터 3명의 최종 면접에 참석해달라는 요청을 받았다. 이들 모두 전략, 메시징, 고객을 파악하는 것에 집중하는 등 올바른 작업을 수행해왔지만 나는 한 명만 추천했다.

그녀가 가장 뛰어나게 발표한 사람은 아니었다. 그녀가 가진 장점은 가르치기 어려운 것이었는데, 모르는 것에 대해 인정할 수 있는 겸손함과 시간에 맞추어 계획을 수정할 수 있는 것, 그리고 제품에 대한 진심 어린 호기심이었다. 다른 두 후보자도 그러한 자질을 가졌다고 했지만, 그녀만 그것이 드러났다.

그렇다고 해서 다른 후보자들이 강점이 없었다는 것은 아니다. 한 후보자는 뛰어난 언어 능력과 직무에 대한 높은 이해력이 있었다. 다른 후보자는 조직에서 발생할 수 있는 장애물을 탐색하는 데 뛰어났고 매니징 방식에 밝았다. 하지만 채용을 진행하는 기업은 초기 스타트업이었다. 적응력과 호기심이 그 기업에는 더 중요한 덕목이었다.

이 장에서는 조직장에게 뛰어난 프로덕트 마케팅 후보자를 채용하는 방법을 설명한다.

역량 평가

누구나 유니콘을 고용하고 싶어 한다. 유니콘이라고 하면 신화에나 등장할 법한 프로덕트 마케터로, 염력으로 숟가락을 구부릴 수 있을 것 같은 사람이다. 실제로 존재하지만 무척 희귀하다.

이보다 현실적인 접근은 지금의 기업 단계에서 가장 중요한 것을 찾고 얼마나 성장하고 능력을 개발할 수 있는가에 집중하여 채용을 진행하는 것이다. 어떠한 단계에 있더라도 뛰어난 업무 프레임워크를 사용하는 매니저/멘토 그리고 팀 동료를 찾자.

필연적으로 절충과 타협을 해야 한다. 나는 앞서 언급한 면접에서 만났던 호기심이 많은 유형, 커뮤니케이션 능력이 뛰어난 유형과 협업 능력이 뛰어난 유형의 프로덕트 마케팅 후보의 예를 들어 이들이 현업에서 일하면 어떤지 보여주겠다. 7장에서 다루었던 역량을 바탕으로 무엇을 채용 후보자에게서 찾아야 할지 정하고 이 능력을 평가하기 위한 질문을 다루겠다.

- **고객에 대한 호기심과 적극적인 경청:** 뛰어난 프로덕트 마케터가 되기 위해 모든 것에 대한 정답을 알 필요는 없다. 오히려 고객, 제품팀, 영업팀 그리고 업계 소식 모두를 살피고 시장이 보내는 시그널을 포착하려 한다. 후보자는 서로 다른 출처의 정보를 잘 연결할 수 있어야 한다. 그 후에 그들은 이를 신중한 마케팅 활동과 메시징으로 옮길 수 있어야 한다.
  - 증거 변화하는 상황이나 정보에 따라 자신의 관점을 변경할 수 있다. 고객 중심으로 메시징을 하려 한다면 후보자가 작성했던 내용을 살펴보면 좋다.

- 인터뷰질문 "새로운 사실을 알게 되어 계획했던 내용을 변경했던 경험을 알려주시겠어요?" 후보자가 언급한 가정을 반박하고 이러할 때 관점을 바꾸는지 살펴보라.

- 이러한 상황이라면 호기심이 많은 후보자가 나머지 두 유형보다 돋보일 수 있다. 아이디어나 계획이 무엇이건 간에, 그녀는 회사 내 다른 전문가들에게 도움을 구하겠다는 말을 주저 없이 한다. 이는 문제 해결을 위해서 배우려는 자세를 보여준다. 커뮤니케이션 능력이 뛰어나거나 협업 능력이 뛰어난 유형은 준비된 계획을 바꾸려는 경향은 보이지 않았다.

- **제품에 대한 관심과 기술적인 이해 능력:** 제품은 언제나 변화한다. 뛰어난 프로덕트 마케터는 빠른 적응력과 성장하려는 마음가짐을 보여준다. 이러한 후보자는 끊임없이 자신의 역량을 키우고 제품은 진정으로 즐긴다. 업계의 전문 지식에 현혹되지 않도록 조심해야 한다. 이는 양날의 검이기도 한데, 특정 영역에 대한 해박한 지식은 무엇이, 어떻게 진행되어야 한다는 편협한 사고로 이어질 수도 있다.

  - 증거 후보자가 제품에 대해 사전 준비 없이도 이야기하는가? 커리어에 걸쳐 다양한 직업과 업계를 선택해왔는가? 특정 사업 영역이나 제품에 대한 관심을 보이는가?

  - 인터뷰질문 "[기업 X]에서 [기업 Y]로 옮겼을 때 무엇을 기대했나요?" "[직무 이름]로 일하면서 배운 점 중에 그다음 직무로 이동하면서 활용한 것이 있었나요?" "당신이 지금 사랑하는 제품은 무엇인가요?"

시니어 PMM

- 호기심이 많은 후보자는 경쟁사까지 살펴보면서 사업 영역에 대한 관심을 드러냈다. 그녀가 이 업계에 대한 전문가가 아닌데도 말이다. 다른 두 후보자는 면접 전에 준비한 것과 같이 제품에 대한 단편적 지식을 가지고 있었다.

- **전략과 실행 그리고 사업적 기민함:** 업무를 통해 성취한 결과와 같이 자신의 커리어에서 하이라이트를 말해달라고 할 때 그 사람의 특색이 드러나곤 한다. 당신은 후보자가 무엇을 성취라고 정의하는지, 그리고 임팩트 있는 결과로 이어지도록 어떤 작업을 했는지 살펴보아야 한다.

  - 증거 뛰어난 사업적 성과는 합리적인 시간 내에 진행되어야 한다. 협업의 중요성을 아는 사람이라면 많은 팀과 협업하여 이를 해냈음을 언급한다. 제품의 출시에 대해서 말할 때 사업적인 성과와 그 결과를 연결하여 이야기하는지도 살펴보라.

  - 인터뷰 질문 "지금까지의 커리어에서 경험했던 가장 큰 성공은 무엇인가요?" "그것이 성공인지 어떻게 알았나요?"

  - 세 가지 유형의 후보자 모두 신중한 계획을 조직 내에서 실행하기 위해 어떤 작업을 했는지 설명했다.

- **협업 능력:** 단순한 관계가 아니라 결과를 이끌어냈던 시스템을 찾아야 한다. 영업팀과 자주 협업했다면 영업 활동을 위한 문서를 함께 다듬었는가? 직접적으로 제품팀과 함께 메시징 작업을 했는지 묻고, 그 절차에 대해 어떻게 생각하는지 물어라. 당신이 이 질문을 하는 이유는 후보자가 찾아낸 영감이 협업을 통해 비롯되었느냐 여부를

시니어 PMM

알기 위해서다. 협업의 방식은 다양하고, 한 가지만이 아니다.

- 증거 팀 간의 협의, 성공 확률을 높이고 가속화하는 업무 절차
- 인터뷰질문 "제품/영업/마케팅 간의 관계 중에서 가장 이상적이었던 경험은 무엇입니까?" "그 관계나 협업은 왜 좋았나요?"
- 협업 능력이 뛰어난 후보자가 이 항목에 대해 가장 높은 능력을 보여주었고, 자신이 다사다난한 상황과 여러 유관 부서를 아울러 많은 제품을 출시한 것을 예로 들었다. 이는 필요한 시장 진입 전략 관련 부서를 하나로 모아 하나처럼 일할 수 있도록 지휘할 수 있고, 그러한 환경을 가진 성숙한 단계의 기업에 어울린다는 것을 시사한다.

- **뛰어난 말/글 커뮤니케이션 능력:** 이 능력은 인터뷰, 메일의 말하기 방식, 심지어는 이력서나 링크드인 계정에서도 드러난다. 뛰어난 말하기 능력이 반드시 뛰어난 글쓰기 능력으로 이어지지는 않는다. 어떤 사람은 한 가지 능력만 뛰어난 경우도 있다.

  - 증거 면접 외에도 전반적인 채용 절차를 거쳐 이 능력을 검증할 수 있다. 후보자에게 발표를 준비해달라고 요청할 수 있다. 뛰어난 발표자는 전달력이 높을 뿐만 아니라 상호작용을 할 수 있게끔 준비한다. 후보자의 지난 작업 결과물을 살펴보는 것은 언제나 도움이 된다.
  - 커뮤니케이션 능력이 뛰어난 유형은 자신이 주도하는 대화에서 명쾌했고, 청중의 반응을 살피기 위해서 이따금 멈추기도 했다. 매끄럽긴 했지만 그녀가 주도하던 방향이 아닌 다른 소재를 꺼냈

을 때 그녀는 흔들리는 모습을 보였다. 준비한 것에 대해서는 매우 뛰어난 모습을 보였지만, 즉흥적으로 답변해야 하는 것에 대해서는 그만큼 뛰어나지 않았다. 압도적으로 뛰어난 커뮤니케이션 능력은 명확하고 일관된 메시지를 기업 차원에서 배포할 때 쓰일 수 있다.

하드 스킬과 경험을 평가하는 방법

30년간 많은 면접을 진행하면서, 임원부터 경영진까지 모든 프로덕트 마케팅 후보자에게 물어보았던 질문이 한 가지 있다. 지금도 마케팅에 대한 본질적인 재능을 가지고 역동적으로 생각할 수 있는 사람과 공식적인 접근을 수행하는 데 뛰어난 사람을 구분하는 데 효과가 있다고 생각한다.

그 질문은 이렇게 시작한다. "마케팅에 뛰어난 것으로 보이는 제품이나 기업이 있나요? 무엇이든 가능합니다. 그리고 그것이 왜 뛰어나다고 생각하는지 알려주세요."

이 질문은 마케팅의 성공을 어떻게 정의하고 어떤 능력을 보유했는지 가늠해볼 수 있다. 이 접근 방식은 정해진 답이 없고 정말로 열린 논의이기 때문에 후보자만큼이나 질문하는 면접자 역시 열심히 일해온 사람이어야만 대답할 수 있다. 한 회사가 특히 잘하는 것에 대해 이야기하면서 그 대화를 시작한다.

면접관이 진짜로 궁금한 것은 이 질문에 대한 결론이다. "이제 당신이 방금 말했던 뛰어난 회사의 경쟁사의 마케팅 관리자라고 가정해봅시다.

당신이 말했던 그 회사와 경쟁하기 위해 가장 중요하다고 생각하는 것 두세 가지를 말해주세요."

군이 지원한 회사에 대해 이야기하는 것이 아니라 다른 회사에 대해서 이야기하는 것은 서로 정보적인 측면에서 이점이 없는 상태에서 대화하기 위해서다. 이런 일련의 질문에 답변하려면 면접관 역시 면접자의 사고 흐름과 답변에 집중해야 한다. 어떤 대답을 원하는지 정해놓지 않았기 때문에 어떠한 편견도 없다. 뛰어난 후보자를 찾기 위해 다음과 같은 내용을 점검하라.

- **후보자가 광범위한 마케팅 수단을 알고 있는가?:** 후보자에게 위 질문을 던진 뒤에 왜 언급한 기업이 마케팅에 뛰어나다고 생각하는지 빨리 알아내는 것이 중요하다. 이는 넓은 의미에서 마케팅을 어떻게 정의하고 마케팅 수단을 알고 있는지 확인할 수 있다. 예를 들어 브랜딩인지, 고객인지, 제품인지, 캠페인인지, 무엇이 어떻게 효과적인지를 물어본다.

  후보자가 광고 이외의 마케팅에 대하여 이야기할 수 없거나 제품이 더 뛰어난 구체적인 이유에 대해 말할 수 없다면 면접에 실패한 것이다. 4P(제품Product, 가격Price, 프로모션Promotion, 위치Place)에 대해 독창적인 관점이 없다면 채용할 만한 후보자라고 생각하지 않는다. 이에 대해 대답하지 못한다는 것은 고객이나 시장에 깊이 빠져들어 마케팅 아이디어를 만들어내기보다는 공식에 의존하는 사람이라는 의미다.
  면접관으로서 나는 브레드크럼Breadcrumb이라는 기법을 사용하여 면접자에게 여러 번의 기회를 준다. 예를 소개하거나 새로운 데이터를 제공하여 어떻게 반응하는지 관찰하는 것이다.

- **후보자는 어떻게 빠른 변화에 대응하는가?**: 기술은 빠르게 변화한다. 경쟁사에 대응하여 마케팅 활동을 어떻게 펼칠 것인지에 대해 논의할 때, 뛰어난 후보자가 확실히 눈에 띈다. 당신의 입장에서 생각하고 새로운 아이디어를 즉흥적으로 낼 수 있는 것은 뛰어난 프로덕트 마케터의 자질이다. 업계의 모든 기술이 역동적으로 빠르게 변화하기 때문이다. 뛰어난 프로덕트 마케터는 변화하는 지형에 적응하며 나아간다.

- **후보자는 새로운 정보를 열린 마음으로 접근하는가?**: 면접관으로서 모든 후보자에게 공평한 기회를 주기 위해 사고를 진척할 수 있도록 새로운 정보를 소개한다. 가령 타깃 고객을 바꾸거나 새로운 시장 환경을 제시하라. 후보자가 대응하는 방식을 바꾸는가? 그와 같은 상황에서 후보자가 설정한 가설이나 예상치 못한 변화에 후보자가 어떻게 반응하는지 살펴보라.

- **후보자는 제약 사항에 어떻게 대응하는가?**: 이따금 예산 제약을 논의에 추가한다. "25만 달러만 사용할 수 있다면 당신이 말한 것에서 무엇을 변경하고 어떻게 우선순위를 정할 건가요?"

모든 후보자가 빛날 수 있도록

전형적인 마케팅 면접 질문인 "우리가 마케팅에서 더 잘할 수 있는 세 가지를 알려주세요"가 잘못되었다는 말에 공감하지 못할 수 있다. 면접관인 당신은 면접자인 후보자보다 기업에 대해 잘 알고 있다. 그리고 선호하는 답변을 이미 생각했을 수도 있다. 후보자의 답변을 자신의 것과 비교하여 생각하는 것은 어렵지 않다. 당신이 마케팅을 전문으로 하는 사람이 아니라면 후보자가 혁신적인 아이디어를 제공하더라도 당신의 아이디어보다 나은지 단박에 판단하기 어렵다.

면접자도 면접관도 잘 알지 못하는 기업에 대해 이야기하는 것은 당신의 의견과 다른 의견을 빠르게 판단하는 경향을 멈출 수 있다.

커리어를 시작하는 단계에 있는 석사, MBA 프로그램 혹은 매우 뛰어난 학사 과정을 마치고 곧바로 업계에 입문하는 사람 10명 중 한두 명은 마케팅에 대해 역동적인 사고를 가졌다. 이따금 5명 중 1명으로, 또는 3명 중에 1명으로 바뀌기도 하는데, 이는 뛰어난 리크루터나 프로덕트 마케터의 경우에는 그렇다.

뛰어난 인재를 채용하는 것이 프로덕트 마케팅 관리자로서 할 수 있는 가장 뛰어난 일 중 하나다. 어떻게 인터뷰를 진행하고 평가하는지에 대해 엄격해질 필요가 있다. 채용은 시작일 뿐이다. 모든 커리어 단계의 신규 채용 인력의 역량을 개발하는 방법을 다루겠다.

프로덕트 마케팅 커리어 코칭

프로덕트 마케터의 커리어는 그로스팀, 제품팀, 마케팅팀 또는 사업팀을 이끄는 모든 방향으로 뻗어갈 수 있다. 정해진 길이 달리 없다. 뛰어난 프로덕트 마케팅 관리자는 프로덕트 마케터가 다양한 능력을 갖추고 어떠한 커리어로도 나아갈 수 있도록 돕는다.

이 장에서는 프로덕트 마케팅 능력을 어떻게 배양할 것인지에 대한 로드맵을 제공한다. 연차에 대한 언급은 참고용이고, 바뀔 수 있다.

주니어: 1~5년 차까지

많은 것을 빠르게 배우는 것이 커리어 초기를 판가름한다. 특정 작업을 잘 수행하는 것을 배우기 전에 시장의 시그널을 읽어내는 능력도 함께 배양할 수 있도록 하자.

구체적이고 세세한 피드백을 제공하는 것을 피할 필요가 없다. 이메일 내용에 대해 피드백하는 것은 피드백 이후의 이메일이 나아졌다면 마이크로 매니징이 아니다. 탁월함을 직접 경험할 수 있도록 돕자.

웹사이트를 다시 설계하거나 캠페인 차원에서의 전략 수립을 도전하는 등 작은 규모의 일을 직접 이끌어보기에 좋은 시기다. 임팩트와 성공을 측정하는 방법을 배우는 것도 빠뜨리지 않도록 하자.

실무 능력

- 고객 및 시장조사를 적절히 해석하고 이해할 수 있음
- 통찰력 있는 시장 검증 및 고객 인터뷰를 수행할 수 있음
- 경쟁사에 대하여 분석할 수 있음
- 제품을 시연할 수 있음
- 영업용 자료를 만들 수 있음
- 웹사이트 콘텐츠를 작성할 수 있음
- 사고 리더십 기초를 갖춤

핵심 능력

- 글쓰기: 간결하게 쓸 수 있으며 매끄러운 스토리텔링을 할 수 있음
- 말하기: 청중의 반응을 포착하고 이를 곧바로 적용하고 때에 따라 즉흥적으로도 할 수 있음
- 고객, 영업팀과 제품팀과 생산적인 논의를 진행할 수 있음

커리어 초기에는 직무 자체에 대해서 이해하고 구조를 파악할 수 있도록 업무 프레임워크와 도구를 많이 제공하는 것도 좋다. 불필요한 반복 작업을 제거하고 효율적으로 일할 수 있는 기회를 준다. 가능할 때마다 따라서 작업해볼 수 있는 좋은 예를 전하자.

시니어 PMM

초기 프로덕트 마케터는 인턴을 포함해서 그 누구든 성공적으로 관리할 수 있거나, 복잡하고 큰 파급력으로 사업적인 방향을 불러일으키는 프로젝트를 담당할 수 있다면, 그다음 단계로 넘어갈 준비가 되었다. 초기 단계에서 다음 단계로 옮기는 것의 분기점은 마케팅팀 내에서만 잘하는 것으로는 부족하다.

미드레벨: 5~12년 차까지

이 단계의 프로덕트 마케터는 수행할 수 있는 핵심 기술의 가짓수가 늘어나는 동시에 다른 직무의 동료를 이끌 수 있는 능력이 있으리라는 기대를 받기 시작한다. 자신의 직업에 대한 사고방식도 확장되며 적은 도움으로도 결과물을 만들어낼 수 있다.

관리자급이었다면 전사적인 영향력을 미치는 리더로 발돋움한다. 주요 출시를 이끌며 여러 개의 제품 라인을 담당하거나 솔루션으로 담당 영역이 바뀌고, 다양한 제품과 시장을 한꺼번에 소화한다. 성공하기 위한 복잡도 역시 함께 증가한다.

추가 실무 능력

- 브랜딩, 커뮤니케이션, 디지털, 잠재고객 창출과 같은 마케팅 전문 분야를 이해할 수 있음
- 파트너를 활성화할 수 있음
- 특정 수요를 가지는 시장을 대상으로 마케팅을 할 수 있음

시니어 PMM

추가 핵심 능력

- 다양한 직무의 팀과 협업하여 캠페인을 운영할 수 있음
- 뛰어난 커뮤니케이션 능력을 보유하고 있으며 제품팀과 영업팀 동료의 신임을 얻음
- 팀에 도움이 되는 사람을 채용할 수 있음
- 조직 관리: 조직을 이끌고 팀을 통해 업무와 성과를 키우는 방법을 알고 있음

미드레벨 단계 최고의 리더는 다른 동료에게 주요 마케팅 스킬을 전수할 수 있고 팀 구성원이 생산적으로 일하고 있다고 느끼게 할 수 있다. 스스로 업무를 수행해서 결과를 이끌어내기보다는 다른 사람을 이끌어서 결과를 만들어낸다. 관리자급이지만 뛰어난 실무자이기도 하다.

이 수준에 도달한 사람이라면 복잡하거나 다양한 직무의 사람과 함께 일하는 프로젝트에 참여해달라는 요청을 받는다. 프로덕트 매니징이나 다른 직무의 사람을 이끄는 것을 주저하지 않도록 안내해야 한다. 그다음에 무슨 일을 하든 그러한 경험들이 도움이 될 것이다.

시니어: 10년 차 이상

뛰어난 리더는 단순히 오랜 기간 업무를 수행한 것 이상의 능력이 드러난다. 이미 성공을 경험했을 뿐만 아니라 광범위한 업무 경험으로 인한 능력치를 보여준다. 또한 정해진 방식대로 일할 뿐만 아니라 다재다능함을 갖추었다.

시니어 프로덕트 마케터는 수많은 제품 출시와 운영을 경험했다. 그들은 절차와 시스템을 구축하여 팀이 다른 팀과 효율적으로 일할 수 있게 조직을 운영할 수 있다.

또한 시장의 요구에 따라 빠르게 변화할 수도 있어야 한다.

이들은 실패도 경험해서 이를 통해 배운 점과 다시 한다면 무엇을 다르게 할지도 이해하고 있다. 실패에 대해 공개적으로 이야기할 수 없다면 아직 그 경험을 통한 통찰을 얻어내지 못했다는 의미다. 실패를 받아들이고 이를 통해 배울 점을 찾아낼 수 있다는 것은 미드레벨 프로덕트 매니저와 시니어를 구분하는 기점이 된다. 이 단계까지 온다면 직무를 맡아 운영할 수 있는 준비가 된 것이다.

추가 실무 능력
- 회사의 대변인으로 역할을 수행할 수 있음
- 여러 팀 간의 문제나 갈등을 원활하게 조율할 수 있음

추가 핵심 능력
- 유관 부서도 함께 이끌 수 있으며 성공이 협업에 달려 있다고 믿음
- 유관 부서로부터 이미 리더로 인정받음

이 단계에서 가장 어려운 도약은 디렉터에서 부사장으로 가는 것인데, 주로 기술이 리더십의 소프트 기술만큼 기능적이지 않기 때문이다. 몇 년 전에 이것에 대해 블로그에 실었는데, 비기술 회사에서도 널리 읽혔다. 그 전문을 여기에 싣는다.

시니어 PMM

몇 년 전, 재능 있는 마케팅 책임자가 비밀리에 시작한 유명 스타트업으로 수백만 달러의 수익을 창출하는 것을 보았다.

그녀는 프로덕트 마케팅팀, 기업 커뮤니케이션팀, 홍보팀, 브랜딩팀 그리고 파트너 마케팅팀을 만들었다. 1년도 되지 않아 마케팅 조직이 20명으로 성장했다. 그리고 3명의 경험 많은 관리자도 채용했으며, 그들은 그녀와 일하는 것을 매우 좋아했다. 주변을 돌아보니 자신보다 경험이 적은데도 자신의 직무에서 부사장이 된 사람이 많았다. 그래서 그녀는 생각했다. '왜 나는 부사장이 아니지?'

그녀는 CEO에게 찾아가 왜인지 물어보았다. 마케터로서의 수많은 것을 성취했는데도 왜 자신은 VP가 아닌지 물었다. 그의 대답은 "미안하지만, 당신은 아직 준비가 덜 되었어요"였다. 그녀는 상처받았을 뿐만 아니라 이유를 납득할 수 없었고 그 이유에 대해 CEO도 명확하게 설명하지 못했다. 답답하고 사기까지 저하되었다. 그녀는 무엇을 해야 할지도 모른 채 그 자리를 떠났다.

이 관리자는 나였고, CEO는 벤 호로비츠였다.

그때 내가 알지 못했던 것을 지금은 나도 알게 되었는데, 그간 수백 명의 마케팅 관리자와 일하거나 면접을 보면서 나와 동일한 경험을 하고 있는 사람도 보았다.

그때 벤이 나에게 해줬으면 했던 이야기를 들려주고 싶다.

이 교훈은 단순히 승진하고 싶어 하는 관리자에게만 해당하지 않는다. 업무적인 능력이 뛰어나지만 자신의 직책에 그것이 다 담겨 있지 않다고 생각하는 모든 마케터에게 해당한다.

마음을 단단히 먹어두는 것이 좋다. 당신이 기대하는 것과 많이 다를지도 모른다.

뛰어난 마케팅에 그만 집착하라. 이 조언은 직관에는 반하지만 실무적으로 뛰어난 사람과 리더십 자리를 맡을 수 있는 사람을 구분하는 분기점과도 같다. 마케팅 리더십은 개별 마케팅 능력에 대한 것이 아니다. 당신의 팀이 성과를 낼 수 있느냐와 당신이 그것을 지휘할 수 있는 능력이 있느냐의 문제. 부사장은 사람과 각 직무 사이의 연결 고리를 만들어서 사람들이 영감을 받고 성장할 수 있는 환경을 만들어야 한다. 만약 마케팅 업무에서의 탁월함이 자신이 스스로 진행한 성과이고 구조적으로 팀이 만들지 못한 것이라면 아직은 연구할 부분이 남아 있다.

팀보다는 회사를 우선시하라. 앞의 조언과 비슷하지만 같지는 않다. 이와 같은 피드백이 필요한 경우는 마케팅팀 리더가 "우리 팀은 이 업무와 저 업무에서 성과를 냈습니다"라고 말하는 것과 같은 상황이다. 이는 팀을 빛내거나 보호하는 것처럼 보이고 이 역시 중요하지만, 관리자급에서 보았을 때는 '우리'라는 표현은 더 다양한 유관 부서를 포함해야 한다. 기업 전체 수준에서의 포괄적인 목표와 다양한 직무의 능력을 활용하여 이를 달성하려 하는가? 당신은 동료와의 관계에서 리더로 발돋움하고 그들을 이끌 수 있는 자질이 있는가? 후자는 시니어 리더로서 영업팀과 제품팀 모두와 함께 성공을 다져나가려면 중요한 질문이자 능력이다.

'무엇'보다 '왜'에 집중하라. 모두가 마케팅에 대해서는 말을 보태기가 쉽기 때문에 이 조언은 실천하기가 쉽지 않다. 하지만 이 조언의 중요성을 깊이 공감하는 사람 역시 드물다. 마케팅팀은 현재 팀이 무엇을 하고 있는지 보여주고 캠페인 결과나 MQL 지표로 보여주려 한다. "우리가 뭘 하는지 보세요. 이게 먹혀 들어가고 있어요!" 이런 지표는 마케팅팀에나 중요하지, 회사 전체를 두고 봤을 때는 크게 의미가 없을 수도 있다. 뛰어난 마케팅 리더는 한 걸음 물러나 계획하고 보고하지만은 않는다. 다른 조직이 마케팅팀이 그런 일을 왜 하는지 이해하게 만들기 위해 노력한다. 이 일은 당장 주어지는 보상도 없을뿐더러 그 누구도 당신에게 하라고 시키지 않기 때문에 지치는 일임에 분명하다. 하지만 결과적으로 이런 작업을 통해 회사 전체적으로 주도적으로 이끌고 나가는 모습으로 보이게 한다. 이는 그저 할 일을 하는 것으로 보이는 것과 차이가 난다. ➥

시니어 PMM

전문가처럼 굴지 말고 속을 터놓고 이야기하라. 솔직히 말해 실수를 포용하고 빨리 실패하고 취약한 모습을 드러낼 때 할 말이 더 많다. 전문성은 그 전의 성과를 통한 결과로 주어지는 것도 있지만, 조직에서 받아들이고 신뢰를 얻었을 때 성립한다. 이 균형을 어떻게 찾을 것인가? 마케팅 리더는 전문성을 보이는 동시에 열려 있다는 것을 동료에게 보이며 참여할 수 있도록 유도하는 커뮤니케이션을 하기 위해 노력한다.

이 균형을 찾는 것은 정말로 제다이 수준의 수련을 필요로 하고, 나도 아직도 연습하고 있다. 절대로 진정한 마스터가 될 수 없다. 실무 전문가(하위 조직 관리자)와 리더(VP나 CMO)의 차이는 어조, 어감과 자기 인식에 있다. 당신은 완벽할 필요가 없다. 하지만 우아하게 문제를 해결할 수 있는 자신만의 비법을 찾아야 한다. 전문가는 폐쇄적인 인상을 주지만, 리더는 포용적인 인상을 준다.

이 모든 조언에서 가장 어려운 점은 무엇일까? 양질의 피드백을 받아 당신이 노력해야 하는 부분을 발견하는 것이다. 이 내용은 무척 주관적인 내용이고, 마케팅 능력에 대한 것이 아니다. 만약 직책의 벽을 만났다고 생각하면 당신이 성공하길 바라는 사람에게 찾아가 잔인하도록 솔직한 피드백을 요청하라. 그런 다음 동료, 코치, 멘토 또는 매니저와 함께 계획을 수립하자. 회사 내에서 그런 사람을 찾지 못한다면 커리어 코치도 있다.

다음 연간 평가나 직장에서의 승진 누락까지 기다리지 않아도 된다. 이와 같은 필수적인 리더십 능력은 모든 레벨의 프로덕트 마케터에게 필요하고, 이를 수행하면 그 어느 시점이라도 당신의 커리어에 좋은 자양분이 될 것이다.

프로덕트 마케팅은 IT 업계의 모든 직무의 첫 진입점으로 무척 좋은 직무다. 당신은 어디로든 갈 수 있고 이 직무를 하는 사람을 이끌 수 있다면 기업의 차세대 리더가 될 수 있도록 그들의 성장을 도와주자.

단계별 프로덕트 마케팅
초기, 성장, 성숙

로스앤젤레스는 자동차 왕국이다. 자동차 업계 최고마케팅책임자CMO인 미셸 디노젠Michelle Denogean은 이곳을 고향이라고 부르기도 한다. 그녀는 자동차 딜러가 온라인으로 차를 판매하는 서비스를 제공한 로드스터Roadster로 가기 위해 기꺼이 샌프란시스코로 옮겨 갔다. 당시 로드스터는 미국의 가장 큰 자동차 딜러를 고객으로 확보했고 급격히 성장하는 중이었다.

제품팀에는 뛰어난 엔지니어가 많았다. 그들은 "왔노라, 보았노라, 이겼노라"라는 말 그대로 많은 회사에서 일해보았고 높은 생산성을 자랑했다. 그래서인지 시장 진입 전략팀은 외부인처럼 느꼈고 만들어지고 있는 제품과 거리감을 느꼈다.

디노젠은 프로덕트 매니저와 제품 그리고 제품팀 사이의 심적 거리감을 좁히고 싶었다. 그래서 제품팀이 프로덕트 마케터와 밀접하게 일하기 때문에 모든 채용 후보자를 함께 검토할 수 있도록 했다.

디노젠의 기준에 따르면 후보자의 자질은 뛰어났다. 모두 자동차 업계에서 일했고 프로덕트 마케팅 경험을 가지고 있었다.

시니어 PMM

하지만 제품팀은 계속해서 후보자를 합격시키지 않았는데, '제품에 대한 깊은 이해가 없어서'였다.

세 번째로 후보자를 탈락시킬 즈음 그녀는 제품팀에 강하게 그 이유를 설명해달라고 했다. 그제야 그녀는 제품팀이 완전히 다른 자질을 찾고 있었다는 것을 깨달았다. 제품팀은 로드스터의 고객이 일상에서 로드스터 제품을 더 쓰게 할 수 있는 사람을 찾고 있었다.

이는 디노젠에게 무척 놀라운 일이었는데 그녀는 그런 자질은 제품의 고객 활동을 촉진하는 프로덕트 매니저나 고객 지원 매니저에게 필요하지, 프로덕트 마케터에게는 필요한 자질이 아니라고 생각했기 때문이다. 그녀는 프로덕트 마케터가 실제로 무엇을 하는지에 대해 설명하고, 후보자에게 기대하는 자질에 대해 제품팀과 다시 합의를 이루었다. 다행히 채용은 무사히 마무리되었지만, 베테랑 임원마저도 프로덕트 마케팅에 대한 오해가 있다는 것을 상기시켜주었다.

프로덕트 마케터에 대한 기대치가 다른 것은 드문 일이 아니다. 프로덕트 마케팅의 업무 범주를 이해하는 경우가 적기 때문에 각 팀은 각자의 관점에서 가장 크게 느끼는 필요한 자질을 위주로 생각한다. 로드스터의 경우를 볼 때 제품팀은 제품 채택에 대한 시장 인식과 기업의 기대치 간의 격차를 줄이려 했고 마케팅팀은 시장 진입 전략에 제품을 잘 활용할 수 있는 사람을 찾으려 했다.

이 장에서는 기업의 단계에 따라 프로덕트 마케팅에 무엇을 기대하는지 살펴볼 것이다. 기업의 주요 생명 주기 단계별로 어떻게 프로덕트 마케팅이 진행되어야 하는지에 대한 비전을 제시한다. 또한 이를 통해 채용 과

시니어 PMM

정에서 적절한 기술을 적당한 시점에 기대하고 있는지 점검하고 채용 절차에 반영하여 후보자에 대해 합리적으로 판단할 수 있을 것이다.

초기 단계: 촉발

이 단계는 끊임없이 배우는 시기다. 마켓 핏을 발견하고 실행과 수정이 계속해서 반복되는 것이 보통이다. 당신은 무엇이 성장을 촉발하는지 찾아내려고 한다.

잠재고객을 가치 있는 고객으로 전환시키는 것이 무엇인지 대해 배워야 한다. 다양한 가설에 대한 검증이 이루어지고, 이 중 일부 가설은 시간이 지나야만 알 수 있는 것도 있다. 대표적으로는 "어떤 고객층이 기업의 성장에 기여할 것인가?"가 있다.

초기 시장 진입 전략은 백병전처럼 느껴진다. 모든 것이 급하고 중요하게 느껴진다. 이 단계의 기업은 아직 큰 규모의 마케팅 예산을 집행할 준비가 되지 않았는데, 그 이유는 아직 어떤 고객층이 기업에 가장 많이 기여할지 모르기 때문이다. 성장하기 위한 최선의 방법을 끊임없이 모색하라. 제품 시장 진입 전략가로서 프로덕트 마케터는 최전방에서 시장이 보내는 신호를 해석하고 이를 시장 진입 활동으로 만들어내는 일에 앞장서야 한다.

프로덕트 마케팅팀과 고객과 직접 마주하는 디자인팀, 제품팀, 영업팀, 고객 지원팀은 많은 대화와 정보가 오갈 것이다. 정기적으로, 빈번히 무엇을 배웠고 앞으로 나아가기 위한 우선순위에 대해 이야기할 것이다. 프로덕트 마케팅은 제품이 고객과 만나는 모든 접점에 시장 진입 전략 관점을 녹일 수 있도록 돕는다.

B2B 기업이라면 이즈음에 영업 플레이북이 구체화되어야 한다. 메시징 역시 마케팅 활동이나 적극적인 반응을 얻은 콘텐츠를 기반으로 다듬어진다. 누가 가장 효과적인 에반젤리스트이고 어떤 형태의 입소문이 가장 힘이 센지도 모색 중이다. 누가 기업에 가장 득이 되는 인플루언서인가? 어떤 커뮤니티가 제품에 대한 소식을 발빠르게 퍼뜨릴 수 있을까?

이 시기는 제품이 어떠한지도 중요하지만 어떤 관점으로 모든 일을 이끌고 나갈지도 중요하다. 세계는 당신의 관점이 왜 중요하고, 왜 지금인지, 그리고 이미 세상의 다른 시각보다 어떻게 더 나은지를 알 수 있어야 한다. 기술과 제품 너머의 요소를 활용하여 이야기를 만드는 것은 다음 단계로 넘어가기 위해 필수적이다.

이렇게 다양한 능력을 갖추려면 보통 관리자급에서 많은 경험을 가진 프로덕트 마케터가 필요하다. 프로덕트 마케팅의 기초가 자리 잡고 나면 추가적인 마케팅 인력이 추가되어 메시지를 강화하고 캠페인을 운영하도록 해야 한다.

시장 진입 전략이 두세 분기 동안 반복할 수 있을 만큼 견고하고 기업이 어떤 고객층을 공략할지에 대해 확신을 가질 때에야 다음 단계로 넘어갈 수 있다.

성장 단계: 급부상

이 단계는 불에 기름을 부어야 할 단계다. 이제 무엇이 성과를 낼 수 있는지 알기 때문이다. 많은 경우 성공은 반복할 수 있는 것처럼 느껴진다. 하지만 문제는 여기까지 당신을 오게 한 요소가 앞으로도 성공을 가져다주지는 않을 수 있다는 것이다. 특히 새로운 시장 개척 기회를 모색하기 위해 프로덕트 마케터를 사업 전략을 실행하는 사람으로 삼아라.

경쟁사도 언제나 열심히 일하고 있다. 더 큰 회사들은 더 빠르게 당신의 사업 영역을 위협하는 기능을 추가할지도 모른다. 신생 기업들은 새로운 기술을 활용하거나 적은 비용으로 유사한 서비스를 제공할 준비를 하고 있을지도 모른다.

프로덕트 마케터가 기업이 자신의 포지셔닝을 찾도록 도우려면 수준 높은 제품 스토리 메이킹과 꾸준한 마케팅 활동은 필수다. 지금 기업이 몸담고 있는 사업 영역에 대해 고객의 인식을 넓히고 제품의 포지셔닝을 찾아야 한다. 또한 인플루언서, 분석가, 전문가와 열성적인 팬덤과 같이 입소문을 내줄 사람도 적극적으로 육성하고 있어야 한다. 당신의 이야기를 널리 퍼뜨릴 수 있도록 이러한 사람들의 참여를 유도해야 한다.

제품은 더욱 확장하여 더 많은 기능을 제공하고 때로는 완전히 새로운 제품을 출시하기도 한다. 모든 것에 대한 목적과 이유가 하나로 모여야 큰 이야기를 만들 수 있으며, 이것을 시장 진입 관련 팀이 공감하여 외부로 전달하게 해야 한다.

제품의 이야기가 너무 복잡해지거나 시장이 소화할 수 있는 수준보다 너무 앞서가지 않도록 유의하자. 프로덕트 마케팅은 시장 현실을 제품팀에게 알리고 메시지와 출시를 이에 맞출 수 있도록 이끈다.

프로덕트 마케터는 또한 제품팀과 시장 진입 전략팀들이 하나로 연결되도록 업무 절차를 구축한다.

시니어 PMM

기업들은 또한 추가적인 시장 진입 모델을 도입할 수도 있다. 가령 한 기업이 현장 영업에 집중하는 방식으로 사업을 키워왔다면 이제는 제품 주도 성장을 도입해야 할 차례일 수도 있다. 혹은 이 반대도 가능하다. 프로덕트 마케터의 역할 중 하나는 이와 같은 다른 모델이 도입되는 것을 지원하는 것이다.

이 단계에서의 성장은 무척 중요하다. 사업이 강력하고 지속적인 성장을 분기에 걸쳐 보여주고 이 수치가 기업의 규모와 단계에 대한 기대치에 도달할 때 이 단계를 넘어설 수 있다.

성숙 단계: 성장세 유지

성장 중인 기업과 성숙기에 접어든 기업 사이의 경계는 모호하다. 그 기준은 매출, 기업의 규모 또는 단순히 기업의 존속 연도에 따른 것일 수도 있다. 이는 상황에 따라 다르다. 이 단계의 과제는 지속적으로 성장세를 유지하는 것이다.

역설적이게도, 성숙한 IT 회사가 그만큼 성숙하지 못한 프로덕트 마케팅을 하고 있을 수 있다. 만약 조직 구성원이 각자 원하는 대로 프로덕트 마케팅을 하고 있다면 이에 해당한다.

이제는 프로덕트 마케터의 목적과 업무 범위에 대하여 명확하게 할 시기다. 기업이 성숙함에 따라 프로덕트 마케터의 영향력도 강조된다. 즉, 프로덕트 마케팅을 잘한다면 판도를 바꿀 수도 있지만, 아니라면 기세가 위축될 수도 있다.

영업팀, 마케팅팀, 제품팀이 한데 모여 주요 경쟁사에 대한 기업 차원에서의 대응에 대해 논의하는 회의를 예시로 들겠다. 영업팀은 다음과 같은 문제가 가장 시급하다고 정의했다.

- 영업팀이 거래처를 방문했을 때, 경쟁사의 임원이 이미 주요 이해 관계자들과의 유대를 형성했다.
- 경쟁사가 자신 있는 제품을 출시하여 정면 승부를 걸어왔다.
- 경쟁사의 제품에 대한 접근 방식이 더 새롭게 느껴졌고 신뢰를 주었다.
- 우리 회사가 시장에 먼저 진출했기 때문에 고객이 제품이 할 수 있고 없는 것에 대한 선입견을 가지고 있다.

이 모든 것은 영업 관점에서 다급한 문제였고, 이에 대한 대응은 프로덕트 마케팅과 함께 했다.

- **영업 기회 검증(SQL)이 필요하다:** 경쟁사는 영업 담당자가 승산이 높은 고객을 찾도록 훈련했다. 프로덕트 마케팅팀은 영업팀과 협업하여 타깃 고객층을 다시 분석하고 어떤 고객이 전환율이 높을지에 대한 기준을 다시 세웠다.
- **기능의 세세한 부분을 다루기 전에 포지셔닝을 공고히 한다:** 어떤 관점이 어떻게 다른지에 대하여 설명하는 것이 세세한 기능과 관련된 대화보다 유용하다. 프로덕트 마케팅팀은 제품의 포지셔닝을 강조하는 이야기를 만들었다.
- **제품의 특장점을 기억할 수 없다:** 증거나 근거가 없는 주장은 설득력이 떨어진다. 프로덕트 마케팅팀은 고객 후기를 더 만들고, 제품을 통해

서 얻을 수 있는 혜택을 정리했으며, 이를 기억에 남는 그래픽과 참고 자료로 만들었다.

- **경쟁사와의 포지셔닝을 새로이 해야 한다:** 영업팀은 경쟁사가 말하는 내용과 하는 행동에 어떻게 대응할지 알아야 했다. 프로덕트 마케팅팀은 영업팀에 '특장점kill points'이 적힌 카드를 주고 어떻게 대응하고 이길 수 있는지를 알려주었다. 이는 영업팀이 단박에 더 똑똑해 보이게 했다. 그리고 이것은 제품팀에도 전달되어 향후 제품을 구현할 때 경쟁사보다 우위를 점한 영역에서 힘을 발휘하거나 경쟁사를 앞지를 수 있게 집중시켰다.

위에서 다룬 내용은 안정기에 접어든 기업의 전형적인 프로덕트 마케팅 업무다. 제품과 시장 진입 전담팀이 경쟁사에 대응하는 방안을 하나로 통일한다.

시급한 시장 상황과는 별개로 프로덕트 마케팅은 장기적인 시장 목표에도 관심을 기울인다. 이를테면 어떤 기업이 매출 구성비를 18개월 내에 변화하고자 한다면 프로덕트 마케팅은 파트너 관계, 포지셔닝, 패키징 그리고 영업 인센티브 등에 이를 적용하여 그 목표를 가능하게 한다.

프로덕트 마케팅은 영업 담당자 활성화뿐만 아니라 디지털 채널을 꽉 잡고 있는 인플루언서 생태계까지에 이르는 강력한 에반젤리즘의 토대를 가꾼다. 성숙한 기업이라면 보이지 않는 영향력도 무시할 수 없다. 마케팅팀과 협업하여 시장 심리를 이해하는 것 역시 중요하다.

이 시기에 마케팅 업무가 기업의 모든 제품 또는 사업 영역에 퍼져 있지는 않다. 오래된 제품은 기술적인 개선이 필요하지, 마케팅의 지원이 필요하지 않을 수도 있는 것처럼 말이다. 새로운 제품은 새로운 매출원이 되기 위해 큰 마케팅 자원 투자가 필요할 것이다. 기업의 미래 성장동력이 걸린 제품군이라면 특별히 더 많은 프로덕트 마케팅 업무를 할당해야 할 수도 있다.

프로덕트 마케팅은 이 단계에서 진정으로 강력한 사업 조력자가 될 수 있다. 당장 시급하거나 장기적으로 봐야 하는 시장 진입 전략 모두에 투여할 자원도 확보했다. 전 단계에서 이 직무에 대한 기업 단위의 기대치를 명확하게 했기 때문에 이 모든 일이 가능하다.

단계에 맞추어 범위를 조정

프로덕트 마케팅에 대한 기대와 현실의 괴리는 이따금 실없는 실망으로 이어지도 한다. 프로덕트 마케팅뿐만 아니라 기업 전반적으로 프로덕트 마케팅의 역할에 대한 조직의 기대치를 명확하게 하는 시간을 가지는 것이 좋다.

모든 기업에 대하여 프로덕트 마케팅의 주요 역할은 비교적 고정되어 있다. 그 범위와 주안점 그리고 업무의 실행에 있어 복잡도가 기업의 성숙도에 따라 변화하는 정도다.

어떠한 단계의 기업이건 업무 범위를 조정하는 것을 두려워하지 말고, 이를 조정할 때에는 꼭 명확하게 커뮤니케이션 하도록 주의하자. 이는 쉽지 않지만 프로덕트 마케팅이 큰 힘을 발휘할 수 있게 하는 방법 중 하나다.

장수 기업의 자기 점검
언제 프로덕트 마케팅에 의지할 것인가?

설립 후 90년 동안 영업을 해온 보험 회사가 고객 데이터 그 자체를 제품으로 활용하면 자신뿐만 아니라 다른 회사도 나은 결정을 할 수 있도록 돕는다고 생각했다.

20년 된 소프트웨어 회사는 수십 개의 제품을 보유하고 있었는데, CIO가 주력 상품 이외에 고객이 자사 브랜드에 대해 인지하지 못한다는 것을 깨닫고 통합된 제품군을 만들기 시작했다.

15년 된 어느 회사는 아마존 프라임처럼 완전히 새로운 방법으로 모든 서비스에 접근할 수 있는 구독 멤버십을 출시했다.

영어 학습을 돕는 제품을 만드는 10년 된 회사가 이미 세계 대부분의 국가에서 제품이 쓰이는 것을 확인하고 더욱 성장하기 위해 공격적으로 글로벌 진출을 도모하고자 한다.

이런 실제 시나리오는 제품의 변화에 따른 사업의 변곡점을 보여주며 성공하기 위해서는 시장 진입 전략 역시 마찬가지로 변화가 필요하다. 외부로의 전략 변화도 중요하지만, 조직 내부에서 시장이 회사를 어떻게

시니어 PMM

보고 있는지 이해하는 것도 중요하다.

이와 같은 사업의 변화는 기업 차원에서 경영진의 전폭적인 지지를 받아 진행된다. 그 언제라도 제품의 출시로 인해 시장이 기업에 대해 생각하는 방식에 변화를 주고자 한다면 프로덕트 마케팅은 그 변화를 앞당기는 중요한 촉매다.

이때가 바로 프로덕트 마케팅에 의지하여 그 고유의 장점을 십분 활용하기 좋은 때다.

'전통적인' 회사가 기술 중심의 회사로

건설 장비로 유명한 100년 이상 된 회사가 이제는 기계 엔지니어보다 소프트웨어 엔지니어를 더 많이 고용하고 있다. 이들의 장비는 모바일 감지 장치로, 데이터를 계속해서 클라우드로 전송하여 고객이 정교하고 스마트하게 건축할 수 있도록 기업의 방향성을 바꾸었기 때문이다.

이 회사는 기업 마케팅팀이 있는데, 이들의 역할은 기업 브랜드를 통해 고객이 더 큰 기업의 비전을 느끼게 하는 것이 목표다. 한편 내부 업무 절차 관리팀은 업무 절차를 표준화하고 이를 준수하는 것을 목표로 하고 있다.

이 회사는 기술 기업으로 전환하기 시작했을 때, 제품의 구조를 완전히 바꾸었다. 제품팀은 기업이 그간 마케팅한 적 없었던 제품을 빠르게 만들어냈다.

이때가 되어서 비로소 이들은 프로덕트 마케팅의 역할을 다시 생각하기 시작했다. 새로운 제품 방향은 전통적인 시장 진입 방식과 연결될 필요가 있었다. 이들의 첫 '고객'은 내부 구성원으로 마케팅팀, 내부 업무 절차 관리팀, 딜러팀 그리고 현장 영업팀이었다.

제품에 대한 정보는 단순한 제품 비교 영상이나 웹사이트 콘텐츠 이상으로 뛰어나야 했다. 고객의 삶과 연결하여 데이터와 기술의 역할을 설명하기 시작했다. 그리고 왜 이 새로운 기술이 더 나은지에 대하여 증거를 제시했는데, 센서 안내 시스템을 사용하는 것과 그렇지 않은 것의 공정 시간 차이를 비교하는 연구를 진행했다.

초기 사용자뿐만 아니라 다양한 세대의 인플루언서 역시 발굴했다. 시장 진입 전략이 변화하면서 새로운 고객층에 맞도록 최적화된 마케팅 활동 덕에 그간 이 회사에서 해왔던 마케팅과는 다른 활동도 준비했다. 소셜 플랫폼에 밸런타인데이 영상을 만들어 게시하자, 조기 수용자(얼리 어답터)에게는 반응이 좋았지만 기존 기업 마케팅 담당자에게서는 그만큼의 호응을 얻지는 못했다.

기업 내부와 시장의 온도 차이는 자연스럽고 전통적인 기업이 새로이 전환하며 필요한 과정이다. 프로덕트 마케터는 이러한 상황에서 확고하게 시장과 기업 내부를 이끌고 나간다. 그러한 일관성이 그 어떠한 뛰어난 개인 능력보다 결과적으로는 원하는 변화를 이끌어낼 수 있다.

단일 제품에서 다중 제품으로

이 변곡점은 성장하는 모든 IT 회사에 찾아온다. 어떤 회사는 다른 회사들보다 빨리 이 지점에 도착한다. 어떤 회사는 그래야만 하기 때문에 이 지점에 먼저 도착하는 경우도 있다. 성장하고 있는 회사라면 피할 수 없다.

문제는 조직과 시장의 관성에 있다. 영업팀은 이미 알고 있는 것을 판매하는 것이 익숙하다. 고객은 끊임없이 영업하지 않는 이상, 한 회사에 대한 인상을 바꾸지 않는다.

이 모든 자연적인 관성을 뒤로하고 프로덕트 마케터는 다다익선이라는 유혹에 빠져들지 않도록 조심해야 한다. 고객은 제품군이 어떻게 문제를 해결하는 게 더 이로운지 이해할 수 있어야 한다. 왜 이 작업이 유효한가에 대한 이야기와 관점을 만드는 것이 세부적인 제품의 기능을 설명하기 전에 선행되어야 한다.

가장 이상적인 것은 고객은 제품 자체가 무엇을 하는지보다는 이 새로운 해결 방법의 가치를 이해하는 것이다. 제품 라인은 기업의 조직적인 구조나 성숙도를 반영하는 것이지, 반드시 고객이 가치를 인식할 때의 단위와 일치하지는 않는다는 것을 기억하자.

마찬가지로 중요한 것은 단일 제품의 GTM이 다중 제품에도 작동할 것이라고 가정하지 말아야 한다는 사실이다. 다중 제품으로의 전환에 따라 경쟁 환경도 다를 뿐만 아니라 구매자와 시장의 역학 관계도 달라질 수 있다. 프로덕트 마케팅은 이전과 겹치는 부분과 새로이 만들어야 하는 부분을 이해하고 기업과 기업의 시장 진출 전략을 구상해야 한다. 특히 어떤 제품을 인수했다면 더더욱 그러하다.

프로덕트 마케터들이 미래에 출시할 새로운 제품에 대한 정보를 알고 있으므로 기업과 시장을 모두 닥칠 변화를 위해 준비시켜야 한다.

이는 시장 진입 전략팀이 성공할 수 있게 하기 위해 많은 도구와 훈련이 필요하다는 의미이기도 하다. 인플루언서 네트워크가 우선 활성화되어야 한다. 고객의 검색 방법에 따라 왜 이 접근 방식이 중요한지를 설명하는 사고 리더십도 필요하다. 그리고 당연히 기업의 브랜드로의 발전 역시 중요하다. 이 모든 측면에서 사전에 철저히 설계된 시장 진입 전략은 큰 힘을 가진다. 프로덕트 마케팅은 전략을 수립하고 실행을 지휘하는 데 중심적인 역할을 한다.

제품에서 솔루션, 서비스 또는 고객 중심으로

마이크로소프트 오피스가 새롭게 출시되었을 때 스탠더드 혹은 프로 에디션 중에서 고객이 선택할 수 있었다. 에디션에 따라 포함되어 있는 제품이 달랐다. 고객이 원하는 제품에 따라 에디션을 선택할 수 있었다.

오늘날 구독형 소비 패턴이 활성화되면서 마이크로소프트는 가치 결정의 기준을 제품부터 옮겼다. 그들은 고객 세그먼트에 집중했다. 가정용 마이크로소프트 365 또는 기업용 마이크로소프트 365와 같이 변경했다. 제품과 클라우드 기반의 서비스는 필요할 때마다 변경되고 신속하게 움직일 수 있다. 이미 알려진 기존 제품이 고객에게 새로운 서비스를 괜찮다고 평가할 만한 기준선을 제공한 것은 맞지만, 고객은 각 개별 제품이 아니라 제품군이 제공하는 가치를 구독한다고 인지한다.

이는 서비스, 솔루션 또는 고객 중심의 시장 진입 전략과 제품 중심의 전략이 구분되는 대표적인 예다. 가치는 타깃 시장을 중심으로 고객에게 지속적으로 공급되며 형성된다. 가치라는 개념은 단순히 여러 제품을 한데 묶어서 가리킬 뿐만 아니라 확장된 의미를 부여하기도 한다.

이와 같은 예시로는 구독 모델부터 서비스 무제한 이용을 위한 라이센스까지 다양한 형태가 있다. 후자의 경우 제품 포트폴리오가 큰 기업에 잘 어울린다. 마이크로소프트의 엔터프라이즈를 위한 라이센스는 새로운 제품에 대한 채택을 가속화했는데, 기업이 이미 지불한 금액에 포함되었으므로 모두 빠르게 사용했다.

이 작업은 프로덕트 마케팅의 핵심으로 타깃 시장에서 빠르게 제품을 채택하게 하기 위해 어떤 사고의 관점을 만들고 패키징을 할 것인지를 다룬다.

글로벌 시장 진출

어카운트 기반 마케팅account-based marketing, ABM은 미국에서는 공고히 자리 잡은 표현이다. 미국에 기반한 디맨드베이스Demandbase가 다음 단계로 나아가려던 시기였는데, 아직 유럽 시장은 미국에 뒤쳐져 있었다. 유럽 영업 책임자는 기업의 오래된 ABM 메시징에 의존하여 잠재고객에게 접촉했다. 또 다른 것을 시도하기에는 유럽 시장과 너무나 동떨어진 것 같았다.

이것은 서로 다른 지역의 시장이 어떻게 다른지 보여주는 예다. 시장 진입 전술과 메시징은 각 지역의 요구 사항에 맞추어 최적화되어야 한다. 제품의 현지화와 국제화 과정은 차치하더라도 그 어떠한 기업에라도 글로벌 시장 진출이 큰 일로 여겨지는 이유다.

이런 상황에서는 새로이 진출하려는 국가 현지의 시장 진입 전략팀이 필수적이다. 본사에서 배운 점으로부터 시작하여 현지의 지리적 위치에 맞

시니어 PMM

게 이를 적용할 수 있는 현지 현장 영업 인력과 마케팅 담당자가 있어야 한다.

프로덕트 마케팅은 현지 시장 진입 전문가들과 본사의 업무를 연결하는 통역의 역할을 수행할 수 있다. 전세계적인 트렌드에 밝은 프로덕트 마케터는 다양한 제품 또는 서비스를 가로질러 업무를 할 수 있기 때문이다. 이들은 제품팀과 시장 진입 전략팀에 현지 시장의 요구 사항을 대변하고 그 우선순위를 조정하는 것을 돕는다. 그리고 그 결과 초기부터 글로벌한 상황에 어울리는 결정을 할 수 있다.

또한, 특정 언어로 번역하기 어려운 기능의 이름이나 기술 접근성의 차이 또는 세계 다른 곳에서 문화적으로 전달되기 어려운 제품 이용 행태와 같은 마케팅 과제를 전달한다.

성숙한 기업은 변곡점을 공략하기 전에 프로덕트 마케팅 자원을 쏟아부을 수 있는 유리한 위치에 있다. 이와 같은 작업을 사전에 해둠으로써 시장 진입의 성공 확률을 더 높일 수 있다. 동시에 이 작업 덕분에 기업 내부 팀이 제품 시장 진입 전략팀과 더욱 연결될 수 있다.

기업의 성숙도와는 무관하게 변곡점은 프로덕트 마케팅 고유의 힘을 십분 발휘할 수 있는 기회다.

시니어 PMM

나가며: 곧바로 적용할 수 있는 지침

내 친구 그레이디 캅_{Grady Karp}은 아마존 에코_{Amazon Echo}의 첫 번째 선임 프로덕트 매니저였다. 그가 음성 전용 사용자 인터페이스를 만들고 제프 베조스_{Jeff Bezos}가 초기 프로덕트 마케터와 같은 역할을 한다고 이야기를 들었을 때 몹시 흥분됐다.

한 세대에 한 번 나올까 말까 하는 CEO를 앞세워 시장 진입 전략을 세우고 새로운 사업 영역을 개척하는 기회는 누구에게나 주어지지 않기 때문이다. 우리는 꽤 좋은 팀에서 흥미로운 제품을 만들고 있었다. 좋은 제품에서 탁월한 제품으로 나아가는 것은 겁나기도 하고 어려운 일이기도 하다.

이 책에서 내가 다룬 프로덕트 마케터는 그 직무가 발휘할 수 있는 모든 권한과 역량을 최대한 발휘했을 때의 모습에 가깝다. 모든 사람과 기업이 그 단계까지 이르기는 어려울 수 있지만, 그곳에 닿기 위해 노력할 가치가 있다.

이 책에 언급된 다양한 예시를 통해 불가피한 상황도 미리 엿보고, 성공으로 가는 여정에서 겪을 수밖에 없는 어려움도 살펴봤기를 바란다. 그리고 결국에는 성공한다는 것이 어떤 모습인지에 대해 영감을 주었기를 바란다.

네 가지 핵심 역할을 적용하여 모든 영역에서의 업무 능력이 발전했다면 이미 그 모두보다 앞서 있을 것이다.

프로덕트 마케팅의 네 가지 핵심 역할

- 핵심 역할 1, 대변인: 고객과 시장에 대한 통찰을 연결하자.
- 핵심 역할 2, 전략가: 제품의 시장 진입 전략을 지휘하자.
- 핵심 역할 3, 스토리텔러: 고객이 제품을 인식하는 방식을 설계하자.
- 핵심 역할 4, 에반젤리스트: 다른 사람이 제품에 대해 이야기하게 하자.

당신이 노력하고자 한다면, 다음의 목록은 누구나 모든 프로덕트 마케터와 함께 모든 기업에서 통용될 수 있으며 변화를 가져올 수 있는 지침이다.

- **제품 및 시장 진입 전략 미팅에서 회사가 아닌 시장이나 고객의 관점에 대해 물어보자.** 쓸모없는 일을 할까 봐 걱정할 필요는 없다. 무언가를 구축하고 마케팅하고 판매하고 있다면 고객 또는 시장의 관점이 당면한 작업에 대한 접근 방식을 알려줄 수도 있다. 프로덕트 마케터에게 기회가 될 때마다 물어보자.

- **지금 잘 동작하고 있는 것이 무엇인지 알아내자.** 마케팅팀이 진행하는 다양한 활동 중에서 특정 활동이 압도적인 성과를 냈다면 이를 통해 시장이 암시하는 바가 있을 것이다. 고객, 메시지 또는 어떤 기능이 가장 우수한지에 대해서 말이다. 당신이 시장에 내보내는 모든 결과물이 동등하지 않다는 것을 기억하자.

- **더 많은 이야기를 나누자.** 이야기는 단순히 마케팅에만 강력한 수단이 아니며, 조직 내부에서도 아이디어를 발전시키기 위한 좋은 촉매가 된다. 데이터로 요약된 사실만을 전달하지 마라. 고객의 진짜 이야기

를 그들이 정말로 무엇을 하는지와 당신의 제품이 어떻게 기여하는지 공유하라.

- **메시징을 다시 검토하자.** 메시징은 언제나 개선될 수 있고 고객 중심으로 풀어낼 여지가 있다. CAST 지침에 따라 더 잘할 수 있는 방법을 항상 고민하자. (1) 당신은 지금 에둘러 말하지 않고 명료하게 말하고 있는가? (2) 표현이 의미가 담겨 있으며 진실된가? (3) 당신의 차별점이 간결해서 이해하기 쉬운가? (4) 고객이 메시지를 마주하게 될 상황에서 검증을 했는가? 그리고 이 책에서 언급한 예시를 통해 교훈을 얻어라.

- **시장 진입 전략팀과 제품팀이 연결되도록 제품 시장 진입 전략 캔버스를 활용하자.** 그 어떠한 규모의 기업도 고객 현실과 마케팅, 영업 그리고 제품을 연결하면 이에 따르는 긍정적인 결과를 얻는다. 이것이 제품의 시장 진입 전략의 틀을 잡는다. 그리고 그 전략이 마케팅 활동을 효과적으로 만든다.

- **마케팅팀과 영업팀의 커뮤니케이션을 개선하기 위해 메시징 캔버스를 활용하자.** 시장과 직접 대면하는 팀이 크고 조직 구분상 프로덕트 마케팅팀과 분리되어 있다면, 메시징 캔버스를 사용하여 제품에 대한 지식이 자연스럽게 마케팅과 영업 방식에 맞는 언어로 변환되는 것을 기대할 수 있다.

- **배포 등급을 사용하여 제품팀과 마케팅팀 간의 공감대를 형성하고 같은 기대치를 갖게 하자.** 공통적인 표현과 기대치 관리는 빠르게 움직이는 경쟁사에 대항할 때 큰 도움이 된다. 모두 같은 생각을 갖게 하고 불필요하게 많이 생각하게 하지 말자. 조직 구성원에게 무엇이 가능한

지에 대해서 교육하고 접근 방향을 바꿀 수 있는 생산적인 토론을 하는 것만으로도 업무 효율이 오르기도 한다.

- **애자일 마케팅을 실천하자.** 프로덕트 마케터가 주간 회의나 스크럼을 주도하게 하여 마케팅 활동에 대한 우선순위를 정하고 개선할 수 있도록 하라. 시장에서부터 학습한 최신 정보가 각 스프린트에서 무엇을 수행할지에 반영되도록 하라.

모든 기업의 프로덕트 마케팅은 더 나아질 수 있다. 그리고 프로덕트 마케팅이 진화할 때 모든 IT 기업의 성과 역시 한 단계 발전한다. 그 여정은 이 직무에 대한 기존의 가정을 재검토하고 더 많은 것을 해낼 수 있다는 용기에서 시작된다.

당신의 여정이 순조롭기를. 그리고 행운이 함께하기를.

- **DRM**[*] 블로그 게시물을 클릭하거나 웨비나 참석이나 책상이나 문앞으로 배송한 선물과 같이, 고객이 콜투액션을 하게 하기 위한 명시적인 노력이다. 이와 같은 마케팅은 최근 어워드 수상자에 대한 콘텐츠를 배포하는 것처럼 인지도나 브랜드에 대한 호감도를 높이고자 하는 마케팅과 대조된다.

  [자주 쓰이는 예] 단순히 인지도를 키우거나 관계를 형성하는 것이 아니라 수요 창출 활동의 일환으로 고객 퍼널로 고객을 끌어들이는 것을 목표로 할 때 쓰이는 방법이다.

- **JTBD**jobs to be done **프레임워크** 앤서니 울빅이 《Jobs to Be Done(처리해야 할 작업)》이라는 책을 통해 대중화시킨 제품 개발 프레임워크다. 고객이 처리하려는 구체적인 '작업'을 정의하고 제품을 활용하여 그 작업을 완료할 수 있도록 동기를 부여한다. 제품팀이 고객에게 동기를 부여하는 내재적인 목표를 발견할 수 있도록 돕는 프레임워크다.

  [자주 쓰이는 예] 고객 탐색 과정에서 제품팀이 활용할 수 있다.

- **검색 엔진 최적화/마케팅**SEO/SEM 특정 기술을 사용하여 검색 결과에서

---

[*] [옮긴이] Direct Response Marketing. 한국에서도 DRM 그대로 쓰인다.

웹사이트 및 콘텐츠의 노출 우선순위를 높이고 검색 결과에 등장할 확률을 높인다. 이에는 제품과 함께 떠오르기를 바라는 용어와 검색어를 발굴하는 것도 포함된다. SEM은 이 과정에 비용을 집행하는 경우에 해당한다. 고객이 직면한 문제를 해결하기 위해 검색할 때 기업에서 만든 콘텐츠, 제품, 서비스 또는 기업 그 자체가 검색되도록 주요 검색어를 제공하는 광고 방식이다.

[자주 쓰이는 예] 모든 웹사이트와 콘텐츠 전략은 SEO를 통해 웹사이트가 검색 가능하고 고객이 발견할 수 있도록 결과 상단에 노출되어야 한다. 이때 SEM을 사용할지 여부를 결정할 수 있는데, 디지털 마케팅 예산이나 존재감이 커지는 기업이 주로 활용한다.

- **고객 퍼널** 인지에서부터 구매까지 이어지는 고객 여정의 각 단계를 가리킨다. 데이브 맥클루어Dave McClure의 해적 지표인 AARRR은 획득, 활성화, 리텐션, 매출, 추천의 각 단계를 대중화하는 데 일조했다. 마케터는 일반적으로 마케팅 활동을 각 퍼널에 영향을 미치는 활동으로 인지한다. TOFUtop of funnel는 퍼널 상단으로 인지, 획득과 활성화에 해당하고, MOFUmiddle of funnel는 검토, 평가, 추천에 해당하며, BOFUbottom of funnel는 결정, 구매, 리텐션retention, 입소문으로 구성되어 있다.

[자주 쓰이는 예] 모든 사업은 이 각 단계의 지표를 측정하고 관리해야 한다. 마케팅 활동이 가시적으로 기업에 어떤 영향을 미치는지 확인할 수 없다면 효과적으로 일하기 어렵다.

- **기술 에반젤리즘** 엔지니어 대상 마케팅에서 흔히 볼 수 있다. 기술 전문가들은 엔지니어들과 구체적인 기술인 코드나 아키텍처와 같은 실

제 사용 사례를 인용하여 기업의 기술이나 제품을 사용하는 것을 추천할 수 있다. 이러한 사람들은 엔지니어인 경우가 많지만, 최소한 제품의 고객이어야 한다.

[자주 쓰이는 예] IT 제품, 서비스 또는 엔지니어를 위한 **API**를 마케팅한다면 어느 때나 사용해도 좋다.

- **기업 마케팅** 기업 차원에서의 마케팅으로 제품 차원에서의 마케팅과 구분된다. 기업의 성숙도, 시장 진입 전략, 제품의 성장 단계에 따라 기업 마케팅은 전반적인 다른 마케팅과 비교하여 상대적 중요도를 가진다.

[자주 쓰이는 예] 제품을 넘어 기업이 별도의 개체로 강조될 수 있을 때 도입하는 방법론이다.

- **데모** 제품의 하이라이트와 용례에 대해 영상으로, 또는 사람이 직접 시연하는 것을 말한다. 이는 절대 단순히 기능을 소개하는 수준에서 그치면 안 된다. 실제 사용 경험을 바탕으로 하며 모든 걸 자랑하듯이 보여주기보다는 포지셔닝을 공고히 하는 데 기여하는 주요 기능을 선보일 수 있어야 한다.

[자주 쓰이는 예] 어떠한 방식으로든 모든 회사가 이를 진행하고 있는 것이 좋다.

- **보도자료** 기자에게 제공되는 표준화된 양식으로, 육하원칙에 따라 작성된다. 기자는 오직 사실만을 전달받아 그들의 관점을 찾아 기사를 작성하길 원한다. 빠르게 사실을 확인할 수 있도록 작성할수록 좋다. 보도자료에서는 최대한 홍보성 표현은 제거하는데, 그래야 언

론 매체에서 신뢰하기 때문이다.

[자주 쓰이는 예] 'X가 5천만 달러의 자금을 조달받았다거나 월마트를 고객으로 유치했다'와 같은 소식을 전할 때에 최소한으로 작성한다. 하지만 이따금 이 자체가 검색 결과를 통한 고객 유입에 도움이 되기도 한다

- **분석가 관계(AR, 애널리스트 릴레이션)** 가트너, 포레스터 리서치 또는 IDC나 분석 전문 기업처럼 업계 전문 분석가를 보유하고 있고 주요 시장 카테고리에 대한 평가 보고서를 작성하는 기업과의 협력 관계를 지칭한다.

  [자주 쓰이는 예] 경쟁사의 제품과 비교하여 자신의 제품을 돋보이게 하기 위해 B2B 시장에서 자주 쓰인다. 제3자의 검증을 통해 업계에서의 가치를 증명하고 싶은 기업에 특히 유용하다. 일부 기업은 분석 전문 기업으로부터 리뷰를 받았거나 좋은 평가를 받은 기업이 구현한 제품만 쓰기도 한다.

- **브랜드** 고객과의 관계에 대하여 포괄적으로 정의하는 개념으로 기업이 생명 주기 초창기에 기업과 제품의 핵심 속성을 반영하여 결정한다. 로고는 브랜드의 상징적 표현이자 시각적인 전달이지만 브랜드와는 다른 개념이다.

  [자주 쓰이는 예] 브랜드와 관련된 모든 것은 의도적이어야 한다. 구글에 따르면 고객의 90%는 적극적으로 구매 결정을 검토하기 전에 어떤 브랜드를 살지 정해두고 있다.

- **소셜미디어 마케팅** 제품, 회사 또는 직원을 홍보하기 위해 소셜미디어 플랫폼을 활용하는 것이다. 이는 사업 영역이나 광고성 게시글일 수

도 있으며, 인플루언서나 콘텐츠 마케팅을 수반할 수도 있다. 브랜드 충성도를 만들거나 제고하는 데 기여할 수 있으며, 중요한 것이 무엇인지에 힘을 주고 고객과의 양방향 커뮤니케이션을 가능하게 한다.

자주 쓰이는 예 에반젤리즘을 활성화하는 뛰어난 채널이고 유기적인 접근 방식으로 단지 제품이나 기업에 대한 내용만을 말하지는 않는다.

- **수요 창출/잠재고객 육성/파이프라인 발굴** 사람들의 인지와 관심을 이끌어 최종적으로는 영업 대상이 될 수 있는 잠재고객으로 전환하는 활동 전체를 지칭한다.

  자주 쓰이는 예 B2B 사업을 영위하고 있다면 이벤트와 디지털 캠페인 등 폭넓은 시야를 가진 수요 창출 전문가가 필요하다. 이 직무의 성패는 마케팅 프로그램에서 만들어낸 기준에 따라 잠재고객의 질적 수준에 따라 결정된다.

- **스폰서** 기업이 이벤트, 공간, 기업과 연결되도록 하는 재정적 또는 현금성 지원을 말한다. 이는 타깃 고객과 관계를 맺고 있는 조직이나 이벤트를 통해 인지도를 구매하는 방식이다.

  자주 쓰이는 예 브랜드 인지도와 '협회에 의한 인증'과 같은 신뢰가 필요할 때 활용한다.

- **어카운트 기반 마케팅** 동일한 어카운트(기업)에서 여러 사람이 수행한 작업을 검토하여 고객으로 전환하기 위한 마케팅 활동을 결정한다. 각 기업 구성원의 역할과 무관하게 모든 행동(누가, 어떤 웹페이지를 살펴보았는지)과 의도하는 바를 암시하는 데이터(그 뒤에 경쟁사의 웹페이지를 확인한 것)를 사용하여 그들이 유용한 잠재고객인지 판단한다.

자주 쓰이는 예 B2B 퍼널에서는 고객으로 전환시키기 위해 마케팅보다는 영업팀 관점의 관리가 더 필요하지만, ABM을 바탕으로 설계하면 효율적으로 일할 수 있다. B2B 제품을 운영하는 기업이 타깃 고객층처럼 타깃 어카운트를 설정했을 때 활용한다.

- **영업 활성화** 영업팀에게 활용할 자료, 콘텐츠, 도구, 훈련과 절차를 제공하여 효율적으로 판매할 수 있도록 돕는 모든 활동을 말한다.

  자주 쓰이는 예 현장 영업 인력이 존재하는 모든 조직에서 쓰이며 채널 마케팅에서도 각 채널 파트너에게 자료를 제공하여 성공적으로 판매할 수 있도록 돕는다.

- **이벤트 마케팅** 세일즈포스의 드림포스와 같이 자체적인 행사를 운영하거나 사이버 보안업계의 RSA처럼 타사의 이벤트에 참석해서 업계 내 평판을 쌓아 올리는 것 모두 해당한다. 물리적으로 같은 공간에 있다는 에너지와 자연스러운 노출을 통해 특정 타깃 고객에 빠른 노출을 노려볼 수 있다. 경쟁사에 비해 돋보이며 다른 파트너와의 관계를 형성하기에 좋다.

  자주 쓰이는 예 구체적으로 목표로 하는 타깃 고객이 있는 경우 쓰는 방법이다. 이러한 방법론을 쓴다면 꼭 눈에 띄도록 하자. 이따금 무대에서 발표 기회를 가지고 참석자 목록에 접근하기 위해 실행하기도 한다.

- **인플루언서 마케팅/소셜 인플루언서** 업계에 대한 지식을 가지고 있거나 많은 팔로워를 보유한 인플루언서로부터 추천을 받거나 제품 후기를 받는 것을 가리킨다.

D2C 브랜드에게는 필수적이지만 모든 기업이 이를 실천해야 한다. 영향력이 기업을 중심으로 전파되기보다는 산발적으로 발생하기 때문에 추적하거나 효과적이기 어렵고 꾸준한 마케팅 활동이 필요하다.

- **입소문**word of mouth, WOM **마케팅** 공개적으로 제품이나 서비스에 대해 말하거나 이야기하도록 사람들을 부추기는 마케팅이다. 자주 유기적 성장이나 소셜 인플루언서와 상호작용하며 진정한 제품에 대한 애정을 증명하게 된다. 예시로는 비교 사이트에서의 제품에 대한 후기, 엔지니어 포럼이나 커뮤니케이션 채널에서의 게시글이 있다.

자주 쓰이는 예 구매 의사결정 과정에서 사람들은 긍정적인 WOM을 찾는다. 젊은 세대는 기술적으로 수용도가 높고 사회 활동을 많이 하는데, 이와 같은 고객층은 이러한 채널을 더욱 선호한다.

- **전통적인 광고 매체** 대표적으로 디지털이 아닌 옥외, 라디오, TV와 같은 형태의 광고를 말한다.

자주 쓰이는 예 이를 사용하려면 일정 수준 이상의 자원을 투입하거나 구체적으로 공략이 가능한 시나리오가 있어야 집행하는 의미가 있지만, 특정 지역, 산업, 인구통계학적 군집을 대상으로 한다면 인지도를 높이는 좋은 방법이 될 수도 있다.

- **제품 주도 성장**product-led growth, PLG 고객을 확보하고 활성화하고 유지하기 위해 제품에 의존하는 시장 진입 전략. 유기적인 성장과 에반젤리즘을 바탕으로 하여 비용 효율적으로 고객 저변을 확대하는 방법으로 여겨진다. 엔지니어가 효용을 떠나 새로운 것을 시도하는 데 열려 있

기 때문에 엔지니어를 위한 도구에 흔히 사용되며 고객과 직접 대면하는 기업에서도 많이 쓰인다. PLG를 요약해보자면, 고객이 제품을 무척 좋아해서 그것을 다른 사람들과도 함께 사용하고 싶어 하고 그 덕분에 고객 수가 유기적으로 증가한다는 것이다.

자주 쓰이는 예 고객과 직접적인 대면을 하는 기업에서 주로 쓰이지만 엔터프라이즈 소프트웨어 기업에서도 점진적으로 채택하여 시장 진입 전략에 녹이고 있다.

- **제휴 마케팅** 성과 기반 마케팅의 한 유형으로 마케팅 활동이나 한 제품을 사용하도록 고객 소개하는 활동을 진행하면 약정된 경제적인 보상(수수료)가 주어지는 방식이다.

  자주 쓰이는 예 소비재에 대한 마케팅에서 자주 활용되며, 관여도가 높은 고객을 다수 가진 플랫폼 기업과 협력하여 진행되는 경우가 많다.

- **채널 마케팅** 현장 영업 인력을 통해 고객에게 제품을 판매하는 것 이외의 다양한 채널을 활용하는 것을 포괄적으로 지칭하는 표현이다. 소매 또는 온라인도 채널의 예시가 된다. 유통사도 채널이다. 원천장비 생산자도 채널이다. 대표적인 컨설팅 펌도 채널에 해당한다.

  자주 쓰이는 예 모든 제품은 최적의 채널을 찾는 과정을 거친다. 직접 고객과 대면할 때에는 모든 데이터에 대한 조회 및 통제가 가능하므로 가장 많이 배우겠지만, 타깃 고객층과 이미 관계 맺음을 한 파트너가 있다면 채널 역시 효과적이다.

- **커뮤니티 마케팅** 공통점이 있는 사람을 한데 모아 그룹으로 만드는 것에서 시작한다. 환경과 관련된 지속 가능성 문제에 관심이 있는 사

람들, 동일한 제품을 사용하는 사람들, CMO나 VC같이 같은 직무를 하는 사람들이 모여 네트워킹하고 배우며 지지하며 하나의 주제를 중심으로 관계를 형성한다. 이는 또한 에반젤리즘을 시작하는 지점을 만드는 방법이기도 하다.

[자주 쓰이는 예] 충분히 큰 고객을 기반으로 하는 기업이라면 이와 같은 방식으로 제품이나 사업 영역에 대한 정보를 취득할 수 있다. 기업이 주도적으로 직접 이끌기보다는 자생적으로 진행되는 것을 기대할 수 있다.

• **콘텐츠 마케팅** 고객에게 정말로 쓸모있는 정보를 제공하자는 관점에서 시작한다. 콘텐츠 마케팅은 판매의 목적이 전혀 없다는 것이 전통적인 마케팅과 다른 점이다. 전문성과 사고 리더십을 확보하기 위한 현대적인 접근 방식이다. 코로나19가 처음 발견되었을 때, 국가기관이 준비가 미처 끝내기도 전에 전 세계적으로 영향을 미치는 정책적인 결정을 한 것은 역학 전문가도 과학자도 아닌, 그로스 VP였다. 그는 뛰어난 품질 수준을 유지하면 전 세계적으로 데이터를 수집하고 어떤 일이 일어나고 있는지 누구나 이해할 수 있도록 설명했다.

[자주 쓰이는 예] 이는 마케팅을 하기 위해서는 웹사이트를 운영해야 된다는 것과 유사하게 어떤 마케팅 표준 중 하나로 간주된다. 고객이 검색할 때 그 결과에 등장하기 위해 넓은 범위에 걸쳐 발을 걸쳐둘 수 있는 방법이기도 하다. 너드월렛NerdWallet의 사업 전반은 콘텐츠를 중심으로 설계되었다. 허브스폿HubSpot은 고객이 직접 찾아오는 인바운드 마케팅을 기반으로 성장했다.

- **콜투액션**call to action, CTA 대부분의 마케팅 활동에는 항상 일종의 CTA가 존재하는데, 이는 마케팅 담당자가 고객이 그 다음에 취하기를 원하는 행동을 가리킨다.

  [자주 쓰이는 예] 대부분의 마케팅 활동은 CTA를 정의하는데, 마케팅이 의도한 대로 동작했는지 확인하는 방법이다.

- **크라우드 펀딩 캠페인** 킥스타터Kickstarter, 인디고고Indiegogo 또는 많은 플랫폼이 존재한다. 시장 관심도와 초기 포지셔닝과 메시징을 시험해 볼 수 있다. 특히 조기 수용자(얼리어답터)가 누구인지, 그리고 가격 설정에 대한 피드백을 받고 사업 계획과 실행의 격차도 줄일 수 있다. 이와 같은 플랫폼은 고객이 자신의 관심을 행동으로 옮기고 자신의 돈을 가지고 투표하는 것이라고 보아도 좋다.

  [자주 쓰이는 예] 개발 초기 단계의 하드웨어 제품이나 아이디어 단계인 경우 시도하기 좋다.

- **파트너 마케팅** 당신은 어떤 친구를 만나는지에 따라 달라진다. 기업도 마찬가지다. 업계에서의 입지를 공고히 하고 이미 당신이 원하는 것을 가지고 있는 파트너와 제휴하여 영업 채널 또는 고객의 규모를 키운다. 이는 이벤트나 캠페인을 같이하는 마케팅 파트너십부터 수익을 공유하는 관계까지 다양하다. 채널 마케팅 항목도 참고하라.

  [자주 쓰이는 예] 대부분의 기업이 이 방법론을 어떤 방식으로든 적절한 시기에 활용해야 한다.

- **퍼포먼스 마케팅** 측정 가능한 성과가 발생했을 때만 비용을 지불하는 유료 광고다. 이와 같은 유료 광고는 예산을 빠르게 소진할 수 있

기 때문에 꾸준한 모니터링이 필요하다.

〔자주 쓰이는 예〕 디지털 인지도를 확보하고 캠페인 성과를 끌어올리거나 잠재고객을 유도하는 특정한 콘텐츠를 홍보할 때 쓰인다.

- **홍보**public relations, PR **(대중/언론과의 관계)** 언론은 당신이 뉴스에 나올 만한 가치가 있다는 것을 검증해준다. 이는 채용, 고객, 단기 인지도 및 트래픽 상승에 기여할 수 있다. 미디어와의 지속적인 관계 유지를 통해서 업계의 전문가로서 비춰질 때 가장 강력한 힘을 발휘할 수 있다. 이러한 위상을 구축하면 기업에 대한 기사를 작성해달라고 하기보다는 여러 기사에 자연스럽게 소개될 수 있기 때문이다. 모든 언론 업계 종사자가 수백 수천 건의 취재 요청을 받는다는 것을 상기하자. 언론 매체와의 관계를 관리하고 현재 기업이 정말로 뉴스에 담길 만한 가치가 있는지 돌아보자.

〔자주 쓰이는 예〕 회사의 마일스톤에 대한 대중의 반응을 검증하기 위해서 또는 홍보하기 위해서 많이 사용한다.

찾아보기